高等职业学校"十四五"规划土建类专业立体化新形态教材

U0641741

建设工程法规

主　编　赵宇晗　田春鹏

副主编　王岚琪　杨　勇　张立柱

　　　　陈大勇　倪广喜

参　编　周　鹏　祁桂娟

主　审　刘　萍

华中科技大学出版社
中国·武汉

内 容 提 要

本书是高等职业学校"十四五"规划土建类专业立体化新形态教材。

全书共分为 10 章,内容包括建设工程法规概述、建设许可法规、建设工程发包与承包法规、建设工程招标投标法规、建设工程合同和劳动合同法规、建设工程监理法规、建设工程安全生产法规、建设工程质量管理法规、建设工程纠纷法规、建设工程的其他相关法规等。

本书在每章开头列出学习要点,每章均附有二维码,内含丰富的立体化数字资源。章后设置了在线练习习题,习题多为近几年来全国一级建造师和二级建造师执业资格考试中建设工程法规及相关知识的试题,有助于学生巩固和拓展所学的知识,熟悉注册建造师等执业资格考试模式,提升学习兴趣。

全书采用了最新颁布的法律、法规及相关司法解释,强化与建设工程实践环节的结合,从学生好用、实用、够用的角度出发,案例与理论相结合。本书可作为高职高专土建类专业及相关专业的教学用书,还可作为从事建设工程行业生产一线的施工、管理、监理、造价等专业技术人员培训和自学辅导用书。

图书在版编目(CIP)数据

建设工程法规/赵宇晗,田春鹏主编.—武汉:华中科技大学出版社,2021.8(2024.1重印)
ISBN 978-7-5680-7421-6

Ⅰ.①建… Ⅱ.①赵… ②田… Ⅲ.①建筑法-中国 Ⅳ.①D922.297

中国版本图书馆 CIP 数据核字(2021)第 152961 号

建设工程法规
Jianshe Gongcheng Fagui

赵宇晗 田春鹏 主编

策划编辑:王一洁
责任编辑:周怡露
封面设计:金 刚
责任监印:朱 玢
出版发行:华中科技大学出版社(中国·武汉)   电话:(027)81321913
         武汉市东湖新技术开发区华工科技园   邮编:430223
录 排:华中科技大学惠友文印中心
印 刷:武汉市洪林印务有限公司
开 本:787mm×1092mm 1/16
印 张:14.25
字 数:347 千字
版 次:2024 年 1 月第 1 版第 2 次印刷
定 价:49.80 元

前　言

《中共中央关于全面推进依法治国若干重大问题的决定》中明确指出:"法律是治国之重器,良法是善治之前提。"这是不断推进中国特色社会主义法治道路,坚决贯彻依法治国、依法行政、依法建设工程的要求。为适应法治建设的发展,相关部门实施了很多新的法律、法规,也修订或者废止了一些法律、法规。为使学生更好地了解建设领域最新的法律、法规,掌握和拓宽建设工程法律、法规的相关知识,多个院校教师合作编写了本书。本书主要内容包括建设工程法规概述、建设许可法规、建设工程发包与承包法规、建设工程招标投标法规、建设工程合同和劳动合同法规、建设工程监理法规、建设工程安全生产法规、建设工程质量管理法规、建设工程纠纷法规、建设工程的其他相关法规等。

建设工程法规是高职高专土建类专业学生的必修课程。学生通过本课程的学习,掌握建设工程法规基本知识,培养建设工程法律意识,并在工作中能够运用建设工程法律、法规正确分析、处理建设工程实践中的法律问题,从而依法依规从事建筑活动,真正做到学法、懂法、守法和用法,更好地服务于我国的建设工程事业。这也是土建类各专业培养学生的目标要求。

同时,建设工程法规课程中相关知识的掌握也是建筑工程和市政工程施工现场专业人员(即八大员)应具备的职业素养,学习建设工程法规课程也是对每一位建筑专业技术人员从事执业活动的基本要求。在学习时要明确建设工程法规在建设活动中的作用、地位,及时掌握最新颁布的法律、法规,这也是行业和用人单位对从业人员职业素质的要求。

本书由赵宇晗、田春鹏担任主编,王岚琪、杨勇、张立柱、陈大勇、倪广喜担任副主编,周鹏、祁桂娟参编。全书共 10 章,具体编写分工如下:辽宁建筑职业学院赵宇晗编写第1、7 章及负责全书统稿;辽宁建筑职业学院田春鹏编写第 4、5 章;九江职业技术学院王岚琪编写第 2 章;辽宁建筑职业学院杨勇编写第 3 章,张立柱编写第 8 章,陈大勇编写第 6章,倪广喜编写第 9 章的 9.1~9.3 节;鄂州大学周鹏编写第 9 章的 9.4~9.6 节;辽宁阜新彰武经济开发区管理委员会祁桂娟编写第 10 章。

全书由辽宁建筑职业学院土木工程学院刘萍教授担任主审,在此表示衷心的感谢!

本书在编写中,除查阅涉及的相关法律、法规、规章外,还参考了一些同类教材及案例。尤其是全国一级建造师和全国二级建造师执业资格考试的相关资料,为本书的编写提供了参考,同时也为本书的编写指明了方向。在此一并致敬并表示由衷的感谢!

由于成书时间仓促和编者水平所限,书中不妥之处在所难免。恳请读者在使用过程中多提宝贵意见并加以指正,今后我们将不断加以改进。

编　者

2021 年 4 月

目 录

1 建设工程法规概述 ……………………………………………………… 1
  1.1 建设工程法律体系 ………………………………………………… 2
  1.2 建设法律关系 ……………………………………………………… 8
  1.3 建设工程基本民事法律制度 ……………………………………… 10
  1.4 建设工程法律责任 ………………………………………………… 25
2 建设许可法规 ………………………………………………………… 29
  2.1 建设工程施工许可制度 …………………………………………… 29
  2.2 建设活动从业单位资格许可制度 ………………………………… 33
  2.3 专业技术人员执业资格许可制度 ………………………………… 40
3 建筑工程发包与承包法规 …………………………………………… 47
  3.1 建筑工程发包 ……………………………………………………… 47
  3.2 建筑工程承包 ……………………………………………………… 50
  3.3 建筑市场信用体系建设 …………………………………………… 55
4 建设工程招标投标法规 ……………………………………………… 60
  4.1 建设工程招标投标概述 …………………………………………… 60
  4.2 建设工程招标 ……………………………………………………… 65
  4.3 建设工程投标 ……………………………………………………… 72
  4.4 开标、评标和中标 ………………………………………………… 76
  4.5 法律责任 …………………………………………………………… 82
5 建设工程合同和劳动合同法规 ……………………………………… 84
  5.1 建设工程合同制度 ………………………………………………… 84
  5.2 劳动合同及劳动者权益保护制度 ………………………………… 92
6 建设工程监理法规 …………………………………………………… 104
  6.1 建设工程监理概述 ………………………………………………… 104
  6.2 工程监理企业的资质许可制度 …………………………………… 106
  6.3 建设工程监理的性质和原则 ……………………………………… 108
  6.4 建设工程监理的实施 ……………………………………………… 110
  6.5 监理人的权利、义务与法律责任 ………………………………… 113
7 建设工程安全生产法规 ……………………………………………… 116
  7.1 建设工程安全生产管理基本制度 ………………………………… 116
  7.2 施工单位的安全生产责任 ………………………………………… 120
  7.3 施工现场安全防护制度 …………………………………………… 127
  7.4 施工安全事故的应急救援和调查处理 …………………………… 135

7.5 建设单位及相关单位的建设工程安全责任制度 ································· 141

8 建设工程质量管理法规 ··· 145
　8.1 建设工程质量标准化管理制度 ·· 146
　8.2 施工单位的质量责任和义务 ·· 151
　8.3 建设单位及相关单位的质量责任和义务 ································ 157
　8.4 建设工程的竣工验收制度 ·· 162
　8.5 建设工程质量保修制度 ·· 169

9 建设工程纠纷法规 ··· 173
　9.1 建设工程纠纷主要种类和法律解决途径 ································ 173
　9.2 和解与调解 ··· 176
　9.3 仲裁制度 ··· 179
　9.4 民事诉讼制度 ··· 185
　9.5 行政强制、行政复议和行政诉讼制度 ···································· 194
　9.6 建设工程施工合同纠纷案件的司法解释 ································ 200

10 建设工程的其他相关法规 ··· 203
　10.1 施工现场环境保护制度 ··· 203
　10.2 施工节约能源制度 ··· 209
　10.3 施工文物保护制度 ··· 214

参考文献 ··· 221

1 建设工程法规概述

【学习要点】

掌握建设法规的概念;掌握建设法规的表现形式和效力层级;了解我国建设工程法律体系的基本框架;熟悉建设法规的作用。掌握建设法律关系的主体、客体和内容。了解并熟悉我国建设工程的法人制度、代理制度、物权制度、债权制度、知识产权制度、担保制度和保险制度等与建设工程相关的基本民事法律制度。明确建设工程民事责任、行政责任和刑事责任的种类及其承担方式。

法是由国家制定或认可的,经过必要的程序通过,能够反映统治阶级意志,并且由国家强制力保证实施的规范体系。一般来说,调整人们行为的社会规范有道德规范、宗教规范、纪律规范和法律规范。本书主要研究建设工程领域的法律规范。

法律规范,简称"法规",是由国家机关制定或认可并由国家强制力保证其实施的具体的调整人们的行为或社会关系的规范,其表现形式是规范性的法律文件,如法令、条例、规则、章程等,具有普遍的法律效力。

1949 年,中华人民共和国成立,实现了中国从几千年封建专制制度向人民民主制度的伟大跨越,彻底结束了中国半殖民地半封建社会的历史,人民成为国家、社会和自己命运的主人。1978 年,十一届三中全会提出"有法可依,有法必依,执法必严,违法必究"的法制建设方针。70 多年来,特别是改革开放以来,中国共产党领导中国人民制定宪法和法律,经过各方面坚持不懈的共同努力,一个立足中国国情和实际、适应改革开放和社会主义现代化建设需要、集中体现党和人民意志的,以宪法为统帅,以宪法相关法、民法商法等多个法律部门的法律为主干,由法律、行政法规、地方性法规等多个层次的法律规范构成的中国特色社会主义法律体系已经形成,国家经济建设、政治建设、文化建设、社会建设以及生态文明建设的各个方面实现有法可依。

依法治国是中国共产党领导人民治理国家的基本方略。以习近平同志为核心的党中央对全面依法治国高度重视,把全面依法治国放在党和国家事业发展全局中来谋划、推进,社会主义法治国家建设取得历史性成就。形成中国特色社会主义法律体系,保证国家和社会生活各方面有法可依,是全面落实依法治国基本方略的前提和基础,是中国发展进步的制度保障。全面推进依法治国,总目标是建设中国特色社会主义法治体系,建设中国特色社会主义法治国家。

1.1 建设工程法律体系

1.1.1 我国法律体系的基本框架

1. 法律体系

法律体系,通常是指由一个国家现行的各个部门法构成的有机联系的统一整体。

法律部门是在同一个法律体系中,按照一定标准和原则所制定的同类法律规范的总称。

2. 法律体系的基本框架

我国法律体系的基本框架由宪法及宪法相关法、民法商法、行政法、经济法、社会法、刑法、诉讼法与非诉讼法等构成。

（1）宪法及宪法相关法。

宪法是国家的根本大法。宪法规定了国家的根本任务和根本制度,即社会制度、国家制度的原则和国家政权的组织以及公民的基本权利、义务等内容。宪法是整个法律体系的基础,宪法的主要表现形式是《中华人民共和国宪法》。宪法相关法是指《中华人民共和国全国人民代表大会组织法》《中华人民共和国民族区域自治法》《中华人民共和国香港特别行政区基本法》和《中华人民共和国澳门特别行政区基本法》等附属的低层次的法律。

（2）民法商法。

①民法是规定并调整平等主体的公民间、法人间、公民和法人间的财产关系和人身关系的法律规范的总称。民法主要由《中华人民共和国民法典》（以下简称《民法典》）和单行民事法律组成,单行法律主要包括《中华人民共和国招标投标法》《中华人民共和国专利法》《中华人民共和国商标法》等。

《中华人民共和国民法典》简介和目录

②商法是调整平等主体之间的商事活动或商事行为的法律,主要包括《中华人民共和国公司法》《中华人民共和国证券法》《中华人民共和国保险法》《中华人民共和国票据法》《中华人民共和国企业破产法》等。

（3）行政法。

行政法是调整行政主体在行使行政职权和接受行政法制监督过程中而与行政相对人、行政法制监督主体之间发生的各种关系,以及行政主体内部发生的各种关系的法律规范的总称。行政法主要包括《中华人民共和国建筑法》《中华人民共和国行政处罚法》《中华人民共和国行政复议法》《中华人民共和国行政许可法》《中华人民共和国城乡规划法》《中华人民共和国环境保护法》等。

《中华人民共和国建筑法》目录

（4）经济法。

经济法是调整在国家协调、干预经济运行的过程中发生的经济关系的法律规范的总称。经济法主要有《中华人民共和国统计法》《中华人民共和国土地管理法》《中华人民共

和国标准化法》《中华人民共和国节约能源法》《中华人民共和国税法》等。

（5）社会法。

社会法是调整劳动关系、社会保障和社会福利关系的法律规范的总称。社会法主要有《中华人民共和国劳动法》《中华人民共和国安全生产法》《中华人民共和国劳动合同法》《中华人民共和国职业病防治法》《中华人民共和国消防法》等。

（6）刑法。

刑法是规定犯罪和刑罚的法律规范的总称。《中华人民共和国刑法》（以下简称《刑法》）是其中的主要内容，还包括一些单行法律、法规的有关条款。

（7）诉讼法及非诉讼法。

诉讼法（又称诉讼程序法），是有关各种诉讼活动的法律规范的总称，其作用在于从程序上保证实体法的正确实施。诉讼法主要包括《中华人民共和国民事诉讼法》《中华人民共和国行政诉讼法》《中华人民共和国刑事诉讼法》三大诉讼法。非诉讼法则有《中华人民共和国仲裁法》《中华人民共和国律师法》《中华人民共和国法官法》等。

3. 建设工程法律体系

建设工程法律体系是国家法律体系的重要组成部分。建设工程法律体系，是指把已经制定的和需要制定的建设工程方面的法律、行政法规、部门规章与地方法规、地方规章有机结合起来，形成的一个相互联系、相互补充、相互协调的完整统一的体系。

建设工程法规课程是在建设工程范围内来探讨法律体系，因此有必要澄清建筑工程法规与建设工程法规这两个易混淆的概念。建设活动是指从事建设工程的新建、扩建、改建和拆除等有关活动。建设工程是一般是指土木工程、建筑工程、机电工程及装修工程。而建筑工程专指各类房屋建筑及其附属设施的建造及其配套的线路、管道、设备的安装活动。因此，建筑工程可看作建设工程的一部分。

1.1.2 建设工程法规

1. 建设工程法规的概念

建设工程法规是指国家立法机关或其授权的行政机关制定的，旨在调整国家及其有关机构、企事业单位、社会团体、公民之间，在建设活动中或建设行政管理活动中发生的各种社会关系的法律、法规的统称。

2. 建设工程法规的作用

（1）规范指导建设行为。

人们所进行的各种具体行为必须遵循一定的准则。只有在法律规定的范围内进行的行为才能得到国家的承认与保护，也才能实现行业人员预期的目标。从事各种具体的建设活动所应遵循的行为规范即建设法规。建设法规在规范指导建设行为方面的具体表现如下。

①有些建设行为必须做。如《中华人民共和国建筑法》第 58 条规定："建筑施工企业必须按照工程设计图纸和施工技术标准施工，不得偷工减料。"

②有些行为禁止做。如《中华人民共和国招标投标法》第 32 条规定："投标人不得相互串通投标报价，不得排挤其他投标人的公平竞争，损害招标人或者其他投标人的合法权益。投标人不得与招标人串通投标，损害国家利益、社会公共利益或者他人的合法权益。

禁止投标人以向招标人或者评标委员会成员行贿的手段谋取中标。"

③授权某些建设行为,即授权人们有权选择某种建筑行为。如《中华人民共和国建筑法》第24条规定:"提倡对建筑工程实行总承包,禁止将建筑工程肢解发包。建筑工程的发包单位可以将建筑工程的勘察、设计、施工、设备采购一并发包给一个工程总承包单位,也可以将建筑工程勘察、设计、施工、设备采购的一项或者多项发包给一个工程总承包单位;但是,不得将应当由一个承包单位完成的建筑工程肢解成若干部分发包给几个承包单位。"

(2)保护合法建设行为

例如,建筑行业相关的法规颁布之后,建设行政主管单位对建筑行业的监管得以加强。又如《中华人民共和国招标投标法》颁布之后,我国的建筑招标、投标活动开始步入正轨,相关活动更加公平。该法的实施让建筑行业的交易带有竞争性质,不仅在某种程度上减少了通过贿赂等行为得到土地的现象,而且加强了建设行业各单位的市场准入管控,对建筑单位和从业人员进入行业进行了明确的规定,如《建筑业企业资质管理规定》。这些法律规定不仅可以让建筑行业的整体素质得到提升,也让原本一些法律空白地带得到有效补充,使建筑行业的健康发展顺利实现。

(3)处罚违法建设行为。

例如,《中华人民共和国建筑法》等相关建筑法律法规的出台,让建筑行业的发展面临全新的局面,从禁止、授权、强制等角度对建筑活动提出了新的要求。在此种情况下,建筑活动的各个环节都在法律的指导下进行。建筑法规本身也对这些活动起到良好的引导作用,让合法的行为得到保护,不合法的行为受到惩罚。建筑法规通过处罚违法建设行为,保证建筑工程质量和安全,从而保护人民群众利益;规范和保障建筑各方主体的权益;规范和监督建设单位的行为,防止出现"黑白合同"等违法行为;能有效解决拖欠工程款和农民工工资问题。

1.1.3　建设工程法规的表现形式

法的形式是指法律创制方式和外部表现形式,它包括四层含义:法律规范创制机关的性质及级别;法律规范的外部表现形式;法律规范的效力等级;法律规范的地域效力。

我国的法是制定法形式,一般以条文形式发布,法的形式具体可分为七类:宪法、法律、行政法规、部门规章、地方性法规、地方规章和国际条约。法的形式,包括创制机关和具体表现形式,详见表1-1。

表1-1　法的表现形式

法 的 形 式	创 制 机 关	具 体 表 现 形 式
宪法	全国人民代表大会	宪法
法律	全国人民代表大会及其常委会	××法(主席令公布)
行政法规	国务院	××条例(总理公布)
部门规章	国务院各部、委员会、中国人民银行、审计署、直属机构	××规定/办法/实施细则等(部门首长公布)

法的形式	创制机关	具体表现形式
地方性法规	省/自治区/直辖市人大及常委会	××地方××条例(人大主席团或常委会公布)
	较大的市人大及常委会	
地方规章	省/自治区/直辖市/较大市的人民政府	××地方××规定/办法/实施细则(省长或市长令)
自治条例	自治区人大	××地方××条例
单行条例	自治州/自治县人大	××地方××条例

建设工程法规的表现形式主要由建设法律、建设行政法规、建设部门规章、地方性建设法规、地方性建设规章五个层次组成,采用梯形结构形式。

1. 宪法

宪法是由我国的最高权力机关全国人民代表大会依照特别程序制定的具有最高效力的根本法。宪法集中反映统治阶级的意志和利益,规定国家制度、社会制度的基本原则。

宪法是我国的根本大法,在法律体系中具有最高的法律地位和法律效力,是我国最高的法律形式。我国《宪法》规定,一切法律、行政法规和地方性法规都不得与宪法相抵触。

宪法是建设法规的最高形式,是国家进行建设管理、监督的权力基础。

2. 建设法律

建设法律是指由全国人民代表大会和全国人民代表大会常务委员会制定颁布的规范性法律文件,即狭义的法律。建设法律由国家主席签署主席令予以公布。建设法律常用的有《中华人民共和国建筑法》(以下简称《建筑法》)《中华人民共和国城乡规划法》《中华人民共和国民法典》《中华人民共和国行政许可法》等。

3. 建设行政法规

建设行政法规是国家最高行政机关国务院根据宪法和法律就有关执行法律和履行行政管理职权的问题,以及依据全国人民代表大会及其常务委员会特别授权所制定的规范性文件的总称。因此,国务院根据宪法和建设法律,制定建设行政法规。

建设行政法规由国务院总理签署国务院令公布。

建设行政法规常用的有《建设工程安全生产管理条例》《建设工程质量管理条例》等。

4. 地方性建设法规

地方性建设法规由省、自治区、直辖市和设区的市人民代表大会及其常务委员会,根据本行政区域的具体情况和实际需要,在不与宪法、法律、行政法规相抵触的前提下制定,由大会主席团或者常务委员会用公告公布施行的文件。地方性法规在本行政区域内有效,其效力低于宪法、法律和行政法规。

地方性法规大部分称作条例,有的为法律在地方的实施细则,部分为具有法规属性的文件,如决议、决定等。地方性法规是除宪法、法律、行政法规外在地方具有最高法律属性和国家约束力的行为规范。地方性法规具有地方性,只在本辖区内有效,地方建设性法规如《辽宁省建筑市场管理条例》《新疆维吾尔自治区建筑市场管理条例》《北京市招标投标条例》等。

5. 建设部门规章

建设部门规章是国务院所属的各部、委员会、中国人民银行、审计署和具有行政管理职能的直属机构以及省、自治区、直辖市和较大的市人民政府根据法律和行政法规所制定的规范性文件。

建设部门规章常用名称是"规定""办法"和"实施细则"等。例如，住房和城乡建设部发布的《房屋建筑和市政基础设施工程质量监督管理规定》《房屋建筑工程和市政基础设施工程竣工验收备案管理暂行办法》《中华人民共和国注册建筑师条例实施细则》等。

涉及两个以上国务院部门职权范围的事项，应当提请国务院制定行政法规或者由国务院有关部门联合制定规章，例如，2013年九部委联合发布的《关于废止和修改部分招标投标规章和规范性文件的决定》（九部委第23号令）。

6. 地方性建设规章

地方性建设规章是由省、自治区、直辖市和较大的市的人民政府，可以根据法律、行政法规和本省、自治区、直辖市的地方性法规所制定的法律规范性文件。地方性规章由省长、自治区主席、市长或者自治州州长签署命令予以公布。

部门建设规章和地方性建设规章都属于行政规章。行政规章是由国家行政机关依照行政职权所制定、发布的针对某一类事件、行为或者某一类人员的行政管理的规范性文件。

7. 最高人民法院司法解释规范性文件和国际条约

最高人民法院司法解释规范性文件是最高人民法院对法律的系统性解释或对法律的适用情况所作的说明，对法院审判有约束力，具有法律规范的基本性质，在我国司法实践中具有非常重要的地位和作用。例如《最高人民法院关于审理建设工程施工合同纠纷案件适用法律问题的解释（二）》等。

国际条约，是指我国与外国缔结、参加、签订、加入、承认的双边、多边的条约、协定和其他具有条约性质的文件。

1.1.4 法的效力层级

法的效力层级，是指法律体系中的各种法的形式，由于制定的主体、程序、时间、适用范围等的不同，具有不同的效力，从而形成法的效力等级体系。

1. 宪法至上

宪法是我国的根本大法，宪法具有最高的法律效力，一切法律、行政法规、部门规章、地方性法规、地方规章、自治条例和单行条例都不得同宪法相抵触。

宪法作为根本法和母法，是其他立法活动的最高法律依据。

2. 上位法优于下位法

《中华人民共和国立法法》规定，法律的效力高于行政法规、部门规章、地方性法规和地方规章。在我国法律体系中，法律的效力仅次于宪法而高于其他形式的法。行政法规的效力高于部门规章、地方性法规、地方规章。

地方性法规的效力高于本级和下级地方政府规章。省、自治区的人民政府制定的规章的效力高于本行政区域内较大的市的人民政府制定的规章。

部门规章之间、部门规章与地方政府规章之间具有同等效力,在各自的权限范围内施行。

3. 特别法优于一般法

特别法优于一般法,是指公法权力主体在实施公权力行为中,当一般规定与特别规定不一致时,优先适用特别规定。《中华人民共和国立法法》规定,同一机关制定的法律、行政法规、地方性法规、自治条例和单行条例、规章,特别规定与一般规定不一致的,适用特别规定。

4. 新法优于旧法

新法、旧法对同一事项有不同规定时,新法的效力优于旧法。《中华人民共和国立法法》规定,同一机关制定的法律、行政法规、地方性法规、自治条例和单行条例、规章,新的规定与旧的规定不一致的,适用新的规定。

5. 需要由有关机关裁决适用的特殊情况

法律之间对同一事项的新的一般规定与旧的特别规定不一致,不能确定如何适用时,由全国人民代表大会常务委员会裁决。行政法规之间对同一事项的新的一般规定与旧的特别规定不一致,不能确定如何适用时,由国务院裁决。

《中华人民共和国立法法》规定,地方性法规、规章之间不一致时,由有关机关依照下列规定的权限作出裁决。

(1)同一机关制定的新的一般规定与旧的特别规定不一致时,由制定机关裁决。

(2)地方性法规与部门规章之间对同一事项的规定不一致,不能确定如何适用时,由国务院提出意见,国务院认为应当适用地方性法规的,应当决定在该地方适用地方性法规的规定;认为应当适用部门规章的,应当提请全国人民代表大会常务委员会裁决。

(3)部门规章之间、部门规章与地方政府规章之间对同一事项的规定不一致时,由国务院裁决。

根据授权制定的法规与法律规定不一致,不能确定如何适用时,由全国人民代表大会常务委员会裁决。

6. 备案和审查

行政法规、部门规章、地方性法规、地方政府规章、自治条例和单行条例应当在公布后的 30 日内依照下列规定报有关机关备案:

(1)行政法规报全国人民代表大会常务委员会备案;

(2)省、自治区、直辖市的人民代表大会及其常务委员会制定的地方性法规,报全国人民代表大会常务委员会和国务院备案;设区的市、自治州的人民代表大会及其常务委员会制定的地方性法规,由省、自治区的人民代表大会常务委员会报全国人民代表大会常务委员会和国务院备案;

(3)自治州、自治县的人民代表大会制定的自治条例和单行条例,由省、自治区、直辖市的人民代表大会常务委员会报全国人民代表大会常务委员会和国务院备案;自治条例、单行条例报送备案时,应当说明对法律、行政法规、地方性法规作出变通的情况;

(4)部门规章和地方政府规章报国务院备案;地方政府规章应当同时报本级人民代表大会常务委员会备案;设区的市、自治州的人民政府制定的规章应当同时报省、自治区的人民代表大会常务委员会和人民政府备案;

（5）根据授权制定的法规应当报授权决定规定的机关备案；经济特区法规报送备案时，应当说明对法律、行政法规、地方性法规作出变通的情况。

1.2 建设法律关系

建设法律关系是指由建设工程法律规范所确认和调整的，在建设管理和建设协作过程中所产生的权利与义务关系。

建设法律关系的三要素是指主体、客体和内容。三者互相联系，缺一不可，变更其中任何一个要素都不是原来意义上的法律关系。主体是建设法律关系的参加者，是一定权利的享有者和一定义务的承担者。

1.2.1 建设法律关系主体

建设法律关系主体：参与、管理或监督建设活动，受建设工程法律规范调整，在法律上享有权利、承担义务的自然人、法人或其他组织。主要是指国家机关、社会组织、自然人。

1. 国家机关

①国家权力机关，是指全国人民代表大会及其常务委员会和地方各级人民代表大会及其常务委员会。国家权力机关参加建设法律关系的职能是审查批准国家建设计划，审查批准国家预决算制定，制定和颁布建设法规，监督检查国家各项建设法规的执行。

②国家行政机关，是依照国家宪法和法律设立的依法行使国家行政职权、组织管理国家行政事务的机关。国家行政机关分为国家计划机关、国家建设主管机关、国家建设监督机关、国家建设各项业务主管机关。

③国家司法机关。国家司法机关包括审判机关、检察机关和公安机关等。国家司法机关不以管理者身份成为建设工程法律关系的主体，而是建设工程法律关系监督和保护的重要机关。

2. 社会组织

作为法律关系主体的社会组织一般应为法人。法人是指具有民事权利能力和民事行为能力，依法享有民事权利和承担民事义务的组织。常见的社会组织有以下几种。

①建设单位，主要是指工程建设的投资方，一般称为建设单位或甲方。根据国际惯例，一般也称为业主或发包方。

②施工单位、勘察设计单位、预拌混凝土搅拌站等，主要是指工程建设的承担方，根据国际惯例，一般也称为承包方。

③中介机构，具有相应的建筑活动服务资质，在建筑市场受发包方、承包方或政府管理机构的委托，对工程建设进行估算、测量、咨询代理、监理、招投标、法律咨询等高智能服务并取得服务费的机构。常见的中介机构有工程监理公司、招标代理机构、工程造价咨询机构、质量检查监督认证机构、律师事务所、合同纠纷的仲裁调解机构等。

3. 自然人

自然人，一般是指签劳动合同的人。自然人也是工程建设法律关系的主体之一。建筑行业的工作人员(如项目经理、专业技术人员、建筑工人等)同企业签订劳动合同,因生产事故发生争议时,自然人便成为建设法律关系的主体。

1.2.2　建设法律关系客体

建设法律关系客体是指参加法律关系的主体享有的权利和承担的义务所共同指向的对象。建设法律关系客体是确立权利和义务关系性质及具体内容的客观依据,如果没有客体,权利和义务就失去了目标,难以落实,法律关系主体的活动也就失去了意义。

建设法律关系客体一般可以分为财、物、行为和非物质财富四类。

1. 表现为财的客体

法律意义上的财是指资金及各种有价证券。例如基本建设贷款合同的标的是指货币。

2. 表现为物的客体

法律意义上的物是指可为人们控制和支配的并具有经济价值的生产资料和消费资料。在建设法律关系中表现为物的客体主要是建筑材料、建筑设备、建筑物等。

3. 表现为行为的客体

法律意义上的行为是指人的有意识的活动。在建设法律关系中表现为行为的客体主要完成了一定物化的结果和非物化的结果。物化的结果指的是义务人的行为完成一定的物化产品,如房屋的工程项目等。非物化的结果指的是义务人的行为没有完成物化实体,而仅表现为一定的行为过程,最终产生了权利人所期望的法律效果,如对企业员工的培训行为等。

4. 表现为非物质财富的客体

法律意义上的非物质财富是指人们脑力劳动的成果或智力方面的创作,也称智力成果。在建设法律关系中,表现为设计单位的设计图纸、专利、商业秘密等。

1.2.3　建设法律关系内容

建设法律关系的内容即建设法律关系的主体对他方享有的权利和承担的义务。其内容要由相关的法律或合同来确定,它是连接主体的纽带,如开发权、所有权、经营权以及保证工程质量的经济义务和法律责任。

我国建设法规中大部分规定都是建设工程法律关系的内容。

1. 权利

权利是指法律关系主体在法定范围内有权进行各种活动。权利主体可要求其他主体作出一定的行为或抑制一定的行为,以实现自己的权利,因其他主体的行为而使权利不能实现时有权要求国家机关加以保护并予以制裁。

2. 义务

义务是指法律关系主体必须按法律规定或约定承担应负的责任。义务和权利是相互对应的,相应权利主体、义务主体如果不履行或不适当履行,就要承担相应的法律责任。

1.2.4　建设法律关系的产生、变更、终止

1. 建设法律关系的产生

建设法律关系的产生是指建设法律关系主体之间形成了一定的权利和义务关系。某

建设单位和施工单位签订了建筑工程承包合同,主体双方产生了相应的权利和义务,此时就产生了受建设法规调整的建设法律关系。

2. 建设法律关系的变更

建设法律关系的变更是指三要素发生了变化,即主体变更、客体变更和内容变更。

(1)主体变更。

主体变更,是指建设法律关系主体数目增多或减少,也可以是主体本身改变。例如,总承包商将所承揽的工程进行了分包,就导致了主体数目增加。主体本身改变也称为合同转让,由另一个新主体代替了原主体,从而享有权利和承担义务。

(2)客体变更。

客体变更,是指建设法律关系中权利、义务所指向的事物发生变化。客体变更可以是范围变更,也可以是性质变更。客体范围变更表现为客体的规模、数量发生了变化。

(3)内容变更。

建设法律关系主体与客体的变更,必然导致相应的权利和义务的变更,即内容变更。

3. 建设法律关系的终止

建设法律关系的终止是指建设法律关系主体之间的权利和义务不复存在,彼此丧失了约束力。建设法律关系的终止分为自然终止、协议终止和违约终止。

4. 建设法律关系的产生、变更、终止的原因

建设法律关系只有在一定的情况下才能产生,同样这种法律关系的变更和消灭也是由一定情况决定的。这种引起法律关系产生、变更和消灭的情况,即人们通常所称的法律事实。建设法律事实即建设法律关系产生、变更和消灭的原因。建设法律事实按是否包含当事人的意志分为两类:事件和行为。

(1)事件。

事件是指不以当事人意志为转移而产生的法律事实,包括两类事件:自然事件(如地震、海啸、台风、洪水等)和社会事件(如战争、疫情、恐怖活动等)。

(2)行为。

行为是指人的有意识的活动。行为包括积极的作为和消极的不作为,两者都能引起建设法律关系的产生、变更和终止。行为一般表现为合法行为、违法行为、行政行为和司法行为等。

1.3　建设工程基本民事法律制度

法律制度是指一个国家或地区的所有法律原则和规则的总称。法律制度包含很多的法规和政策。从广义上说,法律制度是指政治法律制度、经济法律制度、家庭法律制度和文化法律制度等。从狭义上讲,法律制度是指调整某一特定关系、规范某一特定行为的法律规范的总和。本节主要讲的是狭义的法律制度。法律制度可按不同的方式进行分类,如民事法律制度、行政法律制度等。在同一部门法中,还有许多具体的法律制度,如在建设工程法律制度中有质量责任制度、安全生产制度、许可制度、招标投标制度等。

　　本节主要介绍与建设工程中相关的基本民事法律制度,如建设工程法人制度、代理制度、物权制度、债权制度、知识产权制度、担保制度、保险制度等。其他有关的法律制度在后面的章节中详细介绍。

1.3.1　建设工程法人制度

1.《民法典》关于法人的规定

　　(1)法人的定义。

　　法人是具有民事权利能力和民事行为能力,依法独立享有民事权利和承担民事义务的组织。

　　(2)法人应当具备的条件。

　　①法人应当依法成立。法人不能自然产生,法人的产生必须经过法定的程序。法人成立的具体条件和程序,依照法律、行政法规的规定。设立法人,法律、行政法规规定须经有关机关批准的,依照其规定。

　　②法人应当有自己的名称、组织机构、住所、财产或者经费。法人的名称是其拥有独立于其他法人的标志,也是其商誉的载体;组织机构是指对内管理法人事务,对外代表法人进行民事活动的机构;住所为法人主要办事机构所在地;法人应有必要的财产或者经费。以上是作为法人的社会组织能够独立参加经济活动、享有民事权利和承担民事义务的物质基础,也是其承担民事责任的物质保障。法律上要求法人的财产或者经费应与法人的经营范围或者设立目的相适应,否则不予承认。

　　③法人以其全部财产独立承担民事责任。法人在民事活动中能承担债务,并且给其他主体造成损失时能承担赔偿责任。法人的民事权利能力和民事行为能力,从法人成立时产生,到法人终止时消灭。

　　④有法定代表人。依照法律或者法人章程的规定,代表法人从事民事活动的负责人,为法人的法定代表人。法定代表人以法人名义从事的民事活动,其法律后果由法人承担。法定代表人因执行职务造成他人损害的,由法人承担民事责任。法人承担民事责任后,依照法律或者法人章程的规定,可以向有过错的法定代表人追偿。

　　(3)法人的分类。

　　法人分为营利法人、非营利法人和特别法人。

　　①营利法人。营利法人是以取得利润并分配给股东等出资人为目的成立的法人。营利法人包括有限责任公司、股份有限公司和其他企业法人等。依法设立的营利法人,由登记机关发给营利法人营业执照。营业执照签发日期为营利法人的成立日期。

　　②非营利法人。非营利法人是为公益目的或者其他非营利目的成立,不向出资人、设立人或者会员分配所取得利润的法人。非营利法人包括事业单位、社会团体、基金会、社会服务机构等。具备法人条件,为适应经济社会发展需要,提供公益服务设立的事业单位,经依法登记成立,取得事业单位法人资格;依法不需要办理法人登记的,从成立之日起,具有事业单位法人资格。具备法人条件,基于会员共同意愿,为公益目的或者会员共同利益等非营利目的设立的社会团体,经依法登记成立,取得社会团体法人资格;依法不需要办理法人登记的,从成立之日起,具有社会团体法人资格。

③特别法人。特别法人主要是指机关法人、农村集体经济组织法人、城镇农村的合作经济组织法人、基层群众性自治组织法人等。

非法人组织是不具有法人资格，但是能够依法以自己的名义从事民事活动的组织。非法人组织包括个人独资企业、合伙企业、不具有法人资格的专业服务机构等。非法人组织应当依照法律的规定登记。设立非法人组织，法律、行政法规规定须经有关机关批准的，依照其规定。

2. 法人在建设工程中的地位

在建设工程中，大多数建设活动主体都是法人。施工单位、勘察设计单位、监理单位都是具有法人资格的组织。建设单位有法人资格，也可以没有法人资格。

法人在建设工程中的地位，表现在其具有民事权利能力和民事行为能力。依法独立享有民事权利和承担民事义务，方能承担民事责任。在法人制度产生以前，只有自然人才具有民事权利能力和民事行为能力。随着社会生产活动的扩大和专业化水平的提高，许多社会活动必须由自然人合作完成。因此，法人是出于需要，由法律将其拟制为自然人以确定团体利益的归属，即所谓"拟制人"。法人是社会组织在法律上的人格化，是法律意义上的"人"，而不是实实在在的生命体。

3. 法人在建设工程中的作用

（1）法人是建设工程中的基本主体。

在计划经济时期，从事建设活动的各企事业单位实际上是行政机关的附属，不是独立的。但在市场经济中，每个法人都是独立的，可以独立开展建设活动。

法人制度有利于企业或者事业单位根据市场经济的客观要求，打破地区、部门和所有制的界限，发展各种形式的横向经济联合，在平等、自愿、互利的基础上建立新的经济实体。实行法人制度，一方面可以保证企业在民事活动中以独立的"人格"享有平等的法律地位，不再受行政主管部门的不适当干涉；另一方面作为法人的企业也不得以自己的某种优势去干涉其他法人的经济活动，或者进行不等价的交换。这样，企业可以发挥各自优势，进行正当竞争，按照社会化大生产的要求，加快市场经济的发展。

（2）确立了建设领域国有企业所有权和经营权的分离。

建设领域曾经是以国有企业为主体的。确认企业的法人地位，明确法人的独立财产责任并建立相应的法人破产制度，这就真正在法律上使企业由国家行政部门的附属物变成了自主经营、自负盈亏的商品生产者和经营者，从而进一步促使企业加强经济核算和科学管理，增强企业在市场竞争中的活力，为我国市场经济的发展和工程建设的顺利实施创造更好的条件。

4. 企业法人与项目经理部的法律关系

（1）项目经理部是施工企业为了完成某项建设工程施工任务而设立的组织。

项目经理部是由一个项目经理与技术、生产、材料、成本等管理人员组成的项目管理班子，是一次性的具有弹性的现场生产组织机构。项目经理部不具备法人资格，而是施工企业根据建设工程施工项目而组建的非常设的下属机构。项目经理根据企业法人的授权，组织和领导本项目经理部的全面工作。

（2）项目经理是企业法人授权在建设工程施工项目上的管理者。

企业法人的法定代表人，其职务行为可以代表企业法人。由于施工企业同时会有数个、数十个甚至更多的建设工程施工项目在组织实施,导致企业法定代表人不可能成为所有施工项目的直接负责人。因此,每个施工项目必须有一个经企业法人授权的项目经理。施工企业的项目经理,是受企业法人的委派,对建设工程施工项目全面负责的项目管理者,是施工企业内部的一种岗位职务。对于大中型施工项目,施工企业应当在施工现场设立项目经理部;小型施工项目,可以由施工企业根据实际情况选择适当的管理方式。

（3）项目经理部行为的法律后果由企业法人承担。

项目经理部不具备独立的法人资格,无法独立承担民事责任,所以项目经理部行为的法律后果将由企业法人承担。

1.3.2　建设工程代理制度

1. 代理及其法律特征

（1）代理。

《民法典》规定代理是指公民、法人可以通过代理人实施民事法律行为。代理人在代理权限内,以被代理人的名义实施民事法律行为。被代理人对代理人的代理行为,承担民事责任。代理涉及三方当事人,即被代理人、代理人和代理关系所涉及的第三人。

（2）代理的法律特征。

代理的法律特征包括:①代理人必须在代理权限范围内实施代理行为;②代理人应该以被代理人的名义对外实施代理行为;③代理行为必须是具有法律意义的行为;④代理行为的法律后果归属于被代理人。

2. 代理的种类

根据《民法典》第163条规定,代理包括委托代理和法定代理。

①委托代理是指委托代理人按照被代理人的委托行使代理权。因委托代理中,被代理人是以意思表示的方法将代理权授予代理人的,故委托代理又称为"意见代理"或"任意代理"。

②法定代理是指法定代理人依照法律的规定行使代理权。无民事行为能力人、限制民事行为能力人的监护人是其法定代理人。

3. 建设工程代理的设立和终止

（1）建设工程委托代理的设立。

建设工程涉及代理的行为较多,如工程招标代理、材料设备采购代理、诉讼代理等。建设活动不同于一般的活动,其代理行为不仅要依法实施,有些还要受到法律的限制。

建设工程代理行为多是民事法律行为的委托代理。民事法律行为的委托代理,可以用书面形式,也可以用口头形式。法律规定用书面形式的,应当用书面形式。

不得委托代理的建设工程活动主要有以下两个方面:①依照法律规定、按照双方当事人约定或者民事法律行为的性质,应当由本人实施的民事法律行为,不得代理;②建设工程的承包活动不得委托代理。《建筑法》第24条规定,禁止承包单位将其承包的全部建筑工程转包给他人,禁止承包单位将其承包的全部建筑工程肢解以后以分包的名义分别转包给他人,施工总承包的,建筑工程主体结构的施工必须由总承包单位自行完成。

（2）建设工程代理的终止。

《民法典》第173条规定,有下列情形之一的,委托代理关系终止:①代理期间届满或者代理事务完成;②被代理人取消委托或者代理人辞去委托;③代理人丧失民事行为能力;④代理人或被代理人死亡;⑤作为被代理人或者代理人的法人、非法人组织终止。

《民法典》第175条规定,有下列情形之一的,法定代理终止:①被代理人取得或者恢复民事行为能力;②代理人丧失民事行为能力;③代理人或者被代理人死亡;④法律规定的其他情形。

4. 代理人和被代理人的权利、义务及法律责任

(1)代理人在代理权限内以被代理人的名义实施代理行为。

《民法典》规定,代理人在代理权限内,以被代理人的名义实施民事法律行为。被代理人对代理人的代理行为承担民事责任。这是代理人与被代理人基本权利和义务的规定,即代理人必须取得代理权,并依据代理权限,以被代理人的名义实施民事法律行为;被代理人要对代理人的代理行为承担民事责任。

(2)委托第三人代理的,应当事先取得被代理人的同意。

转委托代理经被代理人同意或者追认的,被代理人可以就代理事务直接指示转委托的第三人,代理人仅就第三人的选任以及对第三人的指示承担责任。

转委托代理未经被代理人同意或者追认的,代理人应当对转委托的第三人的行为承担责任;但是,在紧急情况下代理人为了维护被代理人的利益需要转委托第三人代理的除外。

(3)无权代理。

没有代理权、超越代理权或者代理权终止后的行为,只有经过被代理人的追认,被代理人才承担民事责任。未经追认的行为,由行为人承担民事责任。本人知道他人以本人名义实施民事行为而不作否认表示的,视为同意。

(4)表见代理。

表见代理是指行为人虽无权代理,但由于行为人的某些行为,足以使善意第三人相信其有代理权,而与善意第三人进行的、由本人承担法律后果的代理行为。

表见代理除需符合代理的一般条件外,还需具备以下特别构成要件:①须存在足以使相对人相信行为人具有代理权的事实或理由;②须本人存在过失;③须相对人为主观善意,这是构成表见代理的主观要件。

(5)代理不当或违法行为应承担的法律责任。

①委托书授权不明应承担的法律责任。委托书授权不明的,被代理人应当向第三人承担民事责任,代理人负连带责任。

②损害被代理人利益应承担的法律责任。代理人不履行职责而给被代理人造成损害的,应当承担民事责任。代理人和第三人串通,损害被代理人的利益的,由代理人和第三人负连带责任。

③第三人或相对人故意行为应承担的法律责任。第三人或相对人知道行为人没有代理权、超越代理权或者代理权已终止还与行为人实施民事行为给他人造成损害的,由第三人和行为人负连带责任。

④违法代理行为应承担的法律责任。代理人知道被委托代理的事项违法仍然进行代理活动的,或者被代理人知道代理人的代理行为违法不表示反对的,由被代理人和代理人

负连带责任。

1.3.3 建设工程物权制度

1. 物权和物权的法律特征

物权是指权利人依法对特定的物享有直接支配和排他的权利,包括所有权、用益物权和担保物权。所有民事主体,如法人、法人以外的其他组织、自然人都能够成为物权权利人。物权的客体一般是物,包括不动产和动产。不动产是指土地以及房屋、树木等地上定着物。动产是指不动产以外的物。

物权的法律特征表现在物权是支配权、绝对权、财产权和具有排他性。

2. 物权的种类

物权包括所有权、用益物权和担保物权。

(1) 所有权。

所有权人对自己的不动产或者动产,依法享有占有、使用、收益和处分的权利。它是一种财产权,又称财产所有权。所有权是物权中最重要也最完全的一种权利,包括占有权、使用权、收益权和处分权。

①占有权是指对财产实际掌握、控制的权能。

②使用权是指对财产的实际利用和运用的权能。

③收益权是指收取由原物产生出来的新增经济价值的权能。原物新增的经济价值,包括由原物直接派生出来的果实、由原物所产生出来的租金和利息、对原物直接利用而产生的利润等。

④处分权是指依法对财产进行处置,决定财产在事实上或法律上命运的权能。

所有权包括国家所有权和集体所有权、私人所有权。

法律规定专属于国家所有的不动产和动产,任何组织或者个人不能取得所有权。

(2) 用益物权。

用益物权是用益物权人对他人所有的不动产或者动产,依法享有占有、使用和收益的权利,用益物权包括土地承包经营权、建设用地使用权、宅基地使用权和地役权。

(3) 担保物权。

担保物权是权利人在债务人不履行到期债务或者发生当事人约定的实现担保物权的情形,依法享有就担保财产优先受偿的权利。债权人在借贷、买卖等民事活动中,为保障实现其债权,需要担保的,可以依照《民法典》和其他法律的规定设立担保物权。

物权的种类
比较

3. 与土地相关的物权

与土地相关的物权包括土地所有权、建设用地使用权、地役权。

(1) 土地所有权。

土地所有权是国家或农民集体依法对归其所有的土地享有的具有支配性和绝对性的权利。土地所有权是一项专有权。

我国土地实行社会主义公有制,即全民所有(国家所有)制和劳动群众集体所有制,其他任何单位或个人都不享有土地所有权。城市的土地,属于国家所有。无居民海岛、矿

藏、水流、海域属于国家所有。农村和城市郊区的土地,除由法律规定属于国家所有的以外,属于农民集体所有;宅基地和自留地、自留山,属于农民集体所有。

国家实行土地用途管制,土地用途分为农用地、建设用地和未利用地三大类,严格用途转用。

土地承包经营权是土地承包经营权人依法对其承包经营的耕地、林地、草地等享有占有、使用和收益的权利,有权从事种植业、林业、畜牧业等农业生产。耕地的承包期为30年。草地的承包期为30年至50年。林地的承包期为30年至70年。规定的承包期限届满,由土地承包经营权人依照农村土地承包的法律规定继续承包。

（2）建设用地使用权。

建设用地使用权是建设用地使用权人依法对国家所有的土地享有占有、使用和收益的权利,有权利用该土地建造建筑物、构筑物及其附属设施。建设用地使用权可以在土地的地表、地上或者地下分别设立。

建设用地使用权人应当合理利用土地,不得改变土地用途;需要改变土地用途的,应当依法经有关行政主管部门批准。

建设用地使用权只能存在于国家所有的土地上,不包括集体所有的农村土地。

设立建设用地使用权,可以采取出让或者划拨等方式。工业、商业、旅游、娱乐和商品住宅等经营性用地以及同一土地有两个以上意向用地者的,应当采取招标、拍卖等公开竞价的方式出让。严格限制以划拨方式设立建设用地使用权。

通过招标、拍卖、协议等出让方式设立建设用地使用权的,当事人应当采用书面形式订立建设用地使用权出让合同。

建设用地使用权人有权将建设用地使用权转让、互换、出资、赠予或者抵押,但法律另有规定的除外。

住宅建设用地期限届满,自动续期;非住宅建设用地期限届满,依照法律规定办理。

（3）地役权。

地役权是指地役权人为提高自己不动产的效益而按照合同约定利用他人的不动产的权利。从性质上说,地役权是按照当事人的约定设立的用益物权。

1.3.4 建设工程债权制度

1. 债的概念和内容

《民法典》规定,债是按照合同的约定或者依照法律的规定,在当事人之间产生的特定的权利和义务关系。

债的内容,是指债的主体双方间的权利与义务,即债权人享有的权利（债权）和债务人负担的义务（债务）。享有权利的人是债权人,负有义务的人是债务人。

2. 建设工程债的发生根据

建设工程债的产生,是指特定当事人之间债权债务关系的产生。引起债产生的一定的法律事实,就是债产生的根据。

建设工程债产生的根据主要有合同、侵权、无因管理和不当得利四种。其中,《民法典》将无因管理和不当得利列为准合同。

（1）合同。

合同是指民事主体之间关于设立、变更和终止民事关系的协议。合同是引起债权债务关系发生的最主要、最普遍的根据。合同产生的债称为合同之债。

（2）侵权。

侵权是指公民或法人没有法律依据而侵害他人的财产权或人身权的行为。因侵权行为而产生的债，称为侵权之债。例如，施工现场的噪声就产生了侵权之债。

建筑施工中侵权行为的比较

（3）无因管理。

无因管理是指既未受人之托也不负有法律规定的义务，而是自觉为他人管理事务的行为。无因管理行为一经发生，便会在管理人和事务被管理人之间产生债权债务关系，事务被管理人负有赔偿管理人在管理过程中所支付的合理的费用及直接损失的义务。无因管理产生的债称为无因管理之债。《民法典》规定，管理人没有法定的或者约定的义务，为避免他人利益受损失而管理他人事务的，可以请求受益人偿还因管理事务而支出的必要费用；管理人因管理事务受到损失的，可以请求受益人给予适当补偿。

（4）不当得利。

不当得利是指没有法律上或合同上的根据，有损于他人利益而自身取得利益的行为。它可能表现为得利人财产的增加，致使他人不应减少的财产减少了；也可能表现为得利人应支付的费用没有支付，致使他人应当增加的财产没有增加。不当得利一旦发生，不当得利人负有返还的义务。不当得利产生的债称为不当得利之债。

3．建设工程债的常见种类

（1）施工合同债。

施工合同债是发生在建设单位和施工单位之间的债，施工合同的义务主要是完成施工任务和支付工程款。对于完成施工任务，建设单位是债权人，施工单位是债务人；对于支付工程款，建设单位是债务人，施工单位是债权人。

（2）买卖合同债。

在建设工程活动中，会产生大量的买卖合同，主要是材料设备买卖合同。材料设备的买方可能是建设单位，也可能是施工单位。他们会与材料设备供应商产生买卖合同债。

（3）侵权之债。

在侵权之债中，最常见的是施工单位的施工活动产生的侵权。如施工噪声或者废水废弃物排放等，可能对工地附近的居民构成侵权。此时，居民是债权人，施工单位或者建设单位是债务人。

1.3.5　建设工程知识产权制度

知识产权指权利人对其智力劳动所创作的成果享有的财产权利。《民法典》规定，知识产权是权利人依法就下列客体享有的专有的权利，包括：作品；发明、实用新型、外观设计；商标；地理标志；商业秘密；集成电路布图设计；植物新品种；法律规定的其他客体。

知识产权的法律特征：人身权和财产权的双重性质、专有性、地域性和期限性。

1. 建设工程知识产权的常见种类

在建设工程中知识产权的常见种类主要是专利权、商标权、著作权、发明权和其他科技成果等。（注：计算机软件属于著作权保护的客体。）

（1）专利权。

专利权是指权利人在法律规定的期限内，对其发明创造所享有的制造、使用和销售的专有权。

专利法保护的对象就是专利权的客体，各国规定各不相同。2020年10月经修改公布的《中华人民共和国专利法》保护的是发明创造专利权，并规定发明创造是指发明、实用新型和外观设计。

①发明。

发明是指产品、方法或者其改进所提出的新的技术方案。这是专利权保护的最主要对象。发明应当具备以下条件：必须是一种能够解决特定技术问题作出的创造性构思；必须是具体的技术方案；必须是利用自然规律的结果。

②实用新型。

实用新型是指对产品的形状、构造或者两者结合所提出的适于实用的新的技术方案。它与发明相似，都是一种新的技术方案，但发明专利的创造性水平要高于实用新型。因此，实用新型被称为"小发明"。

③外观设计。

外观设计是指对产品的形状、图案或者其结合以及色彩与形状、图案的结合所作出的富有美感并适于工业应用的新设计。外观设计必须具备以下条件：形状、图案、色彩或者其结合的设计；对产品的外表所作的设计；具有美感；适合于工业上应用的新设计。

最新规定是发明专利权的期限为20年，实用新型专利权期限为10年，外观设计专利权的期限为15年，均自申请日起计算。

（2）商标权。

商标是指企业、事业单位和个体工商业者，为了使其生产经营的商品或者提供的服务项目有别于他人的商品或者服务项目，用具有显著特征的文字、图形、字母、数字、三维标志、颜色组合和声音等，或上述要素的组合来表示的标志。商标可以分为商品商标和服务商标两大类。

商标专用权是指企业、事业单位和个体工商业者对其注册的商标依法享有的专用权。

根据《中华人民共和国商标法》的规定，自然人、法人或者其他组织对其生产、制造、加工、拣选或者经销的商品，需要取得商标专用权的，应当向商标局申请商品商标注册。自然人、法人或者其他组织对其提供的服务项目，需要取得商标专用权的，应当向商标局申请服务商标注册。

注册商标的有效期为10年，自核准注册之日起计算。每次续展注册的有效期为10年。

（3）著作权。

著作权又称版权，是指文学、艺术和科学作品的作者及其相关主体依法对作品所享有的人身权利和财产权利。

著作权法保护的对象是作品,即文学、艺术和科学领域内具有独创性并能以某种有形形式复制的智力成果。根据《中华人民共和国著作权法》及其实施条例,作品的种类很多,其中,在工程建设领域较为常见的作品如下。

①文字作品。对于施工单位而言,施工单位编制的投标文件等文字作品、项目经理完成的工作报告等,都享有著作权。建设单位编制的招标文件等文字作品也享有著作权。

②建筑作品。建筑作品是指以建筑物或者构筑物形式表现的有审美意义的作品。

③图形作品。图形作品是指为施工、生产绘制的工程设计图、产品设计图以及反映地理现象、说明事物原理或者结构的地图、示意图等作品。

④模型作品。模型作品是指为展示、试验或者观测等用途,根据物体的形式和结构,按照一定比例制成的立体作品。

著作权的主体是指从事文学、艺术、科学等领域的创作出作品的作者及其他享有著作权的公民、法人或者其他组织。在特定情况下,国家也可以成为著作权的主体。

①单位作品。由法人或者其他组织主持,代表法人或者其他组织意志创作,并由法人或者其他组织承担责任的作品,法人或者其他组织视为作者。如招标文件、投标文件往往就是单位作品。单位作品的著作权完全归单位所有。

②一般职务作品。指除单位作品外,公民为完成法人或其他组织的工作任务(指公民在该法人或者该组织中应当履行的职责)所创作的作品。这类作品著作权归作者所有,法人或者其他组织在其业务范围内可以优先使用;作品完成两年内,未经单位同意,作者不得许可第三人或者其他组织以与单位使用的相同方式使用该作品,如果单位同意,作者因此获得的报酬,应当按约定的比例与单位分配。

③特殊职务作品。主要是利用法人或者其他组织的物质技术条件创作,并由法人或者其他组织承担责任的工程设计图、产品设计图、地图、计算机软件等职务作品。其著作权由法人或者其他组织享有,完成人一般享有署名权。

著作权的保护期,由于权利内容以及主体的不同而有所不同。作者的署名权、修改权、保护作品完整权的保护期不受限制。公民的作品,其发表权、使用权和获得报酬权的保护期,为作者终生及其死后50年;如果是合作作品,截至最后死亡的作者死亡后第50年的12月31日。法人或者其他组织的作品、著作权(署名权除外)由法人或者其他组织享有的职务作品,发表权、使用权和获得报酬权的保护期为50年,截至作品首次发表后第50年的12月31日,但作品自创作完成后50年内未发表的,不再受著作权法保护。

2. 计算机软件的法律保护

(1)计算机软件的概念。

国务院《计算机软件保护条例》规定,计算机软件,是指计算机程序及其有关文档。

计算机程序,是指为了得到某种结果而可以由计算机等具有信息处理能力的装置执行的代码化指令序列,或者可以被自动转换成代码化指令序列的符号化指令序列或者符号化语句序列。同一计算机程序的源程序和目标程序为同一作品。文档,是指用来描述程序的内容、组成、设计、功能规格、开发情况、测试结果及使用方法的文字资料和图表等,如程序设计说明书、流程图、用户手册等。

（2）软件著作权的归属。

软件著作权属于软件开发者，《计算机软件保护条例》另有规定的除外。如无相反证明，在软件上署名的自然人、法人或者其他组织为开发者。

由两个以上的自然人、法人或者其他组织合作开发的软件，其著作权的归属由合作开发者签订书面合同约定。接受他人委托开发的软件，其著作权的归属由委托人与受托人签订书面合同约定；无书面合同或者合同未作明确约定的，其著作权由受托人享有。由国家机关下达任务开发的软件，著作权的归属与行使由项目任务书或者合同规定；项目任务书或者合同中未作明确规定的，软件著作权由接受任务的法人或者其他组织享有。

（3）计算机软件著作权的保护期限。

自然人的软件著作权，保护期为自然人终生及其死亡后50年，截至自然人死亡后第50年的12月31日。法人或者其他组织的软件著作权，保护期为50年，截至软件首次发表后第50年的12月31日。

3. 建设工程知识产权侵权的法律责任

建设工程知识产权侵权的法律责任主要体现在以下方面：建设工程知识产权侵权的民事责任、建设工程知识产权侵权的行政责任、建设工程知识产权侵权的刑事责任。具体可划分为如下几种：①专利权的行政责任、刑事责任；②商标权的行政责任、刑事责任；③著作权的行政责任、刑事责任。这些都有对应的处罚规定。

【案例】

1. 背景

某建设单位委托某设计院进行一个建设工程项目的设计工作，合同中没有约定工程设计图的归属。设计院委派张某等完成了这一设计任务。该项目完成后，建设单位没有经过设计院同意，将该设计图纸用于另一类似项目。但由于地质条件的差别，工程出现质量问题，给建设单位造成了一定的损失。

2. 问题

（1）建设单位未经设计院同意，能否将该设计图纸用于另一类似项目，为什么？

（2）建设单位应当向设计院还是向张某等设计人员主张赔偿？这一赔偿请求能否获得支持？为什么？

3. 分析

（1）建设单位未经设计院同意，不得将该设计图纸用于另一类似项目。该设计图纸对于设计院和建设单位而言，属于委托作品，建设单位是委托人，设计院是受托人。如果双方合同未作明确约定的，著作权属于受托人，即设计院。因此，如果建设单位要再次使用该设计图纸，应当经过设计院同意。

（2）建设单位应当向设计院主张赔偿。因为，虽然这一设计任务是张某等设计人员完成的，但这一职务作品属于"主要是利用法人或者其他组织的物质技术条件创作，并由法人或者其他组织承担责任的工程设计图"。张某等设计人员只享有署名权，著作权的其他权利由法人或者其他组织享有。因此，建设单位应当向设计院主张赔偿。

但这一赔偿请求不能获得支持。因为，建设单位将图纸使用于另一工程没有经过设计院的同意，设计院不但不用承担责任，反而有权向建设单位要求赔偿。

1.3.6　建设工程担保制度

担保是指法律为确保特定的债权人实现债权,以债务人或第三人的信用或者特定财产来督促债务人履行债务的制度。

《民法典》规定,担保方式为保证、抵押、质押、留置和定金。

1. 保证

保证,是指保证人和债权人约定,当债务人不履行债务时,保证人按照约定履行债务或者承担责任的行为。

（1）保证合同。

保证人与债权人应当以书面形式订立保证合同。保证人与债权人可以就单个主合同分别订立保证合同,也可以协议在最高债权额限度内就一定期间连续发生的借款合同或者某项商品交易合同订立一个保证合同。

（2）保证方式。

保证的方式有一般保证和连带责任保证两种。一般保证是指当事人在保证合同中约定债务人不能履行债务时由保证人承担保证责任。连带责任保证是指当事人在保证合同中约定保证人与债务人对债务承担连带责任。连带责任保证的债务人在主合同规定的债务履行期届满没有履行债务的,债权人可以要求债务人履行债务,也可以要求保证人在其保证范围内承担保证责任。

当事人在保证合同中对保证方式没有约定或者约定不明确的,按一般保证承担责任。

（3）保证人资格。

具有代为清偿债务能力的法人、其他组织或者公民,可以作为保证人。但是,以下组织不能作为保证人:①国家机关;②学校、幼儿园、医院等以公益为目的的事业单位、社会团体;③企业法人的分支机构、职能部门。但企业法人的分支机构有法人书面授权的,可以在授权范围内提供保证。

任何单位和个人不得强令银行等金融机构或者企业为他人提供保证;银行等金融机构或者企业对强令其为他人提供保证的保证行为,有权拒绝。

（4）建设工程施工常用的担保种类。

这里的担保是指钱的保证。主要担保种类有施工投标保证金、施工合同履约保证金、工程款支付担保等。

2. 抵押

（1）抵押的概念。

《民法典》规定,抵押是指为担保债务的履行,债务人或者第三人不转移财产的占有,将该财产抵押给债权人的,债务人不履行到期债务或者发生当事人约定的实现抵押权的情形,债权人有权就该财产优先受偿。前款规定的债务人或者第三人为抵押人,债权人为抵押权人,提供担保的财产为抵押财产。

（2）抵押权。

一般抵押权是指经当事人书面协议,企业、个体工商户、农业生产经营者可以将现有的以及将有的生产设备、原材料、半成品、产品抵押,债务人不履行到期债务或者发生当事

担保的种类与区分

人约定的实现抵押权的情形,债权人有权就实现抵押权时的财产优先受偿。

可以作为抵押物的财产有:①建筑物和其他土地附着物;②建设用地使用权;③海域使用权;④生产设备、原材料、半成品、产品;⑤正在建造的建筑物、船舶、航空器;⑥交通运输工具;⑦法律、行政法规未禁止抵押的其他财产。抵押人可以将前款所列财产一并抵押。

不得抵押的财产有:①土地所有权;②宅基地、自留地、自留山等集体所有的土地使用权,但是法律规定可以抵押的除外;③学校、幼儿园、医疗机构等为公益目的成立的非营利法人的教育设施、医疗卫生设施和其他公益设施;④所有权、使用权不明或者有争议的财产;⑤依法被查封、扣押、监管的财产;⑥法律、行政法规规定不得抵押的其他财产。

以动产抵押的,抵押权自抵押合同生效时设立;未经登记,不得对抗善意第三人。

(3)抵押的效力。

抵押担保的范围包括主债权及利息、违约金、损害赔偿金和实现抵押权的费用。当事人也可以在抵押合同中约定抵押担保的范围。

抵押人有义务妥善保管抵押物并保证其价值。

3. 质押

(1)质押的概念。

质押是指债务人或者第三人将其动产移交债权人占有,将该动产作为债权的担保。债务人不履行债务时,债权人有权依照规定以该动产折价或者以拍卖、变卖该动产的价款优先受偿。

将动产或权利用于质押担保的债务人或者第三人就是出质人。债权人就是质权人。交付的动产或权利就是质物。质权是一种约定的担保物权,以转移占有为特征。

(2)质押的分类。

质押分为动产质押和权利质押。

动产质押是指为了担保债务的履行,债务人或者第三人将其动产出质给债权人占有的,债务人不履行到期债务或者发生当事人约定的实现质权的情形,债权人有权就该动产优先受偿。

权利质押一般是将权利凭证交付质押人的担保。可以质押的权利包括:①汇票、本票、支票;②债券、存款单;③仓单、提单;④依法可以转让的基金份额、股权;⑤依法可以转让的注册商标专用权、专利权、著作权等知识产权中的财产权;⑥现有的以及将有的应收账款;⑦法律、行政法规规定可以出质的其他财产权利。

4. 留置

债务人不履行到期债务,债权人可以留置已经合法占有的债务人的动产,并有权就该动产优先受偿。前款规定的债权人为留置权人,占有的动产为留置财产。

由于留置是一种比较强烈的担保方式,必须依法行使,不能通过合同约定产生留置权。《民法典》规定,留置权人与债务人应当约定留置财产后的债务履行期限;没有约定或者约定不明确的,留置权人应当给债务人60日以上履行债务的期限,但是鲜活易腐等不易保管的动产除外。债务人逾期未履行的,留置权人可以与债务人协议以留置财产折价,也可以就拍卖、变卖留置财产所得的价款优先受偿。留置财产折价或者变卖的,应当参照市场价格。

留置权人负有妥善保管留置物的义务;因保管不善致使留置物毁损、灭失的,留置权人应当承担赔偿责任。

5. 定金

当事人可以约定一方向对方给付定金作为债权的担保。债务人履行债务后,定金应当抵作价款或者收回。给付定金的一方不履行约定的债务的,无权要求返还定金;收受定金的一方不履行约定的债务的,应当双倍返还定金。

定金应当以书面形式约定。当事人在定金合同中应当约定交付定金的期限。定金合同是实践合同,从实际交付定金之日起生效。定金的数额由当事人约定,但不得超过主合同标的额的 20%。超过 20% 的部分为预付款项,预付款项不产生定金效力。

关于违约金与
定金、预付款
的区别

1.3.7　建设工程保险制度

1. 保险定义

根据《中华人民共和国保险法》,保险是指投保人根据合同约定,向保险人支付保险费,保险人对于合同约定的可能发生的事故因其发生所造成的财产损失承担赔偿保险金责任,或者当被保险人死亡、伤残、疾病或者达到合同约定的年龄、期限等条件时承担给付保险金责任的商业保险行为。

2. 保险合同及分类

保险合同是投保人与保险人约定保险权利义务关系的协议。投保人是指与保险人订立保险合同,并按照合同约定负有支付保险费义务的人。保险人是指与投保人订立保险合同,并按照合同约定承担赔偿或者给付保险金责任的保险公司。

保险合同分为财产保险合同和人身保险合同两种。

3. 建设工程保险

建设工程活动涉及的险种较多。建设工程保险属于商业险种,主要包括建筑工程一切险(及第三者责任险)、安装工程一切险(及第三者责任险),其他还有机器损坏险、机动车辆险、建筑职工意外伤害险、勘察设计责任保险、工程监理责任保险等。

(1) 建筑工程一切险(及第三者责任险)。

建筑工程一切险是承保各类民用、工业和公用事业建筑工程项目,包括道路、桥梁、水坝、港口等,在建造过程中因自然灾害或意外事故而引起的一切损失的险种。因在建工程抗灾能力差,危险程度高,一旦发生损失,不仅会对工程本身造成巨大的物质财富损失,甚至可能殃及邻近人员与财物。许多保险公司已经开设这一险种。

建筑工程一切险往往还加保第三者责任险。第三者责任险是指在保险有效期内因在施工工地上发生意外事故造成在施工工地及邻近地区的第三者人身伤亡或财产损失,依法应由被保险人承担的经济赔偿责任。

①投保人与被保险人。

《建设工程施工合同(示范文本)》(GF—2017—0201)中规定,工程开工前,发包人应当为建设工程办理保险,支付保险费用。

建筑工程一切险的被保险人范围较宽，所有在工程进行期间，对该项工程承担一定风险的有关各方（即具有可保利益的各方），均可作为被保险人。如果被保险人不止一家，则各家接受赔偿的权利以不超过其对保险标的的可保利益为限。被保险人具体包括：业主或工程所有人；承包商或者分包商；技术顾问，包括业主聘用的建筑师、工程师及其他专业顾问。

②保险责任范围。

保险人对下列原因造成的损失和费用，负责赔偿：自然事件，指地震、海啸、雷电、飓风、台风、龙卷风、风暴、暴雨、洪水、水灾、冻灾、冰雹、地崩、山崩、雪崩、火山爆发、地面下陷下沉及其他人力不可抗拒的破坏力强大的自然现象；意外事故，指不可预料的以及被保险人无法控制并造成物质损失或人身伤亡的突发性事件，包括火灾和爆炸。

③第三者责任险。

建筑工程一切险如果加保第三者责任险，保险人对下列原因造成的损失和费用，负责赔偿：a. 在保险期限内，因发生与所保工程直接相关的意外事故引起工地内及邻近区域的第三者人身伤亡、疾病或财产损失；b. 被保险人因上述原因支付的诉讼费用以及事先经保险人书面同意而支付的其他费用。

④赔偿金额。

保险人对每次事故引起的赔偿金额以法院或政府有关部门根据现行法律裁定的应由被保险人偿付的金额为准，但在任何情况下，均不得超过保险单明细表中对应列明的每次事故赔偿限额。在保险期限内，保险人经济赔偿的最高赔偿责任不得超过本保险单明细表中列明的累计赔偿限额。

⑤保险期限。

建筑工程一切险的保险责任自保险工程在工地动工或用于保险工程的材料、设备运抵工地之时起始，至工程所有人对部分或全部工程签发完工验收证书或验收合格，或工程所有人实际占用或使用或接收该部分或全部工程之时终止，以先发生者为准。但在任何情况下，保险期限的起始或终止不得超出保险单明细表中列明的保险生效日或终止日。

（2）安装工程一切险（及第三者责任险）。

安装工程一切险是承保安装机器、设备、储油罐、钢结构工程、起重机、吊车以及包含机械工程因素的各种安装工程的险种。由于科学技术日益进步，现代工业的机器设备已进入电子计算机操控的时代，机器设备工艺精密、构造复杂，技术高度密集，价格十分昂贵。在安装、调试机器设备的过程中遇到自然灾害和意外事故都会造成巨大的经济损失。安装工程一切险可以保障机器设备在安装、调试过程中，被保险人可能遭受的损失能够得到经济补偿。

安装工程一切险往往还加保第三者责任险。安装工程一切险的第三者责任险，负责被保险人在保险期限内，因发生意外事故，造成在工地及邻近地区的第三者人身伤亡、疾病或财产损失，依法应由被保险人赔偿的经济损失，以及因此而支付的诉讼费用和经保险人书面同意支付的其他费用。

①保险责任范围。

保险责任范围的具体内容与建筑工程一切险基本相同，包括因自然灾害、意外事故造成的损失和费用,负责赔偿。

②保险期限。

安装工程一切险的保险责任自保险工程在工地动工或用于保险工程的材料、设备运抵工地之时起始,至工程所有人对部分或全部工程签发完工验收证书或验收合格,或工程所有人实际占有或使用接收该部分或全部工程之时终止,以先发生者为准。但在任何情况下,安装期保险期限的起始或终止不得超出保险单明细表中列明的安装期保险生效日或终止日。

安装工程一切险的保险期内,一般应包括一个试车考核期。试车考核期的长短一般根据安装工程合同中的约定确定,但不得超出安装工程保险单明细表中列明的试车和考核期限。安装工程一切险对考核期的保险责任一般不超过 3 个月,若超过 3 个月,应另行加收保险费。安装工程一切险对于旧机器设备不负考核期的保险责任,也不承担其维修期保险责任。

(3)工伤保险。

建筑施工企业应当依法为职工参加工伤保险,缴纳工伤保险费。

(4)建筑职工意外伤害险。

《建筑法》《建设工程安全生产管理条例》均对施工单位为施工现场从事危险作业的人员办理意外伤害保险作了规定。

1.4　建设工程法律责任

建设工程法律责任是指从事建设法律关系的主体违反建设法律制度,根据法律规定必须承担的法律后果。

建设工程法律责任按性质分,主要有建设工程民事责任、建设工程行政责任和建设工程刑事责任。

1.4.1　建设工程的民事责任

民事责任是指由于违反民事法律、违约或者《民法典》规定所应承担的一种法律责任。

民事责任主要是财产责任,如《民法典》规定的损害赔偿、支付违约金等,但也不限于财产责任,还有消除影响、恢复名誉、赔礼道歉等。

1. 民事责任的种类

民事责任可以分为违约责任和侵权责任两类。

(1)违约责任。

违约责任是指合同当事人违反法律规定或合同约定的义务而应承担的责任。违约责任的承担方式有继续履行、采取补救措施、赔偿损失和支付违约金。

(2)侵权责任。

侵权责任是指行为人因过错侵害他人的财产、人身而依法应当承担的责任,以及虽没有过错但造成了损害而依法应当承担的责任。

2. 承担民事责任的方式

《民法典》第 179 条规定,承担民事责任的方式主要有:①停止侵害;②排除妨碍;③消除危险;④返还财产;⑤恢复原状;⑥修理、重作、更换;⑦继续履行;⑧赔偿损失;⑨支付违约金;⑩消除影响、恢复名誉;⑪赔礼道歉。

以上承担侵权责任的方式,可以单独适用,也可以合并适用。

3. 建设工程民事责任的主要承担方式

①返还财产。

当建设工程施工合同无效、被撤销后,应当返还财产。执行返还财产的方式是折价返还,即承包人已经施工完成的工程,发包人按照折价返还的规则支付工程价款。主要有两种方式:一是参照无效合同中的约定价款;二是按当地市场价、定额量据实结算。

②修理。

施工合同的承包人对施工中出现质量问题的建设工程或者竣工验收不合格的建设工程,应当负责返修。

③赔偿损失。

赔偿损失是指合同当事人由于不履行合同义务或者履行合同义务不符合约定,给对方造成财产上的损失时,由违约方依法或依照合同约定应承担的损害赔偿责任。

④支付违约金。

违约金是指按照当事人的约定或者法律规定,一方当事人违约的,应向另一方当事人支付的金钱。

1.4.2　建设工程的行政责任

行政责任,是指因违反行政法规定或行政管理规定,但尚未构成犯罪的行为依法应当受到的法律制裁。行政责任主要包括行政处罚和行政处分。

1. 行政处罚

行政处罚是指国家行政机关及其他依法可以实施行政处罚权的组织,对违反经济、行政管理法律、法规、规章,尚不构成犯罪的公民、法人及其他组织实施的一种法律制裁。

根据《行政处罚法》第 9 条,行政处罚的种类包括:①警告、通报批评;②罚款、没收违法所得、没收非法财物;③暂扣许可证件、降低资质等级、吊销许可证件;④限制开展生产经营活动、责令停产停业、责令关闭、限制从业;⑤行政拘留;⑥法律、行政法规规定的其他行政处罚。

在建设工程领域,法律、行政法规所设定的行政处罚主要有:警告、罚款、没收违法所得、责令限期改正、责令停业整顿、取消一定期限内参加依法必须进行招标的项目的投标资格、责令停止施工、降低资质等级、吊销资质证书(同时吊销营业执照)、责令停止执业、吊销执业资格证书或其他许可证等。

2. 行政处分

行政处分是指国家机关、企事业单位对所属的国家工作人员违法失职行为尚不构成犯罪,依据法律、法规所规定的权限而给予的一种惩戒。

行政处分种类有:①警告;②记过;③记大过;④降级;⑤撤职;⑥开除。

国家机关工作人员在建设工程质量监督管理工作中玩忽职守、滥用职权、徇私舞弊,构成犯罪的,依法追究刑事责任;尚不构成犯罪的,依法给予行政处分。

1.4.3　建设工程的刑事责任

刑事责任,是指犯罪主体因违反刑法,实施了犯罪行为所应承担的法律责任。刑事责任是法律责任中最严厉的一种,刑事法律责任的承担方式主要是刑罚,也包括一些非刑罚的处罚方法。

1. 刑罚种类

《中华人民共和国刑法》(以下简称《刑法》)规定,刑罚分为主刑和附加刑。主刑只能单独适用,不能附加适用。一个罪只能适用一个主刑,不能同时适用两个以上主刑。附加刑(从刑)是指补充主刑的刑罚。附加刑可以附加主刑适用,也可以单独适用。

(1)主刑种类。

《刑法》规定,主刑的种类有管制、拘役、有期徒刑、无期徒刑和死刑。

(2)附加刑种类。

《刑法》规定,附加刑有罚金、剥夺政治权利、没收财产。附加刑也可以独立适用。对于犯罪的外国人,可以独立适用或者附加适用驱逐出境。

2. 建设工程领域的刑事法律责任

在建设工程领域,常见的刑事法律责任有如下几种。

(1)重大责任事故罪。

《刑法》规定,在生产、作业中违反有关安全管理的规定,因而发生重大伤亡事故或者造成其他严重后果的,处3年以下有期徒刑或者拘役;情节特别恶劣的,处3年以上7年以下有期徒刑。

强令他人违章冒险作业,因而发生重大伤亡事故或者造成其他严重后果的,处5年以下有期徒刑或者拘役;情节特别恶劣的,处5年以上有期徒刑。

(2)重大劳动安全事故罪。

《刑法》规定,安全生产设施或者安全生产条件不符合国家规定,因而发生重大伤亡事故或者造成其他严重后果的,对直接负责的主管人员和其他直接责任人员,处3年以下有期徒刑或者拘役;情节特别恶劣的,处3年以上7年以下有期徒刑。

根据《最高人民法院、最高人民检察院关于办理危害矿山生产安全刑事案件具体应用法律若干问题的解释》,具有下列情形之一的,属于重大伤亡事故或者其他严重后果:①造成死亡1人以上,或者重伤3人以上的;②造成直接经济损失100万元以上的;③造成其他严重后果的情形。

(3)工程重大安全事故罪。

《刑法》规定,建设单位、设计单位、施工单位、工程监理单位违反国家规定,降低工程质量标准,造成重大安全事故的,对直接责任人员处5年以下有期徒刑或者拘役,并处罚金;后果特别严重的,处5年以上10年以下有期徒刑,并处罚金。

根据2015年的《最高人民法院、最高人民检察院关于办理危害生产安全刑事案件适用法律若干问题的解释》规定,发生安全事故,具有下列情形之一的(造成死亡1人以上或者重伤3人以上的;造成直接经济损失100万元以上的;其他造成严重后果或者重大安全事故的情形),应当认定造成重大安全事故,对相关责任人员,处5年以下有期徒刑或者拘役,并处罚金。

在线练习

第1章
练习巩固题

2　建设许可法规

【学习要点】

　　了解我国建设许可法规的规定及意义;掌握建设工程施工许可制度;明确施工许可证的申请主体、法定批准条件、有效期限及延期等的相关规定。掌握建设活动从业资格许可制度;熟悉从业单位资质的法定条件和等级、建筑业企业资质的法定条件和等级、资质证书的相关管理规定。掌握专业技术人员执业资格许可制度;熟悉从业人员资格条件、执业资格证书相关制度要求;熟悉我国目前注册建造师、注册监理工程师、注册造价工程师等执业资格的报考条件、考试和注册等相关规定。明确违反建设许可相关法律制度应承担的法律责任。

　　行政许可作为一项重要的行政权力,是行政机关依法管理社会政治、经济、文化等各个方面事务的一种事前控制手段,在我国行政管理中被广泛应用。为了规范行政许可的设定和实施,保护公民、法人和其他组织的合法权益,维护公共利益和社会秩序,保障和监督行政机关有效实施行政管理,2003年通过了《中华人民共和国行政许可法》(以下简称《行政许可法》)。2019年4月经修订后的《行政许可法》规定,法律可以设定行政许可。尚未制定法律的,行政法规可以设定行政许可。必要时,国务院可以采用发布决定的形式设定行政许可。除相关规定外,其他规范性文件一律不得设定行政许可。

　　建设许可是指建设行政主管部门根据建设单位和从事建设活动的单位、个人的申请,依法准许建设单位开工或确认单位、个人具备从事建设活动资格的行政行为。

　　为了加强对工程建设活动的监督管理,在建设工程立法中,确立了建设工程施工许可制度、建设活动从业单位资质许可制度和专业技术人员执业资格许可制度。

2.1　建设工程施工许可制度

　　建设工程施工活动是一种专业性、技术性非常强的特殊活动,对建设工程是否具备施工条件以及从事施工活动的单位和专业技术人员进行严格的管理和事前控制,对于规范建设市场秩序,保证建设工程质量和施工安全生产,提高投资效益,保障公民生命财产安全和国家财产安全,具有十分重要的意义。

　　建设工程施工许可制度,是指由国家授权的有关行政主管部门,在建设工程开工之前,对该项工程是否符合法定的开工条件进行审核,对符合条件的建设工程允许其开工建设的法定制度。

2.1.1 施工许可证和开工报告的适用范围

我国目前对建设工程开工条件的审批,存在着颁发施工许可证和批准开工报告两种形式。多数工程是颁发施工许可证,部分工程则为批准开工报告。

1. 施工许可证的适用范围

施工许可证的适用范围,是指什么情况下建设工程需要领取施工许可证。目前有以下几种情况。

(1)需要办理施工许可证的建设工程。

2019年4月经修改后公布的《建筑法》规定,建筑工程开工前,建设单位应当按照国家有关规定向工程所在地县级以上人民政府建设行政主管部门申请领取施工许可证。

(2)不需要办理施工许可证的建设工程。

①限额以下的小型工程。根据上述规定,工程投资额在30万元以下或者建筑面积在300 m² 以下的建筑工程,可以不申请办理施工许可证。需要说明的是,省、自治区、直辖市人民政府住房和城乡建设主管部门可以根据当地的实际情况,对限额进行调整,并报国务院住房和城乡建设主管部门备案。

②抢险救灾等工程。《建筑法》规定,抢险救灾及其他临时性房屋建筑和农民自建两层以下(含两层)的住宅工程不适用于本法。

(3)不重复办理施工许可证的建设工程。

为避免同一建设工程的开工由不同行政主管部门重复审批的现象,《建筑法》规定,按照国务院规定的权限和程序批准开工报告的建筑工程,不再领取施工许可证。这里有两层含义:一是实行开工报告批准制度的建设工程,必须符合国务院的规定,其他任何部门的规定无效;二是开工报告与施工许可证不重复办理。

(4)另行规定的建设工程。

军用房屋建筑工程有其特殊性。《建筑法》规定,军用房屋建筑工程建筑活动的具体管理办法,由国务院、中央军事委员会依据本法制定。

2. 实行开工报告制度的建设工程

开工报告制度是我国沿用已久的一种建设项目开工管理制度。2019年4月公布的《政府投资条例》规定,国务院规定应当审批开工报告的重大政府投资项目,按照规定办理开工报告审批手续后方可开工建设。

开工报告审查的内容主要包括:①资金到位情况;②投资项目市场预测;③设计图纸是否满足施工要求;④现场条件是否具备"三通一平"等的要求。近些年来,公路建设项目等已由开工报告制度改为施工许可制度。

2.1.2 施工许可证的申请主体、法定批准条件和办理程序

1. 施工许可证的申请主体

《建筑法》规定,建设单位应当按照国家有关规定向工程所在地县级以上人民政府建

设行政主管部门申请领取施工许可证。

建筑单位(又称业主或项目法人)是建设项目的投资者,申请办理施工许可证的申请主体是建设单位,而不是施工单位或者其他单位。

2．施工许可证的法定批准条件

2021 年修订版《建筑工程施工许可管理办法》第 4 条规定,建设单位申请领取施工许可证,应当具备下列条件,并提交相应的证明文件。

建筑许可

(1)依法应当办理用地批准手续的,已经办理该建筑工程用地批准手续。

(2)依法应当办理建设工程规划许可证的,已经取得建设工程规划许可证。

(3)施工场地已经基本具备施工条件,需要征收房屋的,其进度符合施工要求。

(4)已经确定施工企业。按照规定应当招标的工程没有招标,应当公开招标的工程没有公开招标,或者肢解发包工程,以及将工程发包给不具备相应资质条件的企业的,所确定的施工企业无效。

(5)有满足施工需要的资金安排、施工图纸及技术资料,建设单位应当提供建设资金已经落实承诺书,施工图设计文件已按规定审查合格。

(6)有保证工程质量和安全的具体措施。施工企业编制的施工组织设计中有根据建筑工程特点制定的相应质量、安全技术措施。建立工程质量安全责任制并落实到人。专业性较强的工程项目编制了专项质量、安全施工组织设计,并按照规定办理了工程质量、安全监督手续。

县级以上地方人民政府住房城乡建设主管部门不得违反法律法规规定,增设办理施工许可证的其他条件。

3．施工许可证的办理程序

(1)建设单位向颁发施工许可证的建设行政主管部门领取"建筑工程施工许可证申请表"。

(2)建设单位持加盖单位及法定代表人印鉴的"建筑工程施工许可证申请表",并附上规定的证明文件,向发证机关提出申请。

(3)发证机关在收到建设单位报送的"建筑工程施工许可证申请表"和所附的证明文件后,要对申请进行全面的审查。需要注意的是,上述几个方面的法定条件必须同时具备,缺一不可。

《建筑工程施工许可管理办法》还规定,必须申请领取施工许可证的建筑工程未取得施工许可证的,一律不得开工。任何单位和个人不得将应该申请领取施工许可证的工程项目分解为若干限额以下的工程项目,规避申请领取施工许可证。

县级以上地方人民政府住房和城乡建设主管部门不得违反法律法规规定,增设办理施工许可证的其他条件。

2.1.3　施工许可证的延期开工、核验和重新办理批准的规定

1．有效期和申请延期的规定

《建筑法》第 8 条规定,建设单位应当自领取施工许可证之日起 3 个月内开工。因故不能按期开工的,应当在期满前向发证机关申请延期,并说明理由;延期以 2 次为限,每次

不超过 3 个月。既不开工又不申请延期或者超过延期时限的,施工许可证自行废止。

施工许可证自行废止有两种情况:一是既不在 3 个月内开工,又不向发证机关申请延期;二是超过延期的次数和时限,即建设单位在申请的延期内仍没有开工。

2. 核验施工许可证的规定

《建筑法》第 10 条规定,在建的建筑工程因故中止施工的,建设单位应当自中止施工之日起 1 个月内,向发证机关报告,并按照规定做好建筑工程的维护管理工作。建筑工程恢复施工时,应当向发证机关报告,中止施工满 1 年的工程恢复施工前,建设单位要报发证机关核验施工许可证。

查看工程是否仍具备组织施工的条件,经核验符合条件的,应允许恢复施工,施工许可证继续有效;经核验不符合条件的,应当收回其施工许可证,不允许恢复施工,待条件具备后,由建设单位重新申领施工许可证。

中止施工,是指建设工程开工后,在施工过程中因特殊情况的发生而中途停止施工的一种行为。中止施工的原因很复杂,如地震、洪水等不可抗力,以及宏观调控压缩基建规模、停建缓建建设工程等。

3. 重新办理开工报告的批准手续的规定

《建筑法》第 11 条规定,按照国务院有关规定批准开工报告的建筑工程,因故不能按期开工或者中止施工的,应当及时向批准机关报告情况。因故不能按期开工超过 6 个月的,应当重新办理开工报告的批准手续。

办理开工报告的工程是施工许可制度的特殊情况,一般属于大中型建设项目。对于这类工程因故不能按期开工或者中止施工的审查和管理更应该严格。

施工许可证应当放置在施工现场备查。

2.1.4 违法行为应承担的法律责任

1. 未取得施工许可证或开工报告擅自开工应承担的法律责任

《建筑法》第 64 条规定,未取得施工许可证或者开工报告未经批准擅自施工的,责令改正,对不符合开工条件的责令停止施工,并处以罚款。

《建设工程质量管理条例》第 57 条规定,建设单位未取得施工许可证或者开工报告未经批准,擅自施工的,责令停止施工,限期改正,处工程合同价款 1% 以上 2% 以下的罚款。

2. 规避办理施工许可证应承担的法律责任

《建筑工程施工许可管理办法》第 12 条规定,对于未取得施工许可证或者为规避办理施工许可证将工程项目分解后擅自施工的,由有管辖权的发证机关责令停止施工,限期改正,对建设单位处工程合同价款 1% 以上 2% 以下罚款;对施工单位处 3 万元以下罚款。

3. 骗取和伪造施工许可证应承担的法律责任

《建筑工程施工许可管理办法》第 13 条规定,建设单位采用欺骗、贿赂等不正当手段取得施工许可证的,由原发证机关撤销施工许可证,责令停止施工,并处 1 万元以上 3 万元以下罚款;构成犯罪的,依法追究刑事责任。

《建筑工程施工许可管理办法》第 14 条规定,建设单位隐瞒有关情况或者提供虚假材料申请施工许可证的,发证机关不予受理或者不予许可,并处 1 万元以上 3 万元以下罚款;构成犯罪的,依法追究刑事责任。建设单位伪造或者涂改施工许可证的,由发证机关责令停止施工,并处 1 万元以上 3 万元以下罚款;构成犯罪的,依法追究刑事责任。

4. 对单位主管人员等处罚的规定

《建筑工程施工许可管理办法》第 15 条规定,给予单位罚款处罚的,对单位直接负责的主管人员和其他责任人员处单位罚款数额 5% 以上 10% 以下罚款。单位及相关责任人员受到处罚的,作为不良行为记录予以通报。

5. 违法行政的法律责任

《优化营商环境条例》规定,政府和有关部门及其工作人员有违法行政情形的,依法依规追究相关责任。

2.2　建设活动从业单位资格许可制度

工程建设活动不同于一般的经济活动,其从业单位所具备的条件和等级的高低直接影响到建设工程质量和安全生产。随着科学技术的发展,工程建设过程日趋复杂,建筑技术必须由掌握一定的专业知识、专业技能和实践经验的技术人员及其组成的有资格的单位来承担。因此,我国实行严格的从业单位资格许可制度。

建设活动从业单位资格许可包括从业单位和建筑业企业资质的法定条件和等级。

2.2.1　从业单位资质的法定条件和等级

《建筑法》第 12 条和第 13 条规定了从事建筑活动的单位(可分为建筑施工企业、勘察单位、设计单位和工程监理单位)进入建筑市场应当具备的从业资质的法定条件和资质审查制度。

1. 从业单位资质的法定条件

根据《建筑法》第 12 条规定,从事建筑活动的建筑施工企业、勘察单位、设计单位和工程监理单位,应当具备下列条件:

(1) 有符合国家规定的注册资本;

(2) 有与其从事的建筑活动相适应的具有法定执业资格的专业技术人员;

(3) 有从事相关建筑活动所应有的技术装备;

(4) 法律、行政法规规定的其他条件。

2. 从业单位的资质等级

《建筑法》第 13 条规定,从事建筑活动的建筑施工企业、勘察单位、设计单位和工程监理单位,按照其拥有的注册资本、专业技术人员、技术装备和已完成的建筑工程业绩等资质条件,划分为不同的资质等级,经资质审查合格,取得相应等级的资质证书后,方可在其资质等级许可的范围内从事建筑活动。

从以上规定可知,从业单位按其资质的法定条件可划分为不同的资质等级。下面我们通过建筑业企业资质来举例进行阐述。

2.2.2　建筑业企业资质的法定条件和等级

1. 建筑业企业的资质序列、类别和等级

（1）施工企业的资质序列。

《建筑业企业资质管理规定》经中华人民共和国住房和城乡建设部第 20 次部常务会议审议通过，2015 年 1 月 22 日住建部令第 22 号发布。该规定分总则、申请与许可、延续与变更、监督管理、法律责任、附则共 6 章 42 条，自 2015 年 3 月 1 日起施行。

2018 年根据《住房城乡建设部关于修改〈建筑业企业资质管理规定〉等部门规章的决定》第 2 条规定，建筑业企业是指从事土木工程、建筑工程、线路管道设备安装工程的新建、扩建、改建等施工活动的企业。

根据《建筑业企业资质管理规定》第 5 条规定：建筑业企业资质分为施工总承包资质、专业承包资质、施工劳务资质三个序列。

（2）施工企业的资质类别和等级。

施工总承包资质、专业承包资质按照工程性质和技术特点分别划分为若干资质类别，各资质类别按照规定的条件划分为若干资质等级。施工劳务资质不分类别与等级。

根据《建筑业企业资质标准》（建市〔2014〕159 号）规定，建筑业企业资质分为施工总承包、专业承包和施工劳务三个序列。其中施工总承包序列设有 12 个类别，一般分为 4 个等级（特级、一级、二级、三级），包括建筑工程施工总承包、公路工程施工总承包、铁路工程施工总承包、港口与航道工程施工总承包、水利水电工程施工总承包等。专业承包序列设有 36 个类别，一般分为 3 个等级（一级、二级、三级），包括地基基础工程专业承包、起重设备安装工程专业承包、预拌混凝土专业承包、隧道工程专业承包、钢结构工程专业承包等。施工劳务序列不分类别和等级。

2. 建筑业企业资质的业务范围

（1）施工总承包工程应由取得相应施工总承包资质的企业承担。取得施工总承包资质的企业可以对所承接的施工总承包工程内各专业工程全部自行施工，也可以将专业工程依法进行分包。对设有资质的专业工程进行分包时，应分包给具有相应专业承包资质的企业。施工总承包企业将劳务作业分包时，应分包给具有施工劳务资质的企业。

《建筑业企业资质标准》部分内容

（2）设有专业承包资质的专业工程单独发包时，应由取得相应专业承包资质的企业承担。取得专业承包资质的企业可以承接具有施工总承包资质的企业依法分包的专业工程或建设单位依法发包的专业工程。取得专业承包资质的企业应对所承接的专业工程全部自行组织施工，劳务作业可以分包，但应分包给具有施工劳务资质的企业。

（3）取得施工劳务资质的企业可以承接具有施工总承包资质或专业承包资质的企业分包的劳务作业。

（4）取得施工总承包资质的企业，可以从事资质证书许可范围内的相应工程总承包、工程项目管理等业务。

各个序列的建筑业企业资质序列划分及业务范围见表 2-1

表 2-1 建筑业企业资质序列划分及业务范围

资 质 序 列	工程承接范围	
施工总承包	可以从事资质证书许可范围内的相应工程总承包、工程项目管理等业务	可以对所承接的施工总承包各专业工程全部自行施工,也可以将专业工程或劳务作业依法分包给具有相应资质的专业承包企业或劳务分包企业
专业承包	可以承接施工总承包企业分包的专业工程和建设单位依法发包的专业工程	可以对所承接的专业工程全部自行施工,也可以将劳务作业依法分包给具有相应资质的劳务分包企业
劳务分包	可以承接总承包企业分包的专业工程和建设单位依法发包的专业工程	

3. 建筑业施工企业资质等级划分标准举例

建设业企业应当按照其拥有的资产、主要人员、已完成的工程业绩和技术装备等条件申请建筑业企业资质,经审查合格,取得建筑业企业资质证书后,方可在资质许可的范围内从事建筑施工活动。

4. 建筑工程施工总承包资质标准等级划分

依据《施工总承包企业特级资质标准》的规定,以建筑工程施工总承包企业资质标准为例来进行阐述。

建筑业企业资质类别

2.2.3 施工企业资质证书的申请、延续和变更

《优化营商环境条例》规定,国家推进"证照分离"改革,持续精减涉企经营许可事项,依法采取直接取消审批、审批改为备案、实行告知承诺、优化审批服务等方式,对所有涉企经营许可事项进行分类管理,为企业取得营业执照后开展相关经营活动提供便利。除法律、行政法规规定的特定领域外,涉企经营许可事项不得作为企业登记的前置条件。

《国务院办公厅关于开展工程建设项目审批制度改革试点的通知》(国办发 2018〔33〕号)规定,对通过事中事后监管能够纠正不符合审批条件的行为且不会产生严重后果的审批事项,实行告知承诺制。

《施工总承包企业特级资质标准》部分内容

1. 施工企业资质证书的申请和审批

根据《建筑业企业资质管理规定》的规定,建筑业企业可以申请一项或多项建筑业企业资质。企业首次申请或增项申请资质,应当申请最低等级资质。申请多项建筑业企业资质的,应当选择等级最高的一项资质为企业主项资质。企业发生合并、分立、重组以及改制等事项,需承继原建筑业企业资质,应当申请重新核定建筑业企业资质等级。

关于简化企业资质考核指标规定

企业申请建筑业企业资质,在资质许可机关的网站或审批平台提出申请事项,提交资金、专业技术人员、技术装备和已完成业绩等电子材料。

《住房和城乡建设部办公厅关于实行建筑业企业资质审批告知承诺制的通知》(建办市〔2019〕20 号)中规定,住房和城乡建设部负责审批的

申请与许可

建筑工程、市政公用工程施工总承包一级资质(不含重新核定、延续)实行告知承诺审批。企业根据建设工程企业资质标准作出符合审批条件的承诺,住房和城乡建设部依据企业承诺直接办理相关资质审批手续,不再要求企业提交证明材料。

审批事中事后监管中发现申报企业承诺内容与实际情况不相符的(企业技术负责人发生变更除外),住房和城乡建设部将依法撤销其相应资质,并列入建筑市场"黑名单"。被撤销资质企业自资质被撤销之日起3年内不得申请该项资质。

我国对建筑业企业的资质管理,实行分级实施与有关部门相配合的管理模式。即资质申请和审批根据管理机构和管辖权限实行分级申请和审批。

2. 企业资质证书的有效期和延续

《建筑业企业资质管理规定》中规定,建筑业企业资质证书有效期为5年。其资质证书分为正本和副本,由国务院住房和城乡建设主管部门统一印制,正、副本具备同等法律效力。

建筑业企业资质证书有效期届满,企业继续从事建筑施工活动的,应当于资质证书有效期届满3个月前,向原资质许可机关提出延续申请。资质许可机关应当在建筑业企业资质证书有效期届满前作出是否准予延续的决定;逾期未作出决定的,视为准予延续。

对在资质有效期内遵守有关法律、法规、规章、技术标准,信用档案中无不良行为记录,且注册资本、专业技术人员满足资质标准要求的企业,经资质许可机关同意,有效期延续5年。

3. 企业资质证书的变更

建筑业企业在资质证书有效期内名称、地址、注册资本、法定代表人等发生变更的,应当在工商部门办理变更手续后1个月内办理资质证书变更手续。

由国务院住房和城乡建设主管部门颁发的建筑业企业在资质证书的变更,企业应当向企业工商注册所在地省、自治区、直辖市人民政府住房和城乡建设主管部门提出变更申请,省、自治区、直辖市人民政府住房和城乡建设主管部门应当自受理申请之日起2日内将有关变更证明材料报国务院住房和城乡建设主管部门,由其在2日内办理变更手续。

前款规定以外的资质证书的变更,由企业工商注册所在地省、自治区、直辖市人民政府住房和城乡建设主管部门或者设区的市人民政府建设主管部门依法另行规定。变更结果应当在资质证书变更后15日内,报国务院住房和城乡建设主管部门备案。

涉及公路、水运、水利、通信、铁路、民航等方面的建筑业企业资质证书的变更,办理变更手续的住房和城乡建设主管部门应当将建筑业企业资质证书变更情况告知同级有关部门。

4. 企业资质证书的撤回、撤销和注销

(1)撤回。

企业不再符合相应建筑业企业资质标准要求条件的,县级以上地方人民政府住房城乡建设主管部门、其他有关部门,应当责令其限期改正并向社会公告,整改期限最长不超过3个月;企业整改期间不得申请建筑业企业资质的升级、增项,不能承揽新的工程;逾期仍未达到建筑业企业资质标准要求条件的,资质许可机关可以撤回其建筑业企业资质证书。

被撤回建筑业企业资质证书的企业,可以在资质被撤回后3个月内,向资质许可机关提出核定低于原等级同类别资质的申请。

（2）撤销。

有下列情形之一的，资质许可机关或者其上级机关，根据利害关系人的请求或者依据职权，可以撤销建筑业企业资质：①资质许可机关工作人员滥用职权、玩忽职守作出准予建筑业企业资质许可的；②超越法定职权作出准予建筑业企业资质许可的；③违反法定程序作出准予建筑业企业资质许可的；④对不符合许可条件的申请人作出准予建筑业企业资质许可的；⑤依法可以撤销资质证书的其他情形。

以欺骗、贿赂等不正当手段取得资质许可的，应当予以撤销。

（3）注销。

有下列情形之一的，资质许可机关应当依法注销建筑业企业资质，并向社会公布其建筑业企业资质证书作废，企业应当及时将建筑业企业资质证书交回资质许可机关：①资质证书有效期届满，未依法申请延续的；②工程监理企业依法终止的；③建筑业企业资质依法被撤销、撤回或吊销的；④企业提出注销申请的；⑤法律、法规规定的应当注销建筑业企业资质的其他情形。

5. 外商投资建筑业企业的规定

2019年3月公布的《中华人民共和国外商投资法》规定，本法所称外商投资，是指外国的自然人、企业或者其他组织（以下称外国投资者）直接或者间接在中国境内进行的投资活动。

外商投资企业开展生产经营活动，应当遵守法律、行政法规有关劳动保护、社会保险的规定，依照法律、行政法规和国家有关规定办理税收、会计、外汇等事宜，并接受相关主管部门依法实施的监督检查。

国家建立外商投资信息报告制度。外国投资者或者外商投资企业应当通过企业登记系统以及企业信用信息公示系统向商务主管部门报送投资信息。

2.2.4　施工企业在资质范围内承揽工程的规定

1. 禁止无资质承揽工程

《建筑法》第26条规定，承包建筑工程的单位应当持有依法取得的资质证书，并在其资质等级许可的业务范围内承揽工程。

《建设工程质量管理条例》规定，施工单位应当依法取得相应等级的资质证书，并在其资质等级许可的范围内承揽工程。

《房屋建筑和市政基础设施工程施工分包管理办法》第8条规定，分包工程承包人必须具有相应的资质，并在其资质等级许可的范围内承揽业务。严禁个人承揽分包工程业务。

2. 禁止越级承揽工程

《建设工程质量管理条例》第25条规定，禁止施工单位超越本单位资质等级许可的业务范围或者以其他施工单位的名义承揽工程。

目前，施工总承包活动中超越资质承揽工程的现象已不多见，但在联合共同承包和分包工程活动中依然存在此类问题。

（1）联合共同承包的有关法律规定。

《建筑法》第 27 条规定，两个以上不同资质等级的单位实行联合共同承包的，应当按照资质等级低的单位的业务许可范围承揽工程。

（2）分包工程的有关法律规定。

《建筑法》第 29 条规定，禁止总承包单位将工程分包给不具备相应资质条件的单位。

《房屋建筑和市政基础设施工程施工分包管理办法》第 8 条规定，分包工程承包人必须具有相应的资质，并在其资质等级许可的范围内承揽业务。

3. 禁止以他企业或他企业以本企业名义承揽工程的规定

《建筑法》第 26 条规定，禁止建筑施工企业超越本企业资质等级许可的业务范围或者以任何形式用其他建筑施工企业的名义承揽工程。禁止建筑施工企业以任何形式允许其他单位或者个人使用本企业的资质证书、营业执照，以本企业的名义承揽工程。

《建设工程质量管理条例》第 25 条规定，禁止施工单位超越本单位资质等级许可的业务范围或者以其他施工单位的名义承揽工程。禁止施工单位允许其他单位或者个人以本单位的名义承揽工程。

《屋建筑和市政基础设施工程施工分包管理办法》第 15 条规定，禁止转让、出借企业资质证书或者以其他方式允许他人以本企业名义承揽工程。分包工程发包人没有将其承包的工程进行分包，在施工现场所设项目管理机构的项目负责人、技术负责人、项目核算负责人、质量管理人员、安全管理人员不是工程承包人本单位人员的，视同允许他人以本企业名义承揽工程。

2.2.5 资质的违法行为和应承担的法律责任

1. 企业在申请办理资质中的违法行为和应承担的法律责任

《建筑业企业资质管理规定》第 35 条规定，申请企业隐瞒有关情况或者提供虚假材料申请建筑业企业资质的，资质许可机关不予许可，并给予警告，申请企业在 1 年内不得再次申请建筑业企业资质。

《建筑业企业资质管理规定》第 36 条规定，企业以欺骗、贿赂等不正当手段取得建筑业企业资质的，由原资质许可机关予以撤销；由县级以上地方人民政府住房城乡建设主管部门或者其他有关部门给予警告，并处 3 万元的罚款；申请企业 3 年内不得再次申请建筑业企业资质。

《建筑业企业资质管理规定》第 40 条规定，企业未按规定提供企业信用档案信息的，由县级以上地方人民政府住房城乡建设主管部门或其他有关部门给予警告，责令限期改正；逾期未改正的，可处以 1000 元以上 1 万元以下的罚款。

涂改、倒卖、出租、出借或者以其他形式非法转让资质证书的，由县级以上地方人民政府建设主管部门或者有关部门给予警告，责令改正，并处以 1 万元以上 3 万元以下的罚款；造成损失的，依法承担赔偿责任；构成犯罪的，依法追究刑事责任。

2. 无资质承揽工程应承担的法律责任

《建筑法》第 65 条规定，发包单位将工程发包给不具有相应资质条件的承包单位的，或者违反本法规定将建筑工程肢解发包的，责令改正，处以罚款。

未取得资质证书承揽工程的,予以取缔,并处罚款;有违法所得的,予以没收。

《建设工程质量管理条例》第54条规定,违反本条例规定,建设单位将建设工程发包给不具有相应资质等级的勘察、设计、施工单位或者委托给不具有相应资质等级的工程监理单位的,责令改正,处50万元以上100万元以下的罚款。

3. 超越资质等级承揽工程应承担的法律责任

《建筑法》第65条规定,超越本单位资质等级承揽工程的,责令停止违法行为,处以罚款,可以责令停业整顿,降低资质等级;情节严重的,吊销资质证书;有违法所得的,予以没收。

《建设工程质量管理条例》第60条规定,违反本条例规定,勘察、设计、施工、工程监理单位超越本单位资质等级承揽工程的,责令停止违法行为,对勘察、设计单位或者工程监理单位处合同约定的勘察费、设计费或者监理酬金1倍以上2倍以下的罚款;对施工单位处工程合同价款2%以上4%以下的罚款,可以责令停业整顿,降低资质等级;情节严重的,吊销资质证书;有违法所得的,予以没收。

4. 允许其他单位或者个人以本单位名义承揽工程应承担的法律责任

《建筑法》第66条规定,建筑施工企业转让、出借资质证书或者以其他方式允许他人以本企业的名义承揽工程的,责令改正,没收违法所得,并处罚款,可以责令停业整顿,降低资质等级;情节严重的,吊销资质证书。对因该项承揽工程不符合规定的质量标准造成的损失,建筑施工企业与使用本企业名义的单位或者个人承担连带赔偿责任。

《建设工程质量管理条例》第61条规定,违反本条例规定,勘察、设计、施工、工程监理单位允许其他单位或者个人以本单位名义承揽工程的,责令改正,没收违法所得,对勘察、设计单位和工程监理单位处合同约定的勘察费、设计费和监理酬金1倍以上2倍以下的罚款;对施工单位处工程合同价款2%以上4%以下的罚款;可以责令停业整顿,降低资质等级;情节严重的,吊销资质证书。

5. 将建设工程分包给不具有相应资质条件的单位(即违法分包)应承担的法律责任

《建筑法》第67条规定,承包单位将承包的工程转包的,或者违反本法规定进行分包的,责令改正,没收违法所得,并处罚款,可以责令停业整顿,降低资质等级;情节严重的,吊销资质证书。承包单位有前款规定的违法行为的,对因转包工程或者违法分包的工程不符合规定的质量标准造成的损失,与接受转包或者分包的单位承担连带赔偿责任。

《建设工程质量管理条例》第62条规定,违反本条例规定,承包单位将承包的工程转包或者违法分包的,责令改正,没收违法所得,对勘察、设计单位处合同约定的勘察费、设计费25%以上50%以下的罚款;对施工单位处工程合同价款0.5%以上1%以下的罚款;可以责令停业整顿,降低资质等级;情节严重的,吊销资质证书。

《房屋建筑和市政基础设施工程施工分包管理办法》第18条规定,转包、违法分包或者允许他人以本企业名义承揽工程的,按照《中华人民共和国建筑法》《中华人民共和国招标投标法》和《建设工程质量管理条例》的规定予以长期处罚。

6. 以欺骗手段取得资质证书承揽工程应承担的法律责任

《建筑法》第65条规定,以欺骗手段取得资质证书的,吊销资质证书,处以罚款;构成犯罪的,依法追究刑事责任。

《建设工程质量管理条例》第 60 条规定,以欺骗手段取得资质证书承揽工程的,吊销资质证书,依照本条相关规定处以罚款;有违法所得的,予以没收。

7. 资质许可机关在资质申请和资质许可中的违法行为应承担的法律责任

负责颁发建筑工程施工许可证的部门及其工作人员对不符合施工条件的建筑工程颁发施工许可证的,由上级机关责令改正,对责任人员给予行政处分;构成犯罪的,依法追究刑事责任;造成损失的,由该部门承担相应的赔偿责任。

2.3 专业技术人员执业资格许可制度

执业资格许可制度是指对具有一定专业学历和资历并从事特定专业技术活动的专业技术人员,通过考试和注册确定其执业的技术资格,获得相应文件签字权的一种制度。

《建筑法》第 14 条规定,从事建筑活动的专业技术人员,应当依法取得相应的执业资格证书,并在执业资格证书许可的范围内从事建筑活动。

对从事建筑活动的专业技术人员实行执业资格许可制度是非常必要的。因为建设工程的技术要求比较复杂,建设工程的质量和安全生产直接关系到人身安全和公共财产安全,责任极为重大。因此,对从事建设工程活动的专业技术人员,应当建立必要的个人执业资格考试制度。只有依法取相应执业资格证书的专业技术人员,方可在其执业资格证书许可范围内从事建设工程活动。否则,就不能从事建设活动。

2.3.1 注册建造师执业资格制度

注册建造师,是指通过考核认定或考试合格取得中华人民共和国建造师资格证书,并按照有关规定注册,取得中华人民共和国建造师注册证书和执业印章,担任施工单位项目负责人及从事相关活动的专业技术人员。

1. 建造师考试的规定

(1)建造师考试管理。

注册建造师分为国家级和省级。住房和城乡建设部或其授权机构为一级建造师执业资格的注册管理机构,即住房和城乡建设部负责对全国注册建造师实行统一的监督管理;国务院各专业部门按照职责分工,负责对本专业注册建造师监督管理;各省、自治区、直辖市人社部、住房和城乡建设部门制定本行政区域内二级建造师执业资格的注册办法,报住房和城乡建设部或其授权机构备案,即各省、自治区、直辖市住房和城乡建设厅和同级的各专业部门负责本省和本专业的二级注册建造师监督管理。

注册建造师的执业资格制度,遵循"分级别、分专业"的原则。注册建造师划分两个级别,每个级别划分若干个专业。其中一级设置 10 个专业,二级设置 6 个专业。

从以上可知,我国建造师执业资格分一级建造师和二级建造师两个级别。

二级建造师和一级建造师主要区别,大体上有以下两点。①一、二级建造师可以到相应资质建筑业企业单位担任建设工程项目施工的项目经理,但一级注册建造师可担任大、中、小型工程施工项目负责人,二级注册建造师可以承担中、小型工程施工项目负责人。②从工作范围来分:一级建造师可以从事建筑工程、公路工程、铁路工程、民航机场工程、港口与航道工程、水利水电工程、市政公用工程、通信与广电工程、矿业工程、机电工程 10 个专业;二级建造师可以从事建筑工程、公路工程、水利水电工程、市政公用工程、矿业工程和机电工程 6 个专业。

（2）建造师的考试科目。

《建造师执业资格制度暂行规定》中规定,建造师执业资格考试分综合知识与能力和专业知识与能力两个部分。《建造师执业资格考试实施办法》进一步对考试科目作了如下规定。

①一级建造师考试科目有四个:"建设工程法规及相关知识"、"建设工程经济"、"建设工程项目管理"、"专业工程管理与实务"。其中前三个为综合知识与能力,"专业工程管理与实务"为专业知识和能力。"专业工程管理与实务"按专业分为建筑工程、公路工程、铁路工程、民航机场工程、港口与航道工程、水利水电工程、市政公用工程、通信与广电工程、矿业工程和机电工程 10 个类别。考生根据需要选择其中的专业参加考试。

一级建造师执业资格考试时间定于每年的第三季度。一级建造师执业资格考试分 4 个半天,以纸笔作答方式进行。"建设工程经济"科目的考试时间为 2 小时,"建设工程法规及相关知识"和"建设工程项目管理"科目的考试时间均为 3 小时,"专业工程管理与实务"科目的考试时间为 4 小时。

②二级建造师考试科目有三个:"建设工程法规及相关知识"、"建设工程施工管理"、"专业工程管理与实务"。"专业工程管理与实务"按建设工程的专业分为建筑工程、公路工程、水利水电工程、市政公用工程、矿业工程和机电工程 6 个类别。

两个级别的考试成绩均实行 2 年为一个周期的滚动管理办法,即参加全部 4 个科目考试的人员必须在连续的两个考试年度内通过全部科目;免试部分科目的人员必须在一个考试年度内通过应试科目。

《建造师执业资格制度暂行规定》部分内容

（3）考试报名及相关规定。

申请参加注册建造师考试,必须符合国家规定的教育标准和职业实践要求。

2. 建造师的注册管理

《注册建造师管理规定》中规定,注册建造师实行注册执业管理制度,注册建造师分为一级注册建造师和二级注册建造师。取得建造师执业资格证书且符合注册条件的人员,必须经过注册登记,方可以建造师名义执业。未经注册者一律不得以建造师名义执业,一经查处,将按相关规定进行处罚。

建造师的注册管理机构,住房和城乡建设部或其授权机构为一级建造师执业资格的注册管理机构。各省、自治区、直辖市建设行政主管部门或其授权机构为二级建造师执业资格的注册管理机构。

建造师的注册,根据注册内容的不同分四种形式:初始注册、延续注册、变更注册、增项注册。

（1）初始注册。

初始注册的条件：①经全国建造师执业资格统一考试合格，取得执业资格考试合格证书；②受聘于一个相关单位；③达到继续教育要求（初始注册者，自资格证书签发之日起3年内提出申请。逾期未申请者，除具备上述两条外，还必须符合本专业继续教育的要求后方可申请初始注册）；④没有《注册建造师管理规定》中规定不予注册的情形。

《注册建造师管理规定》中规定的不予注册的情形：①不具有完全民事行为能力的；②申请在两个或者两个以上单位注册的；③未达到注册建造师继续教育要求的；④受到刑事处罚，刑事处罚尚未执行完毕的；⑤因执业活动受到刑事处罚，自刑事处罚执行完毕之日起至申请注册之日止不满5年的；⑥因前项规定以外的原因受到刑事处罚，自处罚决定之日起至申请注册之日止不满3年的；⑦被吊销注册证书，自处罚决定之日起至申请注册之日止不满2年的；⑧在申请注册之日前3年内担任项目经理期间，所负责项目发生过重大质量和安全事故的；⑨申请人的聘用单位不符合注册单位要求的；⑩年龄超过65周岁的；⑪法律、法规规定不予注册的其他情形。

申请初始注册需要提交下列材料：①注册建造师初始注册申请表；②资格证书、学历证书和身份证明复印件；③申请人与聘用单位签订的聘用劳动合同复印件或其他有效证明文件；④逾期申请初始注册的，应当提供达到继续教育要求的证明材料。

对申请初始注册的，省、自治区、直辖市人民政府建设主管部门应当自受理申请之日起，20日内审查完毕，并将申请材料和初审意见报国务院建设主管部门。国务院建设主管部门应当自收到省、自治区、直辖市人民政府建设主管部门上报材料之日起，20日内审批完毕并作出书面决定。有关部门应当在收到国务院建设主管部门移送的申请材料之日起，10日内审核完毕，并将审核意见送国务院建设主管部门。

（2）延续注册。

建造师执业资格初始注册的有效期为3年。注册有期满需要继续执业的，应当在注册有效届满前30日前，按照规定申请办理延续注册。延续注册的，有效期为3年。

申请延续注册的，应当提交下列材料：①注册建造师延续注册申请表；②原注册证书；③申请人与聘用单位签订的聘用劳动合同复印件或其他有效证明文件；④申请人注册有效期内达到继续教育要求的证明材料。

（3）变更注册。

在注册有效期内，注册建造师变更执业单位，应当与原聘用单位解除劳动关系，并按规定的程序办理变更注册手续，变更注册后仍延续原注册有效期。

申请变更注册的，应当提交下列材料：①注册建造师变更注册申请表；②注册证书和执业印章；③申请人与新聘用单位签订的聘用合同复印件或有效证明文件；④工作调动证明（与原聘用单位解除聘用合同或聘用合同到期的证明文件、退休人员的退休证明）。

因变更注册申报不及时影响注册建造师执业、导致工程项目出现损失的，由注册建造师所在聘用企业承担责任，并作为不良行为记入企业信用档案。

（4）增项注册。

注册建造师需要增加执业专业的，应当按规定申请专业增项注册，并提供相应的资格证明。

多专业注册的注册建造师,其中一个专业注册期满仍需以该专业继续执业和以其他专业执业的,应当及时办理续期注册。

注册证书与执业印章有效期为 3 年。注册证书和执业印章是注册建造师的执业凭证,由注册建造师本人保管、使用。一级注册建造师的注册证书由国务院建设主管部门统一印制,执业印章由国务院建设主管部门统一样式,省、自治区、直辖市人民政府建设主管部门组织制作。因遗失、污损注册证书和执业印章,需要补办的,应当持在公众媒体上刊登的遗失声明的证明,向原注册机关申请补办。原注册机关应当在 5 日内办理完毕。被注销注册或者不予注册的,在重新具备注册条件后,可按前述规定重新申请注册。

对申请变更注册、延续注册的,省、自治区、直辖市人民政府建设主管部门应当自受理申请之日起 5 日内审查完毕。国务院建设主管部门应当自收到省、自治区、直辖市人民政府建设主管部门上报材料之日起,10 日内审批完毕并作出书面决定。有关部门在收到国务院建设主管部门移送的申请材料后,应当在 5 日内审核完毕,并将审核意见送国务院建设主管部门。

3. 建造师的继续教育

接受继续教育,既是注册建造师应当享有的权利,也是注册建造师应当履行的义务。根据《注册建造师继续教育暂行规定》中规定,注册建造师继续教育是申请初始注册、延续注册、增项注册和重新注册的必要条件。

注册建造师在每一个注册有效期内应当达到国务院建设主管部门规定的继续教育要求。继续教育分为必修课和选修课,在每一注册有效期内各为 60 学时,即注册建造师在每一注册有效期内应接受不少于 120 学时继续教育。必修课 60 学时,其中,30 学时为公共课,30 学时为专业课;选修课 60 学时,其中,30 学时为公共课,30 学时为专业课。注册两个及以上专业的,除接受公共课的继续教育外,每年还应接受相应注册专业的专业课各 20 学时的继续教育。

继续教育的具体要求由国务院建设主管部门会同国务院有关部门另行规定。

必修课包括以下内容:①工程建设相关的法律法规和有关政策;②注册建造师职业道德和诚信制度;③建设工程项目管理的新理论、新方法、新技术和新工艺;④建设工程项目管理案例分析。

选修课包括以下内容:①各专业牵头部门认为一级建造师需要补充的与建设工程项目管理有关的知识;②各省级住房和城乡建设主管部门认为二级建造师需要补充的与建设工程项目管理有关的知识。

经继续教育达到合格标准的,颁发注册建造师继续教育合格证书。

4. 建造师的受聘单位

根据《注册建造师管理规定》第 20 条规定:取得资格证书的人员应当受聘于一个具有建设工程勘察、设计、施工、监理、招标代理、造价咨询等一项或者多项资质的单位,经注册后方可从事相应的执业活动。

担任施工单位项目负责人的,应当受聘并注册于一个具有施工资质的企业。

建造师的受聘单位和建造师的执业岗位范围的规定

5．建造师的执业岗位范围

注册建造师不得同时在两个及两个以上的建设工程项目上担任施工单位项目负责人。

注册建造师可以从事建设工程项目总承包管理或施工管理,建设工程项目管理服务,建设工程技术经济咨询,以及法律、行政法规和国务院建设主管部门规定的其他业务。

一级注册建造师可在全国范围内以一级注册建造师名义执业。通过二级建造师资格考核认定,或参加全国统考取得二级建造师资格证书并经注册的人员,可在全国范围内以二级注册建造师名义执业。

6．注册建造师的监督管理

(1)注册证书和执业印章失效。

根据《注册建造师管理规定》第16条规定,注册建造师有下列情形之一的,其注册证书和执业印章失效:①聘用单位破产的;②聘用单位被吊销营业执照的;③聘用单位被吊销或者撤回资质证书的;④已与聘用单位解除聘用合同关系的;⑤注册有效期满且未延续注册的;⑥年龄超过65周岁的;⑦死亡或不具有完全民事行为能力的;⑧其他导致注册失效的情形。

(2)注销注册。

根据《注册建造师管理规定》第17条规定,注册建造师有下列情形之一的,由注册机关办理注销手续,收回注册证书和执业印章或者公告注册证书和执业印章作废:①有本规定第16条所列情形发生的;②依法被撤销注册的;③依法被吊销注册证书的;④受到刑事处罚的;⑤法律、法规规定应当注销注册的其他情形。

注册建造师有前款所列情形之一的,注册建造师本人和聘用单位应当及时向注册机关提出注销注册申请;有关单位和个人有权向注册机关举报;县级以上地方人民政府建设主管部门或者有关部门应当及时告知注册机关。

(3)撤销注册。

根据《注册建造师管理规定》第31条规定,有下列情形之一的,注册机关依据职权或者根据利害关系人的请求,可以撤销注册建造师的注册:①注册机关工作人员滥用职权、玩忽职守作出准予注册许可的;②超越法定职权作出准予注册许可的;③违反法定程序作出准予注册许可的;④对不符合法定条件的申请人颁发注册证书和执业印章的;⑤依法可以撤销注册的其他情形。

申请人以欺骗、贿赂等不正当手段获准注册的,应当予以撤销。

(4)监督检查。

注册建造师的监督检查详见《注册建造师管理规定》中规定。

2.3.2　注册监理工程师执业资格制度

1．注册监理工程师

注册监理工程师,是指经考试取得中华人民共和国监理工程师资格证书,并按照规定注册,取得中华人民共和国注册监理工程师注册执业证书和执业印章,从事工程监理及相关业务活动的专业技术人员。

未取得注册证书和执业印章的人员,不得以注册监理工程师的名义从事工程监理及相关业务活动。

2. 考试和注册

(1)考试科目。

考试科目共 4 门,分别为"建设工程监理基本理论和相关法规"、"建设工程合同管理"、"建设工程质量、投资、进度控制"和"建设工程监理案例分析"。

(2)注册。

注册监理工程师实行注册执业管理制度。取得资格证书的人员,经过注册方能以注册监理工程师的名义执业。

注册监理工程师依据其所学专业、工作经历、工程业绩,按照《工程监理企业资质管理规定》划分的工程类别,按专业注册。每人最多可以申请两个专业注册。

取得资格证书的人员申请注册,由省、自治区、直辖市人民政府建设主管部门初审,国务院建设主管部门审批。

省、自治区、直辖市人民政府建设主管部门在收到申请人的申请材料后,应当即时作出是否受理的决定,并向申请人出具书面凭证;申请材料不齐全或者不符合法定形式的,应当在 5 日内一次性告知申请人需要补正的全部内容。逾期不告知的,自收到申请材料之日起即为受理。

对申请初始注册的,省、自治区、直辖市人民政府建设主管部门应当自受理申请之日起 20 日内审查完毕,并将申请材料和初审意见报国务院建设主管部门。国务院建设主管部门自收到省、自治区、直辖市人民政府建设主管部门上报材料之日起,应当在 20 日内审批完毕并作出书面决定,并自作出决定之日起 10 日内,在公众媒体上公告审批结果。

对申请变更注册、延续注册的,省、自治区、直辖市人民政府建设主管部门应当自受理申请之日起 5 日内审查完毕,并将申请材料和初审意见报国务院建设主管部门。国务院建设主管部门自收到省、自治区、直辖市人民政府建设主管部门上报材料之日起,应当在 10 日内审批完毕并作出书面决定。

注册证书和执业印章是注册监理工程师的执业凭证,由注册监理工程师本人保管、使用。

注册证书和执业印章的有效期为 3 年。

3. 执业

取得注册监理工程师资格证书的人员,应当受聘于一个具有建设工程勘察、设计、施工、监理、招标代理、造价咨询等一项或者多项资质的单位,经注册后方可从事相应的执业活动。从事工程监理执业活动的,应当受聘并注册于一个具有工程监理资质的单位。

注册监理工程师可以从事工程监理、工程经济与技术咨询、工程招标与采购咨询、工程项目管理服务以及国务院有关部门规定的其他业务。

工程监理活动中形成的监理文件由注册监理工程师按照规定签字盖章后方可生效。

4. 继续教育

注册监理工程师在每一注册有效期内应当达到国务院建设主管部门规定的继续教育

要求。继续教育作为注册监理工程师逾期初始注册、延续注册和重新申请注册的条件之一。

继续教育分为必修课和选修课,在每一注册有效期内各为 48 学时。

5. 注册监理工程师的权利和义务

(1)注册监理工程师享有下列权利:①使用注册监理工程师称谓;②在规定范围内从事执业活动;③依据本人能力从事相应的执业活动;④保管和使用本人的注册证书和执业印章;⑤对本人执业活动进行解释和辩护;⑥接受继续教育;⑦获得相应的劳动报酬;⑧对侵犯本人权利的行为进行申诉。

(2)注册监理工程师应当履行下列义务:①遵守法律、法规和有关管理规定;②履行管理职责,执行技术标准、规范和规程;③保证执业活动成果的质量,并承担相应责任;④接受继续教育,努力提高执业水准;⑤在本人执业活动所形成的工程监理文件上签字、加盖执业印章;⑥保守在执业中知悉的国家秘密和他人的商业、技术秘密;⑦不得涂改、倒卖、出租、出借或者以其他形式非法转让注册证书或者执业印章;⑧不得同时在两个或者两个以上单位受聘或者执业;⑨在规定的执业范围和聘用单位业务范围内从事执业活动;⑩协助注册管理机构完成相关工作。

在线练习

第 2 章
练习巩固题

3 建筑工程发包与承包法规

【学习要点】

　　熟悉建筑工程发包的禁止性规定、工程总承包的方式,总分包单位的责任;掌握建筑工程总承包制度、联合承包制度、专业承包制度和分包制度。清楚建筑工程施工转包、违法分包、挂靠等违法行为的认定与查处。掌握建筑市场诚信行为信息种类;建筑市场诚信行为的发布和奖惩机制;施工单位和注册建造师不良行为记录的认定标准。了解工程发包与承包中的法律责任;了解违反资质管理制度的法律责任;了解违法转包、分包的法律责任;了解建设市场信用体系的建设。能够运用法律法规解释建设工程发包承包中的现象;能够按照建设工程发包承包法律依法从事工程建设活动。

3.1 建筑工程发包

　　建筑工程发包是建设工程的建设单位(或总承包单位)将建设工程任务通过招标发包或直接发包的方式,交付给具有法定从业资格的单位完成,并按照合同约定支付报酬的行为。建设单位称为发包方,又称甲方。

　　建筑工程承包指具有法定从业资格的单位依法承揽建设工程任务,通过签订合同确立双方的权利与义务,按照合同约定取得相应报酬,并完成建设工程任务的行为。承包单位称为承包方,如施工单位、勘察单位、设计单位、安装单位,也称为乙方。

3.1.1 建筑工程发包的方式

　　建筑工程的发包方式有两种:一种是招标发包;另一种是直接发包。

1. 招标发包

　　招标发包是指建设单位通过招标确定承包单位的一种发包方式。招标发包又有两种方式:公开招标发包和邀请招标发包。具体适用范围见第 4 章相关内容。

　　(1) 公开招标发包。由建设单位按照法定程序,在规定的公开的媒体上发布招标公告,公开提供招标文件,使所有潜在的投标人平等参加投标竞争,从中择优选定中标人。

（2）邀请招标发包。招标人根据自己掌握的情况，预先确定一定数量的符合招标项目基本要求的潜在投标人并发出邀请，从中确定承包单位。

2. 直接发包

直接发包是指发包方直接与承包方签订承包合同的一种发包方式。如建设单位直接同一个有资质证书的建筑施工企业商谈建筑工程的事宜，通过商谈来确定承包单位。

根据《建筑法》和《中华人民共和国招标投标法》，下列工程可以直接发包。

（1）涉及国家安全、国家秘密、抢险救灾或者属于利用扶贫资金实行以工代赈、需使用农民工等特殊情况，不适宜进行招标的工程项目。

（2）需要采用不可替代的专利或者专有技术的工程项目。

（3）采购人依法能够自行建设、生产或者提供的工程项目。

（4）已通过招标方式选定的特许经营项目，投资人依法能够自行建设、生产或者提供的。

（5）需要向原中标人采购工程、货物或者服务，否则将影响施工或者功能配套要求的。

（6）国家规定的其他特殊情形。

3.1.2 发包要求

发包单位应当将建筑工程发包给合格的承包单位。建筑工程实行招标发包的，发包单位应当将建筑工程发包给依法中标的承包单位。建筑工程实行直接发包的，发包单位应当将建筑工程发包给具有相应资质条件的承包单位。政府及其所属部门不得滥用行政权力，限定发包单位将招标发包的建筑工程发包给指定的承包单位。

提倡对建筑工程实行总承包，禁止将建筑工程肢解发包。建筑工程的发包单位可以将建筑工程的勘察、设计、施工、设备采购一并发包给一个工程总承包单位，也可以将建筑工程勘察、设计、施工、设备采购的一项或者多项发包给一个工程总承包单位；但是，不得将应当由一个承包单位完成的建筑工程肢解成若干部分发包给几个承包单位。

发包单位不得指定承包单位购入用于工程的建筑材料、建筑构配件和设备或者指定生产厂、供应商。建筑材料、建筑构配件和设备的采购按照合同的约定进行，可以由发包单位采购，也可以由承包单位采购，按照合同约定建筑材料、建筑构配件和设备由工程承包单位采购的，发包单位不得指定承包单位购入用于工程的建筑材料、建筑构配件和设备或者指定生产厂、供应商。

2019 年发布的《政府投资条例》规定，政府投资项目所需资金应当按照国家有关规定确保落实到位。政府投资项目不得由施工单位垫资建设。

3.1.3 建筑工程违法发包行为的认定与查处

2019 年住房和城乡建设部印发了《房屋建筑和市政基础设施项目工程总承包管理办法》（建市规〔2019〕12 号）的通知，目的是规范建筑工程施工发包与承包活动中违法行为的认定、查处和管理，保证工程质量和施工安全，有效遏制发包与承包活动中的违法行为，维护建筑市场秩序和建筑工程主要参与方的合法权益。

住房和城乡建设部对全国建筑工程施工发包与承包违法行为的认定查处工作实施统一监督管理。县级以上地方人民政府住房和城乡建设主管部门在其职责范围内具体负责本行政区域内建筑工程施工发包与承包违法行为的认定查处工作。

发包与承包违法行为具体是指违法发包、转包、违法分包及挂靠等违法行为。

建设单位与承包单位应严格依法签订合同,明确双方权利、义务、责任,严禁违法发包、转包、违法分包和挂靠,确保工程质量和施工安全。

1. 违法发包行为的认定

违法发包,是指建设单位将工程发包给不具有相应资质条件的单位或个人,或者肢解发包等违反法律法规规定的行为。

存在下列情形之一的,属于违法发包。

(1) 建设单位将工程发包给个人的。

(2) 建设单位将工程发包给不具有相应资质的单位的。

(3) 依法应当招标未招标或未按法定招标程序发包的。

(4) 建设单位设置不合理的招投标条件,限制、排斥潜在投标人或者投标人的。

(5) 建设单位将一个单位工程的施工分解成若干部分发包给不同的施工总承包或专业承包单位的。

2. 违法发包行为的查处

(1) 对建设单位将工程发包给不具有相应资质等级的施工单位的,依据《建筑法》和《建设工程质量管理条例》规定,责令其改正,处以 50 万元以上 100 万元以下罚款。

(2) 对建设单位将建设工程肢解发包的,依据《建筑法》和《建设工程质量管理条例》规定,责令其改正。处工程合同价款 0.5% 以上 1% 以下的罚款;对全部或者部分使用国有资金的项目,可以暂停项目执行或者暂停资金拨付。

3.1.4 禁止将建设工程肢解发包和违法采购

1. 禁止发包单位将建设工程肢解发包

肢解发包指的是建设单位将应当由一个承包单位完成的建设工程分解成若干部分发包给不同的承包单位的行为。

肢解发包的弊端如下。

(1) 肢解发包可能导致发包人变相规避招标。

发包人可能会将大的工程项目肢解成若干小的工程项目,使得每一个小的工程项目都不满足关于招标规模和标准的规定,从而达到变相规避招标的效果。

(2) 肢解发包不利于投资和进度目标的控制。

肢解发包意味着本来应该由一家承包商完成的项目,现在由两家或者两家以上的承包单位完成。这就会使得一些岗位出现重复设置的人员,也不利于各工序的协调,难以形成流水作业,不利于投资和进度目标的控制。

(3) 肢解发包会增加发包的成本。

肢解发包必然会使得发包的次数增加,这就必然会导致发包的费用增加。

（4）肢解发包增加了发包人管理的成本。

肢解发包会导致合同数增加,这就必然会导致发包人在管理上会增加难度,进一步导发包人在合同管理上增加成本。

肢解发包存在以上弊端,《建筑法》第 24 条规定,提倡对建筑工程实行总承包,禁止将建筑工程肢解发包。

2. 禁止违法采购

（1）小规模建筑材料设备的采购。

工程建设项目不符合《必须招标的工程项目规定》规定的范围和标准的小规模建筑材料、建筑构配件及设备的采购主要有三种形式:①由建设单位负责采购;②由承包商负责采购;③由双方约定的供应商供应。

按照合同约定,建筑材料、建筑构配件和设备由工程承包单位采购的,发包单位不得指定承包单位购入用于工程的建筑材料、建筑构配件和设备或者指定生产厂、供应商。

（2）大规模材料设备的采购。

工程建设项目符合《必须招标的工程项目规定》规定的范围和标准的,必须通过招标选择货物供应单位。

工程建设项目招标人对项目实行总承包招标时,未包括在总承包范围内的货物达到国家规定规模标准的,应当由工程建设项目招标人依法组织招标。

工程建设项目招标人对项目实行总承包招标时,以暂估价形式包括在总承包范围内的货物达到国家规定规模标准的,应当由总承包中标人和工程建设项目招标人共同依法组织招标。双方当事人的风险和责任承担由合同约定。

3.2 建筑工程承包

3.2.1 承包单位的资质管理

根据《建筑法》第 26 条规定,承包建筑工程的单位应当持有依法取得的资质证书,并在其资质等级许可的业务范围内承揽工程。禁止建筑施工企业超越本企业资质等级许可的业务范围或者以任何形式用其他建筑施工企业的名义承揽工程。

禁止建筑施工企业以任何形式允许其他单位或者个人使用本企业的资质证书、营业执照,以本企业的名义承揽工程。

2019 年发布的《房屋建筑和市政基础设施项目工程总承包管理办法》,为规范房屋建筑和市政基础设施项目工程总承包活动,提升工程建设质量和效益提出最新的依据。从事房屋建筑和市政基础设施项目工程总承包活动,实施对房屋建筑和市政基础设施项目工程总承包活动的监督管理,适用本办法。

《房屋建筑和市政基础设施项目工程总承包管理办法》部分内容

3.2.2　建设工程总承包制度

建设工程承包制度包括总承包、共同承包和分包等制度。

《建筑法》规定,国家提倡建筑工程实行总承包制度。提倡将一个建筑工程由一个承包单位负责组织实施,由其统一指挥协调,并向发包单位承担统一的经济法律责任的承包形式。

目前,在建筑工程总承包分为工程总承包和施工总承包两大类。

1. 工程总承包

工程总承包是指从事工程总承包的企业受建设单位的委托,按照工程总承包合同的约定,对工程项目的勘察、设计、采购、施工、试运行(竣工验收)等实行全过程或若干阶段的承包。工程总承包有两种情况。

(1) 全部建筑工程的总承包,即建筑工程的发包单位将建筑工程的勘察、设计、施工、设备采购和试运行一并发包给一个工程总承包单位,由总承包单位直接向发包单位负责。总承包单位可以自己负责整个建筑工程的全过程,也可以依法再分包给若干个专业分包单位来完成。

(2) 分项总承包,即建筑工程的发包单位将建筑工程勘察、设计、施工、设备采购的一项或者多项发包给一个工程总承包单位。

工程总承包的主要方式有4种:①设计采购施工(E+P+C模式),也称为交钥匙总承包,这种方式是指工程总承包企业按照合同约定,承担工程项目的设计、采购、施工、试运行服务等工作,并对承包工程的质量、安全、工期、造价全面负责;②设计-施工总承包(D+B模式),设计-施工总承包是指工程总承包企业按照合同约定,承担工程项目设计和施工,并对承包工程的质量、安全、工期、造价全面负责;③设计-采购总承包(E+P模式);④采购-施工总承包(P+C模式)。

2. 施工总承包

施工总承包是指发包人将全部施工任务发包给具有施工总承包资质的建筑业企业,由施工总承包企业按照合同的约定向建设单位负责,承包完成施工任务。

3.2.3　建设工程联合(共同)承包制度

《建筑法》规定,大型建筑工程或者结构复杂的建筑工程,可以由两个以上的承包单位联合共同承包。共同承包的各方对承包合同的履行承担连带责任。

1. 联合承包的前提条件

承包单位联合承包的前提是大型建筑工程或者是结构复杂的建筑工程。也就是说,一些中小型工程以及结构不复杂的工程不可以采取联合承包工程的方式。对于什么是大型建筑工程和结构复杂的建筑工程应当以国务院、地方政府或者国务院有关部门确定的标准为准。大型建筑工程应当以建筑面积或者总造价来划分;结构复杂的建筑工程一般应是结构方向的专业性较强的建筑工程。

2. 联合承包的责任

共同承包的各方对承包合同的履行应承担连带责任。

连带责任,是指依照法律规定或者当事人约定,两个或者两个以上当事人对其共同债务全部承担或部分承担,并能因此引起其内部债务关系的一种民事责任。当责任人为多人时,每个人都负有清偿全部债务的责任,各责任人之间有连带关系。

3. 高资质与低资质联合承包资质要求

两个以上不同资质等级的单位实行联合共同承包的,应当按照资质等级低的单位的业务许可范围承揽工程。(注意:此处是指对于同一专业领域,企业资质等级不同。)

4. 不同类别资质联合承包

资质类别不同的两个承包单位实行联合承包的,应当按照联合体的内部分工,各自按资质类别及等级的许可范围承包工程。

3.2.4 承包的禁止行为

(1)禁止承包单位将其承包的全部建筑工程转包给他人。

(2)禁止承包单位将其承包的全部建筑工程肢解以后以分包的名义分别转包给他人。

(3)禁止总承包单位将工程分包给不具备相应资质条件的单位。

(4)禁止分包单位将其承包的工程再分包。

3.2.5 建设工程分包制度

1. 分包的类型

分包分为专业工程分包和劳务作业分包。

①专业工程分包,是指总承包单位将其所承包工程中的专业工程发包给具有相应资质的其他承包单位完成的活动。

②劳务作业分包,是指施工总承包企业或者专业承包企业将其承包工程中的劳务作业发包给劳务分包企业完成的活动。

2. 分包的资质管理

《建筑法》第29条规定,建筑工程总承包单位可以将承包工程中的部分工程发包给具有相应资质条件的分包单位。

(1)施工总承包企业。

获得施工总承包资质的企业,可以对工程实行施工总承包或者对主体工程实行施工承包,承担施工总承包的企业可以对所承接的工程全部自行施工,也可以将非主体工程或者劳务作业分包给具有相应专业承包资质或者劳务分包资质的其他建筑业企业。

(2)专业承包企业。

获得专业承包资质的企业,可以承接施工总承包企业分包的专业工程或者建设单位按照规定发包的专业工程。专业承包企业可以对所承接的工程全部自行施工,也可以将劳务作业分包给具有相应劳务分包资质的劳务分包企业。

(3)劳务分包企业。

获得劳务分包资质的企业,可以承接施工总承包企业或者专业承包企业分包的劳务作业。

3. 对分包单位的认可

《建筑法》第 29 条规定,除总承包合同中约定的分包外,必须经建设单位认可。

这条规定实际上赋予了建设单位对分包商的否决权,即没有经过建设单位认可的分包商是违法的分包商。由于总承包合同中的分包单位已经在合同中得到了建设单位的认可,所以,实质上需要建设单位认可的分包单位的范围包含了所有的分包单位。

4. 总承包单位与分包单位的连带责任

《建筑法》第 29 条规定,建工程总承包单位按照总承包合同的约定对建设单位负责;分包单位按照分包合同的约定对总承包单位负责。总承包单位和分包单位就分包工程对建设单位承担连带责任。

3.2.6　建筑工程施工转包、违法分包、挂靠等违法行为的认定与查处

1. 转包、违法分包、挂靠的定义

（1）转包。

转包,是指承包单位承包工程后,不履行合同约定的责任和义务,将其承包的全部工程或者将其承包的全部工程肢解后以分包的名义分别转给其他单位或个人施工的行为。

（2）违法分包。

违法分包是指承包单位承包工程后违反法律法规规定,把单位工程或分部分项工程分包给其他单位或个人施工的行为。

（3）挂靠。

挂靠是指单位或个人以其他有资质的施工单位的名义,承揽工程的行为。承揽工程,包括参与投标、订立合同、办理有关施工手续、从事施工等活动。

2. 转包、违法分包、挂靠等违法行为的认定

根据《房屋建筑和市政基础设施项目工程总承包管理办法》规定,发包与承包违法行为具体是指违法发包、转包、违法分包及挂靠等违法行为。

3. 建筑工程施工转包、违法分包、挂靠等违法行为的查处

（1）对认定有转包、违法分包违法行为的施工单位,依据《建筑法》第 67 条和《建设工程质量管理条例》第 62 条规定,承包单位将承包的工程转包或者违反本法规进行分包的,责令改正,没收违法所得,并处工程合同价款 0.5% 以上 1% 以下的罚款;可以责令停业整顿,降低资质等级;情节严重的,吊销资质证书。

转包、违法分包、挂靠等违法行为的认定

（2）对认定有挂靠行为的施工单位或个人,依据《建筑法》第 65 条和《建设工程质量管理条例》第 60 条规定,超越本单位资质等级承揽工程的施工单位,责令停止违法行为,并处工程合同价款 2% 以上 4% 以下的罚款;可以责令停业整顿,降低资质等级;情节严重的,吊销资质证书;有违法所得的,予以没收。对未取得资质证书承揽工程的单位和个人,予以取缔,并处工程合同价款 2% 以上 4% 以下的罚款;有违法所得的,予以没收。

（3）对认定有转让、出借资质证书或者以其他方式允许他人以本单位的名义承揽工程的施工单位,依据《建筑法》第 66 条和《建设工程质量管理条例》第 61 条规定,责令改正,没收违法所得,并处工程合同价款 2% 以上 4% 以下的罚款;可以责令停业整顿,降低资质等级;情节严重的,吊销资质证书。

（4）对建设单位、施工单位给予单位罚款处罚的，依据《建设工程质量管理条例》第73条规定，对单位直接负责的主管人员和其他直接责任人员处单位罚款数额5%以上10%以下的罚款。

对认定有转包、违法分包、挂靠、转让出借资质证书或者以其他方式允许他人以本单位的名义承揽工程等违法行为的施工单位，可依法限制其参加工程投标活动、承揽新的工程项目，并对其企业资质是否满足资质标准条件进行核查，对达不到资质标准要求的限期整改，整改后仍达不到要求的，资质审批机关撤回其资质证书。

对2年内发生2次及以上转包、违法分包、挂靠、转让出借资质证书或者以其他方式允许他人以本单位的名义承揽工程的施工单位，应当依法按照情节严重情形给予处罚。

县级以上人民政府住房和城乡建设主管部门应将查处的违法发包、转包、违法分包、挂靠等违法行为和处罚结果记入相关单位或个人信用档案，同时向社会公示，并逐级上报至住房和城乡建设部，在全国建筑市场监管公共服务平台公示。

3.2.7 建设工程承包违法行为应承担的法律责任

1. 工程发包与承包中的法律责任

（1）根据《建筑法》第65条，发包单位将工程发包给不具有相应资质条件的承包单位的，或者违反本法规定将建筑工程肢解发包的，责令改正，处以罚款。

（2）根据《建筑法》第68条，在工程发包与承包中索贿、受贿、行贿，构成犯罪的，依法追究刑事责任；不构成犯罪的，分别处以罚款，没收贿赂的财物，对直接负责的主管人员和其他直接责任人员给予处分。

对在工程承包中行贿的承包单位，除依照前款规定处罚外，可以责令停业整顿，降低资质等级或者吊销资质证书。

2. 违反资质管理制度的法律责任

（1）根据《建筑法》第65条，超越本单位资质等级承揽工程的，责令停止违法行为，处以罚款，可以责令停业整顿，降低资质等级；情节严重的，吊销资质证书；有违法所得的，予以没收。

未取得资质证书承揽工程的，予以取缔，并处罚款；有违法所得的，予以没收。

以欺骗手段取得资质证书的，吊销资质证书，处以罚款；构成犯罪的，依法追究其刑事责任。

（2）根据《建筑法》第66条，建筑施工企业转让、出借资质证书或者以其他方式允许他人以本企业的名义承揽工程的，责令改正，没收违法所得，并处罚款，可以责令停业整顿，降低资质等级；情节严重的，吊销资质证书。对因该项承揽工程不符合规定的质量标准造成的损失，建筑施工企业与使用本企业名义的单位或者个人承担连带赔偿责任。

（3）勘察、设计、施工、工程监理单位超越本单位资质等级承揽工程的，要受到如下的行政处罚。

①责令停止违法行为并处罚款。罚款的幅度和数额分别为：a. 对勘察、设计、监理单位视情节处合同约定的勘察费、设计费、监理酬金1倍以上2倍以下的罚款；b. 对施工单位视情节处工程施工合同价款2%以上4%以下的罚款。

②视情节可责令以上单位停业整顿，降低资质等级；情节严重的，可吊销资质证书；有违法所得的，予以没收。

（4）未取得资质证书承揽工程勘察、设计、施工、监理任务的，因其本身就不具备行为资格能力，其行为是严重违法行为，无论是否造成危害后果都应当给予取缔，同时按照规定处以罚款。有违法所得的，予以没收。

（5）以欺骗手段取得资质证书承揽工程的，由于其本身就不够资质条件，就不能有行为资格，因此，无论是否造成危害后果都应当吊销资质证书。与此同时，对于这种明知违法而采取不正当的行为，还应按照规定处以罚款。有违法所得的，予以没收。构成犯罪的，依法追究其刑事责任。

（6）勘察、设计、施工、工程监理单位违反规定，允许其他单位或者个人以本单位名义承揽工程的，应承担下列法律责任。

①由主管部门责令违法单位改正违法行为。

②有违法所得者，没收违法所得。

③对违法单位罚款，罚款的幅度和数额分别为：a. 勘察、设计、监理单位视情节处合同约定的勘察费、设计费、监理酬金 1 倍以上 2 倍以下的罚款；b. 施工单位视情节处工程施工合同价款 2% 以上 4% 以下的罚款；

④对违法单位并处其他行政处罚，视情节可责令停业整顿，降低资质等级；严重的，吊销资质证书。

3. 违法转包、分包的法律责任

（1）根据《建筑法》第 67 条，承包单位将承包的工程转包的，或者违反规定进行分包的，责令改正，没收违法所得，并处罚款；可以责令停业整顿，降低资质等级；情节严重的，吊销资质证书。

承包单位违反规定，对因转包工程或者违法分包的工程不符合规定的质量标准造成的损失，与接受转包或者分包的单位承担连带赔偿责任。

（2）承包单位将承包的工程转包的，或者将不可再分的部分工程进行分包的，将工程分包给不具备相应资质条件的单位承包的，处罚措施如下。

①由主管部门责令改正。

②没收其违法所得。

③并处罚款，罚款的幅度分别为：对勘察、设计单位处合同约定的勘察费、设计费 25% 以上 50% 以下罚款；对施工单位处工程合同价款 0.5% 以上 1% 以下罚款；对监理单位处合同约定的监理酬金 25% 以上 50% 以下罚款；

④责令停业整顿，降低资质等级；情节严重的，吊销资质证书。

3.3 建筑市场信用体系建设

《注册建造师管理规定》规定，注册建造师及其聘用单位应当按照要求，向注册机关提供真实、准确、完整的注册建造师信用档案信息。注册建造师信用档案应当包括注册建造师的基本情况、业绩、良好行为、不良行为等内容。违法违规行为、被投诉举报处理、行政处罚等情况应当作为注册建造师的不良行为记入其信用档案。注册建造师信用档案信息按照有关规定向社会公示。

《招标投标法实施条例》规定,国家建立招标投标信用制度。有关行政监督部门应当依法公告对招标人、招标代理机构、投标人、评标委员会成员等当事人违法行为的行政处理决定。

《建筑业企业资质管理规定》第32条规定,资质许可机关应当建立、健全建筑业企业信用档案管理制度。建筑业企业信用档案应当包括企业基本情况、资质、业绩、工程质量和安全、合同履约、社会投诉和违法行为等情况。企业的信用档案信息按照有关规定向社会公开。取得建筑业企业资质的企业应当按照有关规定,向资质许可机关提供真实、准确、完整的企业信用档案信息。

3.3.1　建筑市场诚信行为信息的分类

2017年住房和城乡建设部《建筑市场信用管理暂行办法》规定,建筑市场信用信息由基本信息、优良信用信息、不良信用信息构成。

（1）基本信息是指注册登记信息、资质信息、工程项目信息、注册执业人员信息等。

（2）优良信用信息是指建筑市场各方主体在工程建设活动中获得的县级以上行政机关或群团组织表彰奖励等信息。

（3）不良信用信息是指建筑市场各方主体在工程建设活动中违反有关法律、法规、规章或工程建设强制性标准等,受到县级以上住房和城乡建设主管部门行政处罚的信息,以及经有关部门认定的其他不良信用信息。

3.3.2　建筑市场施工单位不良行为记录的认定标准

《全国建筑市场各方主体不良行为记录认定标准》（建市〔2007〕9号）对施工单位的不良行为制定了具体认定标准。施工单位不良行为记录认定标准共分为5大类。

1. 资质不良行为认定标准

（1）未取得资质证书承揽工程的,或超越本单位资质等级承揽工程的。

（2）以欺骗手段取得资质证书承揽工程的。

（3）允许其他单位或个人以本单位名义承揽工程的。

（4）未在规定期限内办理资质变更手续的。

（5）涂改、伪造、出借、转让建筑业企业资质证书的。

（6）按照国家规定需要持证上岗的技术工种的作业人员未经培训、考核,未取得证书上岗,情节严重的。

2. 承揽业务不良行为认定标准

（1）利用向发包单位及其工作人员行贿、提供回扣或者给予其他好处等不正当手段承揽业务的。

（2）相互串通投标或与招标人串通投标的,以向招标人或评标委员会成员行贿的手段谋取中标的。

（3）以他人名义投标或以其他方式弄虚作假,骗取中标的。

（4）不按照与投标人订立的合同履行义务,情节严重的。

（5）将承包的工程转包或违法分包的。

3. 工程质量不良行为认定标准

（1）在施工中偷工减料的,使用不合格建筑材料、建筑构（配）件和设备的,或者有不按照工程设计图纸或施工技术标准施工的其他行为的。

（2）未按照节能设计进行施工的。

（3）未对建筑材料、建筑构（配）件、设备和商品混凝土进行检测,或未对涉及结构安全的试块、试件以及有关材料取样检测的。

（4）工程竣工验收后,不向建设单位出具质量保修书的,或质量保修的内容、期限违反规定的。

（5）不履行保修义务或者拖延履行保修义务的。

4. 工程安全不良行为认定标准

工程安全不良行为认定标准参见相关标准。

工程安全不良行为认定标准

5. 拖欠工程款或工人工资不良行为认定标准

拖欠工程款或工人工资不良行为认定标准参见相关标准。

注册建造师的不良行为认定标准

3.3.3　建筑市场诚信行为的公布和奖惩机制

1. 建筑市场诚信行为的公布

《建筑市场诚信行为信息管理办法》规定,各级住房和城乡建设主管部门应当完善信用信息公开制度,通过省级建筑市场监管一体化工作平台和全国建筑市场监管公共服务平台,及时公开建筑市场各方主体的信用信息。

公开建筑市场各方主体信用信息不得危及国家安全、公共安全、经济安全和社会稳定,不得泄露国家秘密、商业秘密和个人隐私。

（1）公布的期限。

公布期限如下:①基本信息长期公开;②优良信用信息公开期限一般为 3 年;③不良信用信息公开期限一般为 6 个月至 3 年,并不得低于相关行政处罚期限。

具体公开期限由不良信用信息的认定部门确定。公布内容应与建筑市场监管信息系统中的企业、人员和项目管理数据库相结合,形成信用档案,内部长期保留。省、自治区和直辖市建设行政主管部门负责审查整改结果,对整改确有实效的,由企业提出申请,经批准,可缩短其不良行为记录信息公布期限,但公布期限最短不得少于 3 个月,同时将整改结果列于相应不良行为记录后,供有关部门和社会公众查询;对于拒不整改或整改不力的单位,信息发布部门可延长其不良行为记录信息公布期限。

《招标投标违法行为记录公告暂行办法》规定,国务院有关行政主管部门和省级人民政府有关行政主管部门应自招标投标违法行为行政处理决定作出之日起 20 个工作日内对外进行记录公告。违法行为记录公告期限为 6 个月。依法限制招标投标当事人资质

（资格）等方面的行政处理决定，所认定的限制期限长于 6 个月的，公告期限从其决定。

（2）公布的内容和范围。

《建筑市场诚信行为信息管理办法》规定，属于《全国建筑市场各方主体不良行为记录认定标准》范围的不良行为记录除在当地发布外，还将由住房和城乡建设部统一在全国公布，公布期限与地方确定的公布期限相同，法律、法规另有规定的从其规定。各省、自治区、直辖市建设行政主管部门将确认的不良行为记录在当地发布之日起 7 日内报住房和城乡建设部。通过与工商、税务、纪检、监察、司法、银行等部门建立的信息共享机制，获取的有关建筑市场各方主体不良行为记录的信息，省、自治区、直辖市建设行政主管部门也应参照本规定在本地区统一公布。

各地建筑市场综合监管信息系统，要逐步与全国建筑市场诚信信息平台实现网络互联、信息共享和实时发布。

《招标投标违法行为记录公告暂行办法》规定，对招标投标违法行为所作出的以下行政处理决定应给予公告：①警告；②罚款；③没收违法所得；④暂停或者取消招标代理资格；⑤取消在一定时期内参加依法必须进行招标的项目的投标资格；⑥取消担任评标委员会成员的资格；⑦暂停项目执行或追回已拨付资金；⑧暂停安排国家建设资金；⑨暂停建设项目的审查批准；⑩行政主管部门依法作出的其他行政处理决定。

（3）公告的变更。

《建筑市场诚信行为信息管理办法》规定，对发布有误的信息，由发布该信息的省、自治区和直辖市建设行政主管部门进行修正，根据被曝光单位对不良行为的整改情况，调整其信息公布期限，保证信息的准确和有效。

《招标投标违法行为记录公告暂行办法》规定，被公告的招标投标当事人认为公告记录与行政处理决定的相关内容不符的，可向公告部门提出书面更正申请，并提供相关证据。公告部门接到书面申请后，应在 5 个工作日内进行核对。公告的记录与行政处理决定的相关内容不一致的，应当给予更正并告知申请人；公告的记录与行政处理决定的相关内容一致的，应当告知申请人。公告部门在作出答复前不停止对违法行为记录的公告。

2. 建筑市场诚信行为的奖惩机制

《建筑市场信用管理暂行办法》第 14 条规定，县级以上住房和城乡建设主管部门按照"谁处罚、谁列入"的原则，将存在下列情形的建筑市场各方主体列入建筑市场主体"黑名单"：

（1）利用虚假材料、以欺骗手段取得企业资质的；

（2）发生转包、出借资质，受到行政处罚的；

（3）发生重大及以上工程质量安全事故，或 1 年内累计发生 2 次及以上较大工程质量安全事故，或发生性质恶劣、危害性严重、社会影响大的较大工程质量安全事故，受到行政处罚的；

（4）经法院判决或仲裁机构裁决，认定为拖欠工程款，且拒不履行生效法律文书确定的义务的。

各级住房和城乡建设主管部门应当将列入建筑市场主体"黑名单"和拖欠农民工工资"黑名单"的建筑市场各方主体作为重点监管对象，在市场准入、资质资格管理、招标投标等方面依法给予限制。各级住房和城乡建设主管部门不得将列入建筑市场主体"黑名单"的建筑市场各方主体作为评优表彰、政策试点和项目扶持对象。各级住房和城乡建设主管部门可以将建筑市场主体"黑名单"通报有关部门，实施联合惩戒。

《建筑业企业资质管理规定》中规定，建筑业企业未按照本规定要求提供建筑业企业信用档案信息的，由县级以上地方人民政府建设主管部门或者其他有关部门给予警告，责令限期改正；逾期未改正的，可处以 1000 元以上 1 万元以下的罚款。

3.3.4　建筑市场主体诚信评价的基本规定

《建筑市场诚信行为信息管理办法》规定，省级住房和城乡建设主管部门可以结合本地实际情况，开展建筑市场信用评价工作。鼓励第三方机构开展建筑市场信用评价。

1. 建筑市场信用评价的主要内容

建筑市场信用评价主要包括企业综合实力、工程业绩、招标投标、合同履约、工程质量控制、安全生产、文明施工、建筑市场各方主体优良信用信息及不良信用信息等内容。

2. 信用评价结果的应用

地方各级住房和城乡建设主管部门可以结合本地实际，在行政许可、招标投标、工程担保与保险、日常监管、政策扶持、评优表彰等工作中应用信用评价结果。

省级建筑市场监管一体化工作平台应当公开本地区建筑市场信用评价办法、评价标准及评价结果，接受社会监督。

在 线 练 习

第 3 章
练习巩固题

4　建设工程招标投标法规

【学习要点】

　　掌握必须招标的项目范围和规模;掌握可以不进行招标和邀请招标的情况。熟悉招标人、投标人的资格条件;熟悉潜在投标人或者投标人的资格审查;熟悉招标文件、投标文件的编制;熟悉开标、评标和中标法律制度。了解招标投标备案制度和招标投标的投诉与处理。掌握招标投标活动中的违法行为及其法律责任;熟悉中标无效的情况及其法律后果。能够运用法律法规解释建设工程招标和投标中的现象;能够按照建设工程招标投标法律法规依法从事招标投标活动。

4.1　建设工程招标投标概述

　　建设工程招标投标,是在市场经济条件下进行工程建设项目的发包与承包时,所采用的一种交易方式。采用招标投标方式进行交易活动的最显著特征,是将竞争机制引入交易过程,它具有公平竞争、减少或杜绝行贿受贿等腐败和不正当竞争行为、节省和合理使用资金、保证建设项目质量等明显的优越性。

4.1.1　招标投标的概念和特征

1. 招标投标的概念

　　招标是指招标人对货物、工程和服务事先公布采购的条件和要求,邀请投标人参加投标,招标人按照规定的程序确定中标人的行为。投标是指投标人按照招标人的要求和条件,参加投标竞争的行为。

2. 招标投标的特征

　　(1)公开性。招标人必须将招标活动的程序和结果向所有的投标人公开,使招标活动接受监督。

　　(2)一次性。在招标过程中,投标人递交投标文件到确定中标人之前,招标人不得与投标人就投标价格等实质性内容进行谈判,也不得对标书随意撤回或修改。也就是说,投标人只能一次性报价,不能与招标人讨价还价。

（3）程序的规则性。在招标投标活动中，从招标、投标、开标、评标、中标到签订合同，每个环节都有严格的程序规则。这些规则具有法律约束力，当事人不能任意改变。

（4）公正性。

4.1.2　建设工程招标投标法的概念、原则和适用范围

1. 建设工程招标投标法的概念

建设工程招标投标法是调整在工程建设项目招标投标活动中产生的社会关系的法律规范的总称。主要有《中华人民共和国招标投标法》《中华人民共和国反不正当竞争法》《中华人民共和国建筑法》《评标委员会和评标方法暂行规定》《工程建设项目自行招标试行办法》《房屋建筑和市政基础设施工程施工招标投标管理办法》《工程建设项目施工招标投标办法》《工程建设项目货物招标投标办法》等。

2. 建设工程招标投标法的原则

（1）公开原则。招标投标活动的公开原则，首先要求进行招标活动的信息要公开。无论是招标公告、资格预审公告，还是投标邀请书，都应当载明能大体满足潜在投标人决定是否参加投标竞争所需要的信息。开标的程序、评标的标准和程序、中标的结果等也都应当公开。

（2）公平原则。招标投标活动要求招标人严格按照规定的条件和程序办事，同等地对待每一个投标竞争者，不得对不同的投标竞争者采用不同的标准。招标人不得以任何方式限制或者排斥本地区、本系统以外的法人或者其他组织参加投标。

（3）公正原则。在招标投标活动中招标人行为应当公正，对所有的投标竞争者都应平等对待，不能有特殊。招标人和投标人双方在招标投标活动中的地位平等，任何一方不得向另一方提出不合理的要求，不得将自己的意志强加给对方。

（4）诚实信用原则。诚实信用原则要求招标投标各方都要诚实守信，不得有欺骗、背信的行为。

3. 适用范围

根据招标投标法规定，凡在中华人民共和国境内进行招标投标活动，均适用招标投标法，但是对于利用外资的项目，亦可适用提供资金方对投标的特殊规定。使用国际组织或者外国政府贷款援助资金的项目进行招标，贷款方、资金提供方对招标投标的具体条件和程序有特别规定的，可以使用其规定，但不得违背中华人民共和国的社会公共利益。

由于《中华人民共和国政府采购法》（以下简称《政府采购法》）的颁布实施，除工程建设项目进行招标采购适用《中华人民共和国招标投标法》外，其他的政府采购项目适用《政府采购法》。

4.1.3　建设工程法定招标的范围、招标方式

1. 建设工程必须招标的范围

2017 年 12 月经修改的《中华人民共和国招标投标法》（以下简称《招标投标法》）规定，在中华人民共和国境内进行下列工程建设项目，包括项目的勘察、设计、施工、监理以

及与工程建设有关的重要设备、材料等的采购，必须进行招标：

（1）大型基础设施、公用事业等关系社会公共利益、公众安全的项目；

（2）全部或者部分使用国有资金投资或者国家融资的项目；

（3）使用国际组织或者外国政府贷款、援助资金的项目。

前款所列项目的具体范围和规模标准，由国务院发展计划部门会同国务院有关部门制定，报国务院批准。法律或者国务院对必须进行招标的其他项目的范围有规定的，依照其规定。

2019 年 3 月经修改后的《中华人民共和国招标投标法实施条例》（以下简称《招标投标法实施条例》）指出，工程建设项目是指工程以及与工程建设有关的货物、服务。前款所称工程，是指建设工程，包括建筑物和构筑物的新建、改建、扩建及其相关的装修、拆除、修缮等；所称与工程建设有关的货物，是指构成工程不可分割的组成部分，且为实现工程基本功能所必需的设备、材料等；所称与工程建设有关的服务，是指为完成工程所需的勘察、设计、监理等服务。

2018 年 3 月，国家发展和改革委员会发布的《必须招标的工程项目规定》规定如下。

（1）全部或者部分使用国有资金或者国家融资的项目，包括：①使用预算资金 200 万元人民以上，并且该资金占投资额 10％以上的项目；②使用国有企事业单位资金，并且该资金占控股或者主导地位的项目。

（2）使用国际组织或者外国政府贷款、援助资金的项目，包括：①使用世界银行、亚洲开发银行等国际组织贷款、援助资金的项目；②使用外国政府及其机构贷款、援助资金的项目。

（3）不属于前两条规定情形的大型基础设施、公用事业等关系社会公共利益、公众安全的项目，必须招标的具体范围由国务院发展和改革部门会同国务院有关部门按照确有必要、严格限定的原则制定，报国务院批准。

（4）以上三条规定范围内的项目，其勘察、设计、施工、监理以及与工程建设有关的重要设备、材料等的采购达到下列标准之一的，必须招标：①施工单项合同估算价 400 万元人民币以上；②重要设备及材料和货物的采购，单项合同估算价 200 万元人民币以上；③勘察、设计、监理等单项合同估算价 100 万元人民币以上。同一项目中可以合并进行的勘察、设计、施工、监理以及与工程建设有关的重要设备、材料等的采购，合同估算价合计达到前款规定标准的，必须招标。

2. 可以不进行招标的建设工程项目

《招标投标法》规定，涉及国家安全、国家秘密、抢险救灾或者属于利用扶贫资金实行以工代赈、需要使用农民工等特殊情况，不适宜进行招标的项目，按照国家有关规定可以不进行招标。

《招标投标法实施条例》还规定，除《招标投标法》规定的可以不进行招标的特殊情况外，有下列情形之一的，可以不进行招标：

（1）需要采用不可替代的专利或者专有技术；

（2）采购人依法能够自行建设、生产或者提供；

（3）已通过招标方式选定的特许经营项目投资人依法能够自行建设、生产或者提供；

（4）需要向原中标人采购工程、货物或者服务，否则将影响施工或者功能配套要求；

（5）国家规定的其他特殊情形。

《政府采购法》规定，政府采购工程进行招标投标的，适用招标投标法。《政府采购法实施条例》进一步规定，政府采购工程依法不进行招标的，应当依照政府采购法和本条例规定的竞争性谈判或者单一来源采购方式采购。

《国务院办公厅关于促进建筑业持续健康发展的意见》（国办发〔2017〕19 号）中规定，在民间投资的房屋建筑工程中，探索由建设单位自主决定发包方式。将依法必须招标的工程建设项目纳入统一的公共资源交易平台，遵循公平、公正、公开和诚信的原则，规范招标投标行为。进一步简化招标投标程序，尽快实现招标投标交易全过程电子化，推行网上异地评标。对依法通过竞争性谈判或单一来源方式确定供应商的政府采购工程建设项目，符合相应条件的应当颁发施工许可证。

4.1.4　建设工程招标方式

1. 公开招标和邀请招标

《招标投标法》第 10 条规定，招标方式分为公开招标和邀请招标。

（1）公开招标。

公开招标也称"无限竞争性招标"，是指由招标人以招标公告的方式邀请不特定的法人或者其他组织投标。招标人采用公开招标方式的，应当发布招标公告。依法必须进行招标的工程建设项目的招标公告，应当通过国家指定的报刊、信息网络或者其他媒介发布。

国家发展和改革委员会确定的国家重点建设项目和各省、自治区、直辖市人民政府确定的地方重点建设项目，以及全部使用国有资金投资或者国有资金投资占控股或者主导地位的工程建设项目，应当公开招标。

（2）邀请招标。

邀请招标也称"有限竞争性招标"或"限制性招标"，是指招标方根据自己所掌握的情况，预先确定一定数量的符合招标项目基本要求的潜在投标人并向其发出投标邀请书，由被邀请的潜在投标人参加投标竞争，招标人从中择优确定中标人的一种招标方式。

邀请招标的特点如下：①根据《招标投标法》第 17 条的规定，采用邀请招标方式的招标人应当向 3 个以上的潜在投标人发出投标邀请书；②邀请招标的招标人要以投标邀请书的方式向一定数量的潜在投标人发出投标邀请，只有接受投标邀请书的法人或者其他组织才可以参加投标竞争，其他法人或组织无权参加投标。

（3）邀请招标的范围。

《招标投标法实施条例》第 8 条规定：国有资金占控股或者主导地位的依法必须进行招标的项目，应当公开招标；但有下列情形之一的，可以邀请招标。

①技术复杂、有特殊要求或者受自然环境限制，只有少量潜在投标人可供选择。

②采用公开招标方式的费用占项目合同金额的比例过大。

国家重点建设项目的邀请招标,应当经国家发展和改革委员会批准;地方重点建设项目的邀请招标,应当经各省、自治区、直辖市人民政府批准。全部使用国有资金投资或者国有资金投资占控股或者主导地位的并需要审批的工程建设项目的邀请招标,应当经项目审批部门批准,但项目审批部门只审批立项的,由有关行政监督部门批准。

2. 总承包招标和两阶段招标

《招标投标法实施条例》规定,招标人可以依法对工程以及与工程建设有关的货物、服务全部或者部分实行总承包招标。以暂估价形式包括在总承包范围内的工程、货物、服务属于依法必须进行招标的项目范围且达到国家规定规模标准的,应当依法进行招标。以上所称暂估价,是指总承包招标时不能确定价格而由招标人在招标文件中暂时估定的工程、货物、服务的金额。

《招标投标法实施条例》还规定,对技术复杂或者无法精确拟定技术规格的项目,招标人可以分两阶段进行招标。

第一阶段,投标人按照招标公告或者投标邀请书的要求提交不带报价的技术建议。招标人根据投标人提交的技术建议确定技术标准和要求,编制招标文件。

第二阶段,招标人向在第一阶段提交技术建议的投标人提供招标文件,投标人按照招标文件的要求提交包括最终技术方案和投标报价的投标文件。招标人要求投标人提交投标保证金的,应当在第二阶段提出。

4.1.5 建设工程招标投标交易场所和招标公告发布

《招标投标法实施条例》规定,设区的市级以上地方人民政府可以根据实际需要,建立统一规范的招标投标交易场所,为招标投标活动提供服务。招标投标交易场所不得与行政监督部门存在隶属关系,不得以营利为目的。国家鼓励利用信息网络进行电子招标投标。

根据《招标公告和公示信息发布管理办法》(国家发改委令第 10 号)的规定,依法必须招标项目的招标公告和公示信息(招标公告和公示信息,是指招标项目的资格预审公告、招标公告、中标候选人公示、中标结果公示等信息),除依法需要保密或者涉及商业秘密的内容外,应当按照公益服务、公开透明、高效便捷、集中共享的原则,依法向社会公开。

《招标公告和公示信息发布管理办法》部分内容

依法必须招标项目的招标公告和公示信息应当在"中国招标投标公共服务平台"或者项目所在地省级电子招标投标公共服务平台(以下统一简称"发布媒介")发布。发布媒介应当免费提供依法必须招标项目的招标公告和公示信息发布服务,并允许社会公众和市场主体免费、及时查阅前述招标公告和公示的完整信息。

任何单位和个人认为招标人或其招标代理机构在招标公告和公示信息发布活动中存在违法违规行为的,可以依法向有关行政监督部门投诉、举报;认为发布媒介在招标公告和公示信息发布活动中存在违法违规行为的,根据有关规定可以向相应的省级以上发展和改革部门或其他有关部门投诉、举报。

4.2 建设工程招标

一次完整的招标投标活动,包括招标、投标、开标、评标和中标等环节。招标是整个招标投标过程的第一个环节,也是对投标、评标、定标有直接影响的环节,所以在《招标投标法》中对这个环节确立了一系列明确的规范。

4.2.1 招标人

1. 招标人

《招标投标法》第 8 条规定:招标人是依照本法规定提出招标项目、进行招标的法人或者其他组织。

2. 招标条件

根据《招标投标法》和《工程建设项目施工招标投标办法》的规定,依法必须招标的工程建设项目,应当具备下列条件才能进行施工招标:①招标人已经依法成立;②初步设计及概算应当履行审批手续的,已经批准;③有相应资金或资金来源已经落实;④有招标所需的设计图纸及技术资料。

4.2.2 自行招标和代理招标

从招标行为实施主体的自主性来看,招标有自行招标和代理招标两种。

1. 自行招标

自行招标指的是招标方独自进行的招标活动。招标人自行办理招标事宜,应当具有编制招标文件和组织评标的能力。招标人符合法律规定的自行招标条件的,可以自行办理招标事宜。任何单位和个人不得强制其委托招标代理机构办理招标事宜。

2. 代理招标和招标代理机构

招标人不具备自行招标条件,或者不愿自行招标的,应当委托具有相应条件的专业招标代理机构,由其代理招标人进行招标。代理招标,是指招标代理机构接受招标人的委托,代为办理招标事宜。招标代理机构是依法设立、从事招标代理业务并提供相关服务的社会中介组织。

4.2.3 招标基本程序

招标是招标人从投标人中选择并确定中标人的过程,招标应有一系列的工作程序。招标投标活动应当遵循公开、公平、公正和诚实信用的原则。

建设工程招标的基本程序是履行项目审批手续、委托招标代理机构、编制招标文件及标底、发布招标公告或投标邀请书、资格审查、开标、评标、中标和签订合同,以及终止招标等。

1. 履行项目审批手续

《招标投标法》第9条规定,招标项目按照国家有关规定需要履行项目审批手续的,应当先履行审批手续,取得批准。招标人应当有进行招标项目的相应资金或者资金来源已经落实,并应当在招标文件中如实载明。

2. 委托招标代理机构

招标人有权自行选择招标代理机构,委托其办理招标事宜。任何单位和个人不得以任何方式为招标人指定招标代理机构。

《招标投标法实施条例》规定,招标人具有编制招标文件和组织评标能力,是指招标人具有与招标项目规模和复杂程度相适应的技术、经济等方面的专业人员。

《招标投标法》第13条规定,招标代理机构是依法设立、从事招标代理业务并提供相关服务的社会中介组织。

招标代理机构应当具备下列条件:①有从事招标代理业务的营业场所和相应资金;②有能够编制招标文件和组织评标的相应专业力量;③有符合该法定条件、可以作为评标委员会成员人选的技术、经济等方面的专家库。

招标代理机构在其资格许可和招标人委托的范围内开展招标代理业务,任何单位和个人不得非法干涉。招标代理机构代理招标业务,应当遵守招标投标法和本条例关于招标人的规定。招标代理机构不得在所代理的招标项目中投标或者代理投标,也不得为所代理的招标项目的投标人提供咨询。

3. 编制招标文件、标底及工程量清单计价

招标人应当根据招标项目的特点和需要编制招标文件。招标文件应当包括招标项目的技术要求、对投标人资格审查的标准、投标报价要求和评标标准等所有实质性要求和条件以及拟签订合同的主要条款。国家对招标项目的技术、标准有规定的,招标人应当按照其规定在招标文件中提出相应要求。

招标文件不得要求或者标明特定的生产供应者以及含有倾向或者排斥潜在投标人的其他内容。招标人对已发出的招标文件进行必要的澄清或者修改的,应当在招标文件要求的提交投标文件截止时间至少15日前,以书面形式通知所有招标文件收受人。该澄清或者修改的内容为招标文件的组成部分。

招标人应当确定投标人编制投标文件所需要的合理时间;但是,依法必须进行招标的项目,自招标文件开始发出之日起至投标人提交投标文件截止之日止,最短不得少于20日。

《招标投标法实施条例》第21条规定,招标人可以对已发出的资格预审文件或者招标文件进行必要的澄清或者修改。澄清或者修改的内容可能影响资格预审申请文件或者投标文件编制的,招标人应当在提交资格预审申请文件截止时间至少3日前,或者投标截止时间至少15日前,以书面形式通知所有获取资格预审文件或者招标文件的潜在投标人;不足3日或者15日的,招标人应当顺延提交资格预审申请文件或者投标文件的截止时间。

潜在投标人或者其他利害关系人对资格预审文件有异议的,应当在提交资格预审申请文件截止时间2日前提出;对招标文件有异议的,应当在投标截止时间10日前提出。

招标人应当自收到异议之日起 3 日内作出答复;作出答复前,应当暂停招标投标活动。

招标人编制的资格预审文件、招标文件的内容违反法律、行政法规的强制性规定,违反公开、公平、公正和诚实信用原则,影响资格预审结果或者潜在投标人投标的,依法必须进行招标的项目的招标人应当在修改资格预审文件或者招标文件后重新招标。

招标人对招标项目划分标段的,应当遵守招标投标法的有关规定,不得利用划分标段限制或者排斥潜在投标人。依法必须进行招标的项目的招标人不得利用划分标段规避招标。

招标人应当在招标文件中载明投标有效期。投标有效期从提交投标文件截止之日起算。

招标人可以自行决定是否编制标底。一个招标项目只能有一个标底。标底必须保密。接受委托编制标底的中介机构不得参加受托编制标底项目的投标,也不得为该项目的投标人编制投标文件或者提供咨询。招标人设有最高投标限价的,应当在招标文件中明确最高投标限价或者最高投标限价的计算方法。招标人不得规定最低投标限价。

全部使用国有资金投资或者以国有资金投资为主的建筑工程,应当采用工程量清单计价;非国有资金投资的建筑工程,鼓励采用工程量清单计价。工程量清单应当依据国家制定的工程量清单计价规范、工程量计算规范等编制。工程量清单应当作为招标文件的组成部分。

4. 发布招标公告或投标邀请书

招标人采用公开招标方式的,应当发布招标公告。依法必须进行招标的项目的招标公告,应当通过国家指定的报刊、信息网络或者其他媒介发布。招标公告应当载明招标人的名称和地址、招标项目的性质、数量、实施地点和时间以及获取招标文件的办法等事项。

招标人采用邀请招标方式的,应当向 3 个以上具备承担招标项目的能力、资信良好的特定的法人或者其他组织发出投标邀请书。投标邀请书也应当载明招标人的名称和地址、招标项目的性质、数量、实施地点和时间以及获取招标文件的办法等事项。

招标人可以根据招标项目本身的要求,在招标公告或者投标邀请书中,要求潜在投标人提供有关资质证明文件和业绩情况,并对潜在投标人进行资格审查;国家对投标人的资格条件有规定的,依照其规定。招标人不得以不合理的条件限制或者排斥潜在投标人,不得对潜在投标人实行歧视待遇。

招标人不得向他人透露已获取招标文件的潜在投标人的名称、数量以及可能影响公平竞争的有关招标投标的其他情况。招标人设有标底的,标底必须保密。

招标人应当按照资格预审公告、招标公告或者投标邀请书规定的时间、地点发售资格预审文件或者招标文件。资格预审文件或者招标文件的发售期不得少于 5 日。招标人发售资格预审文件、招标文件收取的费用应当限于补偿印刷、邮寄的成本支出,不得以营利为目的。

5. 资格审查

招标人可以根据招标项目本身的特点和需要,要求潜在投标人或者投标人提供满足其资格要求的文件,对潜在投标人或者投标人进行资格审查。

资格审查分为资格预审和资格后审。

资格预审,是指在投标前对潜在投标人进行的资格审查。

（1）资格预审的原则。

①资格预审应当发布资格预审公告、编制资格预审文件。

招标人采用资格预审办法对潜在投标人进行资格审查的,应当发布资格预审公告、编制资格预审文件。

依法必须进行招标的项目的资格预审公告,应当在国务院发展和改革部门依法指定的媒介发布。在不同媒介发布的同一招标项目的资格预审公告的内容应当一致。指定媒介发布依法必须进行招标的项目的境内资格预审公告,不得收取费用。

编制依法必须进行招标的项目的资格预审文件,应当使用国务院发展和改革部门会同有关行政监督部门制定的标准文本。

②资格预审应当按照资格预审文件载明的标准和方法进行。

招标人不得改变载明的资格条件或者以没有载明的资格条件对潜在投标人或者投标人进行资格审查。资格预审应当按照资格预审文件载明的标准和方法进行。国有资金占控股或者主导地位的依法必须进行招标的项目,招标人应当组建资格审查委员会审查资格预审申请文件。资格审查委员会及其成员应当遵守招标投标法和本条例有关评标委员会及其成员的规定。资格预审结束后,招标人应当及时向资格预审申请人发出资格预审结果通知书。未通过资格预审的申请人不具有投标资格。

③资格预审文件的澄清或者修改。

招标人可以对已发出的资格预审文件进行必要的澄清或者修改。澄清或者修改的内容可能影响资格预审申请文件编制的,招标人应当在提交资格预审申请文件截止时间至少3日前,以书面形式通知所有获取资格预审文件的潜在投标人;不足3日的,招标人应当顺延提交资格预审申请文件的截止时间。

（2）资格预审文件的发售。

招标人应当按照资格预审公告规定的时间、地点发售资格预审文件。资格预审文件的发售期不得少于5日。招标人发售资格预审文件收取的费用应当限于补偿印刷、邮寄的成本支出,不得以营利为目的。

（3）资格预审申请文件的提交。

招标人应当合理确定提交资格预审申请文件的时间。依法必须进行招标的项目提交资格预审申请文件的时间,自资格预审文件停止发售之日起不得少于5日。

（4）资格预审结果通知。

资格预审结束后,招标人应当及时向资格预审申请人发出资格预审结果通知书。未通过资格预审的申请人不具有投标资格,不得参加投标。通过资格预审的申请人少于3个的,应当重新招标。

（5）有异议的资格预审文件的处理。

潜在投标人或者其他利害关系人对资格预审文件有异议的,应当在提交资格预审申请文件截止时间2日前提出;招标人应当自收到异议之日起3日内作出答复;作出答复前,应当暂停招标投标活动。

招标人编制的资格预审文件的内容违反法律、行政法规的强制性规定,违反公开、公平、公正和诚实信用原则,影响资格预审结果的,依法必须进行招标的项目的招标人应当在修改资格预审文件后重新招标。

资格后审,是指在开标后对投标人进行的资格审查。进行资格预审的,一般不再进行资格后审,但招标文件另有规定的除外。

招标人采用资格后审办法对投标人进行资格审查的,应当在开标后由评标委员会按照招标文件规定的标准和方法对投标人的资格进行审查。

招标人不得改变载明的资格条件或者以没有载明的资格条件对潜在投标人进行资格后审。资格后审不合格的投标人的投标应作废标处理。

《招标投标法实施条例》规定,招标人采用资格预审办法对潜在投标人进行资格审查的,应当发布资格预审公告、编制资格预审文件。依法必须进行招标的项目提交资格预审申请文件的时间,自资格预审文件停止发售之日起不得少于 5 日。

6. 开标

开标由招标人主持,邀请所有投标人参加。具体参照"4.4.1 开标"。

7. 评标

评标由招标人依法组建的评标委员会负责。具体参照"4.4.2 评标委员会"。

招标人应当采取必要的措施,保证评标在严格保密的情况下进行。任何单位和个人不得非法干预、影响评标的过程和结果。

8. 中标和签订合同

评标委员会应当按照招标文件确定的评标标准和方法,对投标文件进行评审和比较;设有标底的,应当参考标底。评标委员会完成评标后,应当向招标人提出书面评标报告,并推荐合格的中标候选人。

招标人根据评标委员会提出的书面评标报告和推荐的中标候选人确定中标人。招标人也可以授权评标委员会直接确定中标人。

招标人和中标人应当自中标通知书发出之日起 30 内,按照招标文件和中标人的投标文件订立书面合同。

9. 终止招标

《招标投标法实施条例》第 31 条规定,招标人终止招标的,应当及时发布公告,或者以书面形式通知被邀请的或者已经获取资格预审文件、招标文件的潜在投标人。已经发售资格预审文件、招标文件或者已经收取投标保证金的,招标人应当及时退还所收取的资格预审文件、招标文件的费用,以及所收取的投标保证金及银行同期存款利息。

4.2.4　禁止肢解发包和禁止限制、排斥投标人的规定

1. 禁止肢解发包的规定

肢解发包是指建设单位将本应由一个承包单位整体承建完成的建设工程肢解成若干部分,分别发包给不同承包单位的行为。

《招标投标法》规定,招标项目需要划分标段、确定工期的,招标人应当合理划分标段、确定工期,并在招标文件中载明。《建筑法》还规定,提倡对建筑工程实行总承包,禁止将建筑工程肢解发包。

《建设工程质量管理条例》规定,建设单位不得将建设工程肢解发包。建设单位将建设工程肢解发包的,责令改正,处工程合同价款 0.5％以上 1％以下的罚款;对全部或者部分使用国有资金的项目,并可以暂停项目执行或者暂停资金拨付。

2. 禁止限制、排斥投标人的规定

依法必须进行招标的项目,其招标投标活动不受地区或者部门的限制。任何单位和个人不得违法限制或者排斥本地区、本系统以外的法人或者其他组织参加投标,不得以任何方式非法干涉招标投标活动。

《招标投标法》第 32 条规定,招标人不得以不合理的条件限制、排斥潜在投标人或者投标人。招标人有下列行为之一的,属于以不合理条件限制、排斥潜在投标人或者投标人:①就同一招标项目向潜在投标人或者投标人提供有差别的项目信息;②设定的资格、技术、商务条件与招标项目的具体特点和实际需要不相适应或者与合同履行无关;③依法必须进行招标的项目以特定行政区域或者特定行业的业绩、奖项作为加分条件或者中标条件;④对潜在投标人或者投标人采取不同的资格审查或者评标标准;⑤限定或者指定特定的专利、商标、品牌、原产地或者供应商;⑥依法必须进行招标的项目非法限定潜在投标人或者投标人的所有制形式或者组织形式;⑦以其他不合理条件限制、排斥潜在投标人或者投标人。

招标人不得组织单个或者部分潜在投标人踏勘项目现场。

4.2.5　招标公告和资格预审公告的发布方式及内容

1. 公开招标应当发布招标公告

招标公告是招标人以公告方式邀请不特定的潜在投标人就招标项目参加投标的意思表示。公开招标的招标信息必须通过公告的途径予以通知,使所有合格的投标人都有同等机会了解招标要求。

2. 招标公告的发布方式

《招标投标法实施条例》第 15 条规定,公开招标的项目,应当依照招标投标法和本条例的规定发布招标公告,编制招标文件。

招标人采用资格预审办法对潜在投标人进行资格审查的,应当发布资格预审公告、编制资格预审文件。

依法必须进行招标的项目的资格预审公告和招标公告,应当在国务院发展和改革部门依法指定的媒介发布,在不同媒介发布的同一招标项目的资格预审公告或者招标公告的内容应当一致。指定媒介发布依法必须进行招标的项目的境内资格预审公告、招标公告,不得收取费用。

3. 招标公告的主要内容

(1) 施工招标公告的主要内容。

《工程建设项目施工招标投标办法》第 14 条规定,施工招标的招标公告或者投标邀请书应当至少载明下列内容:①招标人的名称和地址;②招标项目的内容、规模、资金来源;③招标项目的实施地点和工期;④获取招标文件或者资格预审文件的地点和时间;⑤对招标文件或者资格预审文件收取的费用;⑥对投标人的资质等级的要求。

（2）设计招标公告的主要内容。

《建筑工程设计招标投标管理办法》第 7 条规定，设计招标的招标公告或者投标邀请书应当载明招标人的名称和地址、招标项目的基本要求、投标人的资质以及获取要求招标文件的办法等事项。

4.2.6　招标文件的编制和发售

1. 编制招标文件应遵守的原则

（1）招标人应当根据招标项目的特点和需要编制招标文件。招标文件应当包括招标项目的技术要求、对投标人资格审查的标准、投标报价要求和评标标准等所有实质性要求和条件以及拟签订合同的主要条款。

（2）国家对招标项目的技术、标准有规定的，招标人应当按照其规定在招标文件中提出相应要求。

（3）招标项目需要划分标段、确定工期的，招标人应当合理划分标段、确定工期，并在招标文件中载明。

（4）招标文件不得要求或者标明特定的生产供应者以及含有倾向或者排斥潜在投标人的其他内容。

2. 关于时间方面招标文件应遵守的规定

（1）可以澄清、修改招标文件的时间。

《招标投标法》第 23 条规定：招标人对已发出的招标文件进行必要的澄清或者修改的，应当在招标文件要求提交投标文件截止时间至少 15 日前，以书面形式通知所有招标文件收受人。该澄清或者修改的内容为招标文件的组成部分。

（2）确定编制投标文件的时间。

《招标投标法》第 24 条规定：招标人应当确定投标人编制投标文件所需要的合理时间；但是，依法必须进行招标的项目，自招标文件开始发出之日起至投标人提交投标文件截止之日止，最短不得少于 20 日。

（3）确定投标有效期。

投标有效期，是招标文件中规定的投标文件有效期。《招标投标法实施条例》规定：招标人应当在招标文件中载明投标有效期。投标有效期从提交投标文件的截止之日起算。

3. 施工招标文件的编制

根据《工程建设项目施工招标投标办法》，施工招标文件应包括以下主要内容。

①投标邀请书。

②投标人须知，包括工程概况，招标范围，资格审查条件、工程资金来源或者落实情况（包括银行出具的资金证明）、标段划分，工期要求，质量标准，现场踏勘和答疑安排，投标文件编制、提交、修改、撤回的要求，投标报价要求，投标有效期，开标的时间和地点，评标的方法和标准等。

③拟签订合同的主要条款。

④投标文件格式。

⑤招标工程的技术条款和设计文件。

⑥采用工程量清单招标的,应当提供工程量清单。

⑦评标标准和方法。

⑧要求投标人提交的其他辅助材料。如投标保证金或其他形式的担保。

4. 标底及其编制

建筑工程的标底,是指招标人认可的招标项目的预算价格。它由招标人或委托建设行政主管部门批准的具有相应资格和能力的中介机构,根据批准的初步设计、投资概算,依据有关计价办法,参照有关工程定额,结合市场供求状况,综合考虑投资、工期和质量等方面的因素合理确定。

《招标投标法实施条例》第27条规定:招标人可以自行决定是否编制标底。一个招标项目只能有一个标底。标底必须保密。接受委托编制标底的中介机构不得参加受托编制标底项目的投标,也不得为该项目的投标人编制投标文件或者提供咨询。招标人设有最高投标限价的,应当在招标文件中明确最高投标限价或者最高投标限价的计算方法。招标人不得规定最低投标限价。

5. 招标文件的发售

根据《招标投标法实施条例》第16条的规定:招标人应当按照资格预审公告、招标公告或者投标邀请书规定的时间、地点发售资格预审文件或者招标文件。资格预审文件或者招标文件的发售期最短不得少于5日。

招标人发售资格预审文件、招标文件收取的费用应当限于补偿印刷、邮寄的成本支出,不得以营利为目的。

6. 有异议的招标文件的处理

《招标投标法实施条例》第22条规定:潜在投标人或者其他利害关系人对招标文件有异议的,应当在投标截止时间10日前提出。招标人应当自收到异议之日起3日内作出答复;作出答复前,应当暂停招标投标活动。

招标人编制的招标文件的内容违反法律、行政法规的强制性规定,违反公开、公平、公正和诚实信用原则,影响潜在投标人投标的,依法必须进行招标的项目的招标人应当在修改招标文件后重新招标。

4.3　建设工程投标

在招标人以招标公告或者投标邀请书的方式发出招标邀请后,具备承担该招标项目能力的法人或者其他组织即可在招标文件指定的提交投标文件的截止时间之前,向招标人提交投标文件,参加投标竞争。

4.3.1　投标人

1. 投标人

投标人是响应招标、参加投标竞争的法人或者其他组织。

所有对招标公告或投标邀请书感兴趣的并有可能参加投标的人,称为潜在投标人。响应招标,是指潜在投标人获得了招标的信息或者投标邀请书以后购买招标文件,接受资格审查,并编制投标文件,按照招标人的要求参加投标。参加投标竞争是指按照招标文件的要求并在规定的时间内提交投标文件的活动。

按照法律规定,投标人必须是法人或者其他组织,不包括自然人,但是,考虑科研项目的特殊性,法律条文中增加了个人对科研项目投标的规定,个人可以作为投标主体参加科研项目投标活动。这是对科研项目投标的特殊规定。

《招标投标法实施条例》进一步规定,投标人参加依法必须进行招标的项目的投标,不受地区或者部门的限制,任何单位和个人不得非法干涉。与招标人存在利害关系可能影响招标公正性的法人、其他组织或者个人,不得参加投标。单位负责人为同一人或者存在控股、管理关系的不同单位,不得参加同一标段投标或者未划分标段的同一招标项目投标。违反以上规定的,相关投标均无效。

投标人发生合并、分立、破产等重大变化的,应当及时书面告知招标人。投标人不再具备资格预审文件、招标文件规定的资格条件或者其投标影响招标公正性的,其投标无效。

2. 投标人应具备的条件

参加投标活动必须具备一定的条件,不是所有感兴趣的法人或经济组织都可以投标。《招标投标法》第26条规定:投标人应当具备承担招标项目的能力;国家有关规定对投标人资格条件或者招标文件对投标人资格有规定的,投标人应当具备规定的资格条件。

4.3.2　联合体(共同)投标

1. 联合体(共同)投标的概念

联合体(共同)投标指的是某承包单位为了承揽不适于自己单独承包的工程项目而与其他单位联合,以一个投标人的身份参与投标的投标方式。一般适用于大型的或结构复杂的建设项目。

《招标投标法》第31条规定,两个以上法人或者其他组织可以组成一个联合体,以一个投标人的身份共同投标。

2. 联合体投标的联合体应具备的条件

《招标投标法实施条例》第37条对联合体投标作出了如下规定。

(1)招标人应当在资格预审公告、招标公告或者投标邀请书中载明是否接受联合体投标。

(2)招标人接受联合体投标并进行资格预审的,联合体应当在提交资格预审申请文件前组成。资格预审后联合体增减、更换成员的,其投标无效。联合体各方在同一招标项目中以自己名义单独投标或者参加其他联合体投标的,相关投标均无效。

3. 共同投标协议

联合体各方应当签订共同投标协议。明确约定各方拟承担的工作和责任,并将共同投标协议连同投标文件一并提交招标人。

共同投标协议约定了组成联合体各成员单位在联合体中所承担的各自的工作范围,

这个范围的确定也为建设单位判断该成员单位是否具备"相应的资格条件"提供了依据。

共同投标协议约定了组成联合体各成员单位在联合体中所承担的各自的责任,这也为将来可能引发的纠纷的解决提供了必要的依据。因此,共同投标协议对于联合体投标这种投标的形式是非常必要的,也正是基于此,《工程建设项目施工招标投标办法》第50条规定:对于投标联合体没有提交共同投标协议的,评标委员会应当否决其投标。

4. 联合体投标各方的责任义务

(1)联合体各方签订共同投标协议后,不得再以自己名义单独投标,也不得组成新的联合体或参加其他联合体在同一项目中投标。

(2)招标人接受联合体投标并进行资格预审的,联合体应当在提交资格预审申请文件前组成。资格预审后联合体增减、更换成员的,其投标无效。

(3)联合体各方应当指定牵头人,授权其代表所有联合体成员负责投标和合同实施阶段的主办、协调工作,并应当向招标人提交由所有联合体成员法定代表人签署的授权书。

(4)联合体投标的,应当以联合体各方或者联合体中牵头人的名义提交投标保证金。以联合体中牵头人名义提交的投标保证金,对联合体各成员具有约束力。

(5)中标的联合体各方应当共同与招标人签订合同,并就中标项目向招标人承担连带责任。

4.3.3 投标文件的编制

1. 基本要求

《招标投标法》第27条规定,投标人应按照招标文件的要求编制投标文件。投标文件应当对招标文件提出的实质性要求和条件作出响应。

《工程建设项目施工招标投标办法》第36条规定,投标文件应当包括下列内容:①投标函;②投标报价;③施工组织设计;④商务和技术偏差表。投标人根据招标文件载明的项目实际情况,拟在中标后将中标项目的部分非主体、非关键性工作进行分包的,应当在投标文件中载明。

《招标投标法》第27条规定,招标项目属于建设施工的,投标文件的内容应当包括拟派出的项目负责人与主要技术人员的简历、业绩和拟用于完成招标项目的机械设备等。

2. 对投标文件的补充、修改和撤回

《招标投标法》第29条规定,投标人在招标文件要求提交投标的截止时间前,可以补充、修改或者撤回已提交的投标文件,并书面通知招标人。补充、修改内容为投标文件的组成部分。

补充是指对投标文件中遗漏和不足的部分进行增补。修改是指对投标文件中已有的内容进行修订。撤回是指收回全部投标文件,或者放弃投标,或者以新的投标文件重新投标。

《招标投标法实施条例》第35条规定,投标人撤回已提交的投标文件,应当在投标截止时间前书面通知招标人。招标人已收取投标保证金的,应当自收到投标人书面撤回通知之日起 5 日内退还。投标截止后投标人撤销投标文件的,招标人可以不退还投标保证金。

3. 文件的送达和拒收

(1) 投标文件的送达。

《招标投标法》第 28 条规定,投标人应当在招标文件要求提交投标文件的截止时间前,将投标文件送达投标地点。招标人收到投标文件后,应当签收保存,不得开启。投标人少于 3 个的,招标人应当依法重新招标。在招标文件要求提交投标文件的截止时间后送达的投标文件,招标人应当拒收。

(2) 投标文件的拒收。

《招标投标法实施条例》规定,未通过资格预审的申请人提交的投标文件,以及逾期送达或者不按照招标文件要求密封的投标文件,招标人应当拒收。招标人应当如实记载投标文件的送达时间和密封情况,并存档备查。

4.3.4　投标保证金

2016 年 6 月,国务院办公厅发布《关于清理规范工程建设领域保证金的通知》(国办发〔2016〕49 号)规定,对建筑业企业在工程领域中须缴纳的保证金,除依法依规设立的投标保证金、履约保证金、工程质量保证金和农民工工资保证金外,其他保证金一律取消。

在招标投标过程中,如果投标人投标后擅自撤回投标,或者投标被接受后由于投标人的原因不能签订合同,那么招标人就可能遭受损失(如重新进行招标的费用和招标推迟造成的损失等)。因此,招标人可以在招标文件中要求投标人提供投标保证金或其他形式的担保,以防投标人违约,并在投标人违约时得到补偿。

《工程建设项目施工招标投标办法》第 37 条规定,招标人可以在招标文件中要求投标人提交投标保证金。投标保证金除现金外,可以是银行出具的银行保函、保兑支票、银行汇票或现金支票。投标保证金不得超过项目估算价的 2%,但最高不得超过 80 万元人民币。

投标保证金有效期应当超出投标有效期 30 日。投标人应当按照招标文件要求的方式和金额,将投标保证金随投标文件提交给招标人。投标人不按招标文件要求提交投标保证金的,该投标文件将被拒绝,作废标处理。

投标保证金有效期应当与投标有效期一致。依法必须进行招标的项目的境内投标单位,以现金或者支票形式提交的投标保证金应当从其基本账户转出。招标人不得挪用投标保证金。

《招标投标法实施条例》规定,实行两阶段招标的,招标人要求投标人提交投标保证金的,应当在第二阶段提出。招标人终止招标,已经收取投标保证金的,招标人应当及时退还所收取的投标保证金及银行同期存款利息。投标人撤回已提交的投标文件,招标人已收取投标保证金的,应当自收到投标人书面撤回通知之日起 5 日内退还。投标截止后投标人撤销投标文件的,招标人可以不退还投标保证金。

招标人最迟应当在书面合同签订后 5 日内向中标人和未中标的投标人退还投标保证金及银行同期存款利息。

投标保证金被没收的情形有:①投标人在有效期内撤回其投标文件;②中标人未能在规定期限内提交履约保证金或签署合同协议。

4.3.5 招标投标活动中的禁止性规定

2019年4月经修改颁布的《反不正当竞争法》规定,本法所称的不正当竞争行为,是指经营者在生产经营活动中,违反本法规定,扰乱社会竞争秩序,损害其他经营者或者消费者的合法权益的行为。

在建设工程招标投标活动中,投标人的不正当竞争行为主要是以下几个方面。

(1)严厉禁止串通投标。

串通投标包括投标人之间相互串通投标和投标人与招标人之间串通投标。

(2)严厉禁止投标人以行贿手段谋取中标。

(3)严厉禁止投标人以低于成本的价格竞标。

投标人的不正当竞争行为

(4)严厉禁止投标人以他人名义投标或以其他方式弄虚作假,骗取中标。

4.4 开标、评标和中标

开标、评标和中标是招标投标过程中非常重要的环节,是决定投标人能否最后中标的关键阶段,同时,也是最容易产生腐败的一个阶段,对于体现招标投标的公开、公平、公正原则,也具有极其重要的意义。

4.4.1 开标

开标就是招标人依据招标文件的时间、地点,当众开启所有投标人提交的投标文件,公开宣布投标人的姓名、投标报价和其他主要内容的行为。

1. 公开开标

《招标投标法》规定,为了贯彻公开、公平、公正的原则,规定开标应当公开进行,而不得秘密开标。这是法律的强制性规定,任何当事人不得违反或变更。

2. 开标的时间和地点

《招标投标法》第24条规定,开标应当在招标文件确定的提交投标文件截止时间的同一时间公开进行,开标地点应当是招标文件中预先确定的地点。

《招标投标法实施条例》第44条规定,投标人少于3个的,不得开标;招标人应当重新招标。投标人对开标有异议的,应当在开标现场提出,招标人应当当场作出答复,并制作记录。

3. 开标的主持人和参加人

《招标投标法》第35条规定,开标由招标人主持,邀请所有投标人参加。《招标投标法》第 36 条规定,开标时,由投标人或者其推选的代表检查投标文件的密封情况,也可以由招标人委托的公证机构检查并公证;经确认无误后,由工作人员当众拆封,宣读投标人名称、投标价格和投标文件的其他主要内容。开标过程应当记录,并存档备查。

4. 开标程序

开标一般按下列程序进行。

（1）主持人宣布开标开始,宣布参加开标人员名单,以及评标、决标的原则和纪律。

（2）宣布开标后的程序安排。

（3）验证唱标。

（4）开标过程应当记录,并存档备查。开标结束后,应编写一份开标会议纪要,并送有关方面备案。

4.4.2　评标委员会

《招标投标法》《招标投标法实施条例》规定,评标必须由专门的评标委员会来负责,以确保评标结果的科学性和公正性。

1. 评标委员会的组建

评标委员会由招标人负责组建。评标委员会成员名单一般应于开标前确定。

（1）评标委员会的组成。

评标委员会由下列人员组成:①招标人或其委托的招标代理机构中熟悉相关业务的代表;②相关技术方面的专家;③经济方面的专家;④其他方面的专家。

评标委员会成员人数为 5 人以上的单数。其中技术、经济等方面的专家的人数不得少于成员总数的 2/3,以保证各方面专家的人数在评标委员会成员中占绝大多数,充分发挥专家在评标活动中的权威作用,保证评审结论的科学性、合理性。

评标委员会设负责人的,评标委员会负责人由评标委员会成员推举产生或者由招标人确定,评标委员会负责人与评标委员会的其他成员有同等的表决权。

（2）评标委员会专家成员的确定。

《招标投标法实施条例》第 46 条规定,除招标投标法第 37 条第 3 款规定的特殊招标项目外,依法必须进行招标的项目,其评标委员会的专家成员应当从评标专家库内相关专业的专家名单中以随机抽取方式确定。任何单位和个人不得以明示、暗示等任何方式指定或者变相指定参加评标委员会的专家成员。

《招标投标法》第 37 条所称特殊招标项目,是指技术复杂、专业性强或者国家有特殊要求,采取随机抽取方式确定的专家难以保证胜任评标工作的项目。

省级人民政府和国务院有关部门应当组建综合评标专家库。

依法必须进行招标的项目的招标人非因招标投标法和本条例规定的事由,不得更换依法确定的评标委员会成员。更换评标委员会的专家成员应当依照前款规定进行。

招标人应当向评标委员会提供评标所必需的信息,但不得明示或者暗示其倾向或者排斥特定投标人。

评标过程中,评标委员会成员有回避事由、擅离职守或者因健康等原因不能继续评标的,应当及时更换。被更换的评标委员会成员作出的评审结论无效,由更换后的评标委员会成员重新进行评审。

2. 评标专家的条件

评标专家应当具备以下条件:①从事相关专业领域工作满 8 年并具有高级职称或者同等专业水平;②熟悉有关招标投标的法律法规,并具有与招标项目相关的实践经验;③能够认真、公正、诚实、廉洁地履行职责;④身体健康,能够承担评标工作。

3. 评标委员会专家的回避制度

有下列情形之一的,不得担任评标委员会成员:①投标人或者投标人主要负责人的近亲属;②项目主管部门或者行政监督部门的人员;③与投标人有经济利益关系,可能影响投标公正评审的;④曾因在招标、评标以及其他与招标投标有关活动中从事违法行为而受过行政处罚或刑事处罚的。

评标委员会成员有上述情形之一的,应当主动提出回避。

4. 评标委员会成员的行为准则

根据《招标投标法》和《招标投标法实施条例》的规定,评标委员会成员履行职务时应遵守下列准则。

(1) 评标委员会成员应当客观、公正地履行职务,遵守职业道德、对所提出的评审意见承担个人责任。

(2) 评标委员会成员不得私下接触投标人,不得接受投标人的财物或者其他好处。

(3) 评标委员会成员和参与评标的有关工作人员不得透露对投标文件的评审和比较、中标候选人的推荐情况以及与评标有关的其他情况。

4.4.3 评审指标和评标标准

为保证招标投标活动符合公开、公平和公正的原则,评标委员会对各投标竞争者提交的投标文件进行评审、比较的指标和标准,只能是在事先已提供给每一个投标人的招标文件中已载明的评审指标和评标标准,而不能以别的理由为依据。招标文件中规定的评审指标和评标标准应当合理,不得含有倾向或者排斥潜在投标人的内容,不得妨碍或者限制投标人之间的竞争。

1. 评审指标

建设工程施工评标时的评审指标一般设技术标和商务标。

(1) 技术标的设置。

技术标一般指施工组织设计,主要内容应包括施工方案、方法,进度计划,采用新技术、新工艺的可行性,质量、安全施工保证体系与保证措施,现场平面布置,文明施工措施的合理性、可靠性、先进性,主要机具、劳动力配置,项目经理及主要技术、管理人员配备等。

(2) 商务标的设置。

商务标主要包括投标报价、施工工期和工程质量三部分。

2. 评标标准

（1）是否能够最大限度地满足招标文件中规定的各项综合评价标准。

（2）是否能够满足招标文件中的实质性要求，并且经评审的投标价格最低，但投标价格低于成本的除外。

4.4.4　投标评审

1. 评标的准备

招标人或者其委托的招标代理机构应当向评标委员会提供评标所需的重要信息和数据。招标项目设有标底的，标底应当保密，并在评标时作为参考。

2. 投标评审时要注意的问题

评审时，评标委员会成员应当依照《招标投标法》和《招标投标法实施条例》的规定，按照招标文件规定的评标标准和方法，客观、公正地对投标文件提出评审意见。招标文件没有规定的评标标准和方法不得作为评标的依据。

（1）招标项目设有标底的，招标人应当在开标时公布。标底只能作为评标的参考，不得以投标报价是否接近标底作为中标条件，也不得以投标报价超过标底上下浮动范围作为否决投标的条件。

（2）招标文件应当对汇率标准和汇率风险作出规定。未作规定的，汇率风险由投标人承担。

（3）投标文件中的大写金额和小写金额不一致的，以大写金额为准；总价金额与单价金额不一致的，以单价金额为准，但单价金额小数点有明显错误的除外；对不同文字文本投标文件的解释发生异议的，以中文文本为准。

（4）投标文件中有含义不明确的内容、明显文字或者计算错误，评标委员会认为需要投标人作出必要澄清、说明的，应当书面通知该投标人。投标人的澄清、说明应当采用书面形式，并不得超出投标文件的范围或者改变投标文件的实质性内容。

评标委员会不得暗示或者诱导投标人作出澄清、说明，不得接受投标人主动提出的澄清、说明。

3. 投标的否决

（1）否决投标的情形。《招标投标法实施条例》第51条规定，有下列情形之一的，评标委员会应当否决其投标：①投标文件未经投标单位盖章和单位负责人签字；②投标联合体没有提交共同投标协议；③投标人不符合国家或者招标文件规定的资格条件；④同一投标人提交两个以上不同的投标文件或者投标报价，但招标文件要求提交备选投标的除外；⑤投标报价低于成本或者高于招标文件设定的最高投标限价；⑥投标文件没有对招标文件的实质性要求和条件作出响应；⑦投标人有串通投标、弄虚作假、行贿等违法行为。

（2）全部投标的否决。《招标投标法》第42条规定，评标委员会经评审，认为所有投标都不符合招标文件要求的，可以否决全部投标。依法必须进行招标的项目的所有投标被否决的，招标人应当依法重新招标。

投标人资格条件不符合国家有关规定和招标文件要求的,或者拒不按照要求对投标文件进行澄清、说明或者补正的,评标委员会可以否决其投标。

因有效投标不足 3 个使得投标明显缺乏竞争的,评标委员会可以否决全部投标。

4. 评标报告

评标委员会完成评标工作后,应当向招标人提出书面评标报告。评标报告应阐明评标委员会对各投标文件的评审和比较意见,并按照招标文件中规定的评标方法,推荐不超过 3 名有排序的合格的中标候选人或中标候选方案。

4.4.5 中标

1. 推荐中标候选人

根据经评审的最低投标价法,能够满足招标文件的实质性要求,并且经评审的最低投标价的投标,应当推荐为中标候选人。

根据综合评估法,最大限度地满足招标文件中规定的各项综合评价标准的投标,应当推荐为中标候选人。

评标完成后,评标委员会应当向招标人提交书面评标报告和中标候选人名单。中标候选人应当不超过 3 个,并标明排序。评标报告应当由评标委员会全体成员签字。对评标结果有不同意见的评标委员会成员应当以书面形式说明其不同意见和理由,评标报告应当注明该不同意见。评标委员会成员拒绝在评标报告上签字又不书面说明其不同意见和理由的,视为同意评标结果。

2. 确定中标人

在确定中标人之前,招标人不得与投标人就投标价格、投标方案等实质性内容进行谈判。

根据《招标投标法》和《招标投标法实施条例》的有关规定,确定中标人应当遵守如下程序。

(1)依法必须进行招标的项目,招标人应当自收到评标报告之日起 3 日内公示中标候选人,公示期不得少于 3 日。

投标人或者其他利害关系人对依法必须进行招标的项目的评标结果有异议的,应当在中标候选人公示期间提出。招标人应当自收到异议之日起 3 日内作出答复;作出答复前,应当暂停招标投标活动。

(2)招标人应当接受评标委员会推荐的中标候选人,不得在评标委员会推荐的中标候选人之外确定中标人。

(3)中标人的投标应当符合下列条件之一:能够最大限度满足招标文件中规定的各项综合评价标准;能够满足招标文件的实质性要求,并且经评审的投标价格最低;但是投标价格低于成本的除外。

(4)国有资金占控股或者主导地位的依法必须进行招标的项目,招标人应当确定排名第一的中标候选人为中标人。排名第一的中标候选人放弃中标、因不可抗力不能履行合同、不按照招标文件要求提交履约保证金,或者被查实存在影响中标结果的违法行为等情形,不符合中标条件的,招标人可以按照评标委员会提出的中标候选人名单排序依次确定其他中标候选人为中标人,也可以重新招标。

（5）招标人可以授权评标委员会直接确定中标人。国务院对特定招标项目的评标有特别规定的,从其规定。

3. 中标通知书

中标人确定后,招标人应当向中标人发出中标通知书。根据《招标投标法》《招标投标法实施条例》的有关规定,招标人发出中标通知书应当遵守如下规定:

（1）中标候选人的经营、财务状况发生较大变化或者存在违法行为,招标人认为可能影响其履约能力的,应当在发出中标通知书前由原评标委员会按照招标文件规定的标准和方法审查确认。

（2）中标人确定后,招标人应当向中标人发出中标通知书,并同时将中标结果通知所有未中标的投标人。

（3）招标人不得以向中标人提出压低报价、增加工作量、缩短工期或其他违背中标人意愿的要求,依此作为发出中标通知书和签订合同的条件。

（4）中标通知书对招标人和投标人具有法律效力。中标通知书发出后,招标人改变中标结果的,或者中标人放弃中标项目的,应当依法承担法律责任。

4.4.6　招标人和中标人订立合同

1. 签订合同的要求

根据《招标投标法》和《招标投标法实施条例》,招标人和中标人应当自中标通知书发出之日起 30 日内,按照招标文件和中标人的投标文件订立书面合同,合同的标的、价款、质量、履行期限等主要条款应当与招标文件和中标人的投标文件的内容一致。招标人和中标人不得再行订立背离合同实质性内容的其他协议。

《最高人民法院关于审理建设工程施工合同纠纷案件适用法律问题的解释》第 21 条规定,当事人就同一建设工程另行订立的建设工程施工合同与经过备案的中标合同实质性内容不一致的,应当以备案的中标合同作为结算工程价款的根据。因此,招标人和中标人另行签订合同的行为属于违法行为,所签订的合同是无效合同。

招标人最迟应当在书面合同签订后 5 日内向中标人和未中标的投标人退还投标保证金及银行同期存款利息。

2. 履约保证金

招标文件要求中标人提交履约保证金的,中标人应当按照招标文件的要求提交。履约保证金不得超过中标合同金额的 10%。

3. 合同履行

中标人应当按照合同约定履行义务,完成中标项目。中标人不得向他人转让中标项目,也不得将中标项目肢解后分别向他人转让。中标人按照合同约定或者经招标人同意,可以将中标项目的部分非主体、非关键性工作分包给他人完成。接受分包的人应当具备相应的资格条件,并不得再次分包。

中标人应当就分包项目向招标人负责,接受分包的人就分包项目承担连带责任。

4.4.7 招标投标备案制度

《招标投标法》第47条规定,依法必须进行招标的项目,招标人应当自确定中标人之日起15日内,向有关行政监督部门提交招标投标情况的书面报告。

书面报告内容如下:①招标范围;②招标方式和发布招标公告的媒介;③招标文件中投标人须知、技术条款、评标标准和方法、合同主要条款等;④评标委员会的组成和评标报告;⑤中标结果。

4.4.8 重新招标和招标投标投诉

1. 重新招标

评标委员会按照招标文件中规定的评标标准,对每一份投标文件的各项指标进行评审后,如果认为所有的投标都不符合招标文件要求,即所有投标均被否决,或者投标人少于3个,招标人应当依法重新招标。

2. 招标投标投诉

(1)投标人或者其他利害关系人认为招标投标活动不符合法律、行政法规规定的,可以自知道或者应当知道之日起10日内向有关行政监督部门投诉。投诉应当有明确的请求和必要的证明材料。

就资格预审文件、开标的时间和地点、中标候选人事项投诉的,应当先向招标人提出异议,异议答复期间不计算在前款规定的期限内。

(2)投诉人就同一事项向两个以上有权受理的行政监督部门投诉的,由最先收到投诉的行政监督部门负责处理。

行政监督部门应当自收到投诉之日起3个工作日内决定是否受理投诉,并自受理投诉之日起30个工作日内作出书面处理决定;需要检验、检测、鉴定、专家评审的,所需时间不计算在内。投诉人捏造事实、伪造材料或者以非法手段取得证明材料进行投诉的,行政监督部门应当予以驳回。

(3)行政监督部门处理投诉,有权查阅、复制有关文件、资料,调查有关情况,相关单位和人员应当予以配合。必要时,行政监督部门可以责令暂停招标投标活动。

行政监督部门的工作人员对监督检查过程中知悉的国家秘密、商业秘密,应当依法予以保密。

4.5 法 律 责 任

在招标投标活动中有以下违法行为,根据《招标投标法》和《招标投标法实施条例》的规定应承担相应的法律责任。

(1)招标人违法行为应承担的法律责任。

（2）投标人违法行为应当承担的法律责任。

（3）中标人违法行为应承担的法律责任。

（4）招标人与投标人或中标人共同违法行为应承担的法律责任。

（5）招标代理机构及其工作人员违法行为应当承担的法律责任。

（6）评标委员会成员违法行为应承担的法律责任。

（7）国家机关工作人员违法行为应当承担的法律责任。

（8）其他违法行为应当承担的法律责任。

在线练习

第 4 章
练习巩固题

5 建设工程合同和劳动合同法规

【学习要点】

掌握建设工程合同和劳动合同的类型和效力；掌握建设工程合同和劳动合同的订立、履行、变更、解除和终止的相关规定；掌握建设工程合同和劳动合同的违约责任；掌握承揽合同、买卖合同、借款合同、租赁合同、融资租赁合同、运输合同和委托合同等相关合同制度。熟悉建设工程合同担保制度；能解释有效合同的成立要件；能处理无效合同的认定；能按照建设工程合同和劳动合同法律法规签订有效建设工程合同和劳动合同。了解《建设工程施工合同（示范文本）》（GF—2017—0201）的组成和应用。

5.1 建设工程合同制度

5.1.1 建设工程合同的类型和作用

《民法典》规定，合同是民事主体之间设立、变更、终止民事法律关系的协议。

《民法典》规定了建设工程合同、承揽合同、买卖合同、借款合同、租赁合同、融资租赁合同、运输合同和委托合同等与建设工程活动关系密切的相关合同。

建设工程合同是指承包人进行工程建设，发包人支付价款的合同。

1. 建设工程合同的分类

（1）根据工程建设的不同阶段，可以分为勘察合同、设计合同和施工合同。

（2）根据承发包的工程范围，可以分为建设工程总承包合同和分包合同。

（3）根据付款方式，可以分为总价合同、单价合同和成本加酬金合同。

此外，建设工程实行监理的，发包人应当与监理人采用书面的形式订立委托监理合同。

2. 建设工程合同的作用

（1）确立工程目标。

建设工程合同确立了工程实施和工程管理的目标以及与目标相关的所有主要和具体的问题。建设工程合同确立了工程目标的三个方面：工期、质量、投资（成本费用）。

（2）规范双方的经济关系。

合同一经签订，合同双方就结成一定的经济关系。由于合同双方一般都会从自身利益的角度出发思考和分析问题，为达到自己的目的采取的某些策略措施必定会损害对方的利益，妨碍工程的顺利实施。合同正是调节双方关系的重要手段，合同规定了双方的责任、权利和义务，双方都可以利用合同保护自己的利益，限制和制约对方。

（3）确定工程建设双方在工程建设过程中的最高行为规则。

合同一经签订，就具有法律地位，受到法律的制约和保护。只要合同合法，合同双方必须全面履行合同规定的权利和义务。如果不能认真履行自己的责任和义务，甚至单方撕毁合同，则必须接受经济的甚至法律的处罚。除了特殊情况（如不可抗力等因素）使合同不能实现的除外，合同当事人应受法律约束。

（4）协调统一工程各参与者的行为。

（5）合同作为建设过程中解决争执的依据。

5.1.2　建设工程合同订立原则、形式、程序和内容

1. 建设工程合同订立的原则

建设工程合同的订立，应当遵循平等原则、自愿原则、公平原则、诚实信用原则、公序良俗原则。

2. 建设工程合同的法定形式

《民法典》规定，当事人订立合同，可以采用书面形式、口头形式或者其他形式。书面形式是合同书、信件、电报、电传、传真等可以有形地表现所载内容的形式。以电子数据交换、电子邮件等方式能够有形地表现所载内容，并可以随时调取查用的数据电文，视为书面形式。其他形式，可以根据当事人的行为或者特定情形推定合同的成立，可以称为默示合同。

《民法典》规定，建设工程合同应当采取书面形式，并参照国家推荐使用的示范文本，如《建设工程施工合同（示范文本）》（GF—2017—0201）等。

3. 订立建设工程合同的程序

当事人订立合同，可以采取要约、承诺方式或者其他方式。只有掌握了要约、承诺等知识，才能避免合同订立阶段的隐患。

建设工程合同订立的程序可以分为以下四个阶段。

（1）要约邀请。

要约邀请是希望他人向自己发出要约的表示。拍卖公告、招标公告、招股说明书、债券募集办法、基金招募说明书、商业广告和宣传、寄送的价目表等为要约邀请。商业广告和宣传的内容符合要约条件的，构成要约。

（2）要约。

要约是希望与他人订立合同的意思表示，该意思表示应当符合下列条件：①内容具体确定；②表明经受要约人承诺，要约人即受该意思表示约束。作出要约的人称要约人，接受要约的人称受要约人。要约是希望与他人订立合同的意思表示。

在招标投标中，投标人的投标行为属于要约，在直接发包中，建设单位的发包行为属于要约。要约与要约邀请的区别在于，前者的意思表示的内容是具体的、明确的、完整的，

提出了签订合同的条件;后者的意思表示的内容则是不具体、不明确的,所反映的只是签订合同的意向,并未提出签订合同的条件。

（3）承诺。

承诺是指受要约人同意要约的意思表示。承诺应当以通知的方式作出,但是,根据交易习惯或者要约表明可以通过行为作出承诺的除外。要约以信件或者电报作出的,承诺期限自信件载明的日期或者电报交发之日开始计算。信件未载明日期的,自投寄该信件的邮戳日期开始计算。要约以电话、传真、电子邮件等快速通信方式作出的,承诺期限自要约到达受要约人时开始计算。

对直接发包而言,施工单位同意承包工程为承诺。对招标投标而言,招标人发出中标通知书为承诺。以专人送达中标通知书的,承诺自要约人(投标人)签收之日时生效。

（4）签订合同。

《建筑法》规定,建设工程的发包单位与承包单位应当依法订立书面合同,明确双方的权利和义务。《招标投标法》规定,招标人和中标人应当自中标通知书发出之日起 30 日内按照招标文件和中标人的投标文件订立书面合同。

4. 建设工程合同的内容

合同的内容是指合同当事人所享有的权利和应承担的义务。但是,当事人的权利义务是通过合同条款表现出来的,因此,合同的内容即合同的条款。

（1）合同的内容(一般条款)。

合同的内容(一般条款)如下:①当事人的名称或者姓名和住所;②标的;③数量;④质量;⑤价款或者报酬(应规定清楚计算价款或者报酬的方法);⑥履行期限、地点和方式;⑦违约责任(可在合同中约定定金、违约金、赔偿金额以及赔偿金的计算方法等);⑧解决争议的方法。

（2）建设工程施工合同的内容(条款)。

建设工程施工合同的内容(条款)如下:①工程范围;②建设工期;③中间交工工程的开工和竣工时间;④工程质量;⑤工程造价;⑥技术资料交付时间;⑦材料和设备供应责任;⑧拨款和结算;⑨竣工验收;⑩质量保修范围和质量保证期;⑪双方相互协作条款。

5. 建设工程施工合同发承包双方的主要义务

（1）发包人的主要义务。

发包人的主要义务如下:①不得违法发包;②提供必要施工条件;③及时检查隐蔽工程;④及时验收工程;⑤支付工程价款。

（2）承包人的主要义务。

承包人的主要义务如下:①不得转包和违法分包工程;②自行完成建设工程主体结构施工;③接受发包人有关检查;④交付竣工验收合格的建设工程;⑤建设工程质量不符合约定的,无偿修理。

5.1.3 建设工程合同的成立和效力

1. 建设工程合同的成立

（1）合同成立的一般要件。

合同成立的一般要件如下:①存在订约当事人;②订约当事人对主要条款达成一致;

③当事人订立合同,可以采取要约、承诺方式或者其他方式。

（2）合同成立时间。

①当事人采用合同书形式订立合同的,自双方当事人签字或者盖章时合同成立。各方当事人签字或者盖章的时间不在同一时间的,最后一方签字或者盖章时合同成立。

②当事人采用信件、数据电文等形式订立合同的,可以在合同成立之前要求签订确认书。签订确认书时合同成立。

③法律、行政法规规定或者当事人约定采用书面形式订立合同,当事人未采用书面形式,但一方已经履行主要义务并且对方接受的,该合同成立。

④采用合同书形式订立合同,在签字或盖章之前,当事人一方已经履行主要义务并且对方接受的,合同成立,即事实合同。

（3）合同成立地点。

①承诺生效的地点为合同成立的地点。采用数据电文形式订立合同的,收件人的主营业地为合同成立的地点;没有主营业地的,其住所地为合同成立的地点。

②当事人采用合同书形式订立合同的,最后签名、盖章或者按指印的地点为合同成立的地点。

③当事人对合同的成立地点另有约定的,按照其约定。

2. 建设工程合同的生效

依法成立的合同,自成立时生效。

承诺生效时合同成立,但是法律另有规定或者当事人另有约定的除外。

以通知方式作出的承诺,生效的时间适用《民法典》第137条:以对话方式作出的意思表示,相对人知道其内容时生效。以非对话方式作出的意思表示,到达相对人时生效。以非对话方式作出的采用数据电文形式的意思表示,相对人指定特定系统接收数据电文的,该数据电文进入该特定系统时生效;未指定特定系统的,相对人知道或者应当知道该数据电文进入其系统时生效。当事人对采用数据电文形式的意思表示的生效时间另有约定的,按照其约定。

承诺不需要通知的,根据交易习惯或者要约的要求作出承诺的行为时生效。

3. 无效合同

《民法典》规定,具备下列条件的民事法律行为有效:①行为人具有相应的民事行为能力;②意思表示真实;③不违反法律、行政法规的强制性规定,不违背公序良俗。

（1）无效合同的概念。

无效合同,是指合同虽然已经成立,但因合同内容或者形式违反了法律、行政法规的强制性规定和社会公共利益,因而不能产生法律约束力,不受到法律保护的合同。

（2）无效合同的特征。

①具有违法性;②具有不可履行性;③自订立时起就不具有法律效力。

合同无效,可能是全部无效,也可能是部分无效。如果合同部分无效,不影响其他部分效力的,其他部分仍然有效。合同无效,不影响合同中独立存在的有关解决争议方法的条款的效力。

（3）无效合同的类型。

《民法典》规定，有下列情形之一的，合同无效：①一方以欺诈、胁迫的手段订立合同，损害国家利益；②恶意串通，损害国家、集体或者第三人利益；③以合法形式掩盖非法目的；④损害社会公共利益；⑤违反法律、行政法规的强制性规定。

建设工程无效合同的主要情形

（4）无效的免责条款。

免责条款，是指当事人在合同中约定免除或者限制其未来责任的合同条款；免责条款无效，是指没有法律约束力的免责条款。

《民法典》规定，合同中的下列免责条款无效：①造成对方人身伤害的；②因故意或者重大过失造成对方财产损失的。

（5）无效合同的法律后果。

《民法典》规定，无效的合同或者被撤销的合同自始没有法律约束力。合同部分无效，不影响其他部分效力的，其他部分仍然有效。合同无效、被撤销或者终止的，不影响合同中独立存在的有关解决争议方法的条款的效力。

合同无效或者被撤销后，因该合同取得的财产，应当予以返还；不能返还或者没有必要返还的，应当折价补偿。有过错的一方应当赔偿对方因此所受到的损失，双方都有过错的，应当各自承担相应的责任。

（6）无效施工合同的工程款结算。

《民法典》规定，建设工程施工合同无效，但建设工程经验收合格的，可以参照合同关于工程价款的约定折价补偿承包人。

《最高人民法院关于审理建设工程施工合同纠纷案件适用法律问题的解释》规定，建设工程施工合同无效，但建设工程经竣工验收合格，承包人请求参照合同约定支付工程价款的，应予支持；建设工程施工合同无效，且建设工程经竣工验收不合格的，按照以下情形分别处理：①修复后的建设工程经竣工验收合格，发包人请求承包人承担修复费用的，应予支持；②修复后的建设工程经竣工验收不合格，承包人请求支付工程价款的，不予支持。对因建设工程不合格造成的损失，发包人有过错的，也应当承担相应的民事责任。

4. 效力待定合同

（1）效力待定合同的概念。

效力待定合同是指合同虽然已经成立，但因其不完全符合有关生效要件的规定，其合同效力能否发生尚未确定，有待于其他行为或者事实使之确定的合同。

（2）效力待定合同的类型。

《民法典》规定的效力待定合同有以下三种：①限制行为能力人订立的合同；②无权代理人以被代理人名义订立的合同；③无处分权人所订立合同。

5.1.4 建设工程合同的履行、变更、转让、撤销和终止

1. 建设工程合同的履行

《民法典》规定，合同履行是指当事人应当按照约定全面履行自己的义务。当事人应当遵循诚信原则，根据合同的性质、目的和交易习惯履行通知、协助、保密等义务。当事人

在履行合同过程中,应当避免浪费资源、污染环境和破坏生态。

建设工程合同的履行,是指工程建设项目的发包方和承包方根据合同规定的时间、地点、方式、内容及标准等要求,各自完成合同义务的行为。

建设工程合同生效后,当事人不得因姓名、名称的变更或者法定代表人、负责人、承办人的变动而不履行合同义务。

2. 建设工程合同的变更

建设工程合同的变更是指合同成立以后、履行完毕之前,由双方当事人依法对原合同的内容(不含主体)进行修改。

当事人协商一致,可以变更合同。法律、行政法规规定变更合同应当办理批准、登记等手续的,依照其规定。当事人对合同变更的内容约定不明确的,推定为未变更。

3. 建设工程合同的转让

合同的转让是指合同当事人一方依法将其合同中的权利或义务全部或部分转让给他人(第三人)的合法行为。

(1)合同权利(债权)的转让。

《民法典》规定,债权人转让权利的,应当通知债务人。未经通知,该转让对债务人不发生效力。

(2)合同义务(债务)的转让。

《民法典》规定,债务人将合同的义务全部或者部分转移给第三人的,应当经债权人同意。无论是转移全部义务还是部分义务,债务人都需要征得债权人同意。未经债权人同意,债务人转移合同义务的行为对债权人不发生效力。

(3)合同中权利和义务的一并转让。

《民法典》规定,当事人一方经对方同意,可以将自己在合同中的权利和义务一并转让给第三人。权利和义务一并转让,是指合同方当事人将其权利和义务一并转移给第三人,由第三人全部地承受这些权利和义务。只有经对方当事人同意,才能将合同的权利和义务一并转让。如果未经对方同意,一方当事人擅自一并转让权利和义务的,其转让行为无效,对方有权就转让行为对自己造成的损害,追究转让方的违约责任。

4. 可撤销合同

可撤销合同,是指因意思表示不真实,通过有撤销权的机构行使撤销权,使已经生效的意思表示归于无效的合同。

(1)可撤销合同的种类。

可撤销合同的种类如下:①因重大误解订立的合同;②在订立合同时显失公平的合同;③一方以欺诈、胁迫的手段或者乘人之危,使对方在违背真实意思的情况下订立的合同。受损害方有权请求人民法院或者仲裁机构变更或者撤销。当事人请求变更的,人民法院或者仲裁机构不得撤销。

(2)合同撤销权的行使。

《民法典》规定,有下列情形之一的,撤销权消灭。①具有撤销权的当事人自知道或者应当知道撤销事由之日起1年内、重大误解的当事人自知道或者应当知道撤销事由之日起90日内没有没有行使撤销权。②当事人受胁迫,自胁迫行为终止之日起1年内没有行使撤销权。③具有撤销权的当事人知道撤销事由后明确表示或者以自己的行为放弃撤销权。当事人自民事法律行为发生之日起 5 年内没有行使撤销权的,撤销权消灭。

需要注意的是,行使撤销权应当在知道或者应当知道撤销事由之日起 1 年内行使,并应当向人民法院或者仲裁机构申请。

（3）被撤销合同的法律后果。

无效的合同或者被撤销的合同自始没有法律约束力。合同无效、被撤销或者终止的,不影响合同中独立存在的有关解决争议方法的条款的效力。

5. 合同的终止

合同的终止,是指依法生效的合同,因具备法定的或当事人约定的情形,合同的债权、债务归于消灭,债权人不再享有合同的权利,债务人也不必再履行合同的义务。

（1）债权债务终止。

《民法典》规定,有下列情形之一的,债权债务终止:①债务已经履行;②债务相互抵消;③债务人依法将标的物提存;④债权人免除债务;⑤债权债务同归于一人;⑥法律规定或者当事人约定终止的其他情形。

合同解除的,该合同的权利义务关系终止。

（2）合同的解除。

合同解除是指当具备解除条件时,因合同当事人一方或双方意思表示,使有效成立的合同效力消灭的行为。

合同的解除的种类有约定解除合同和法定解除合同。

5.1.5 建设工程合同的违约责任

1. 建设工程合同的违约责任

违约责任是指合同当事人不履行合同或者履行合同不符合约定而应承担的民事责任。

违约责任的法律特征:违约责任是一种民事责任;具有相对性;具有补偿性等。

2. 承担违约责任的种类

承担违约责任的种类主要有继续履行、采取补救措施、支付违约金或定金、赔偿损失等。

（1）继续履行。

《民法典》规定,当事人一方未支付价款或者报酬的,对方可以要求其支付价款或者报酬。

（2）采取补救措施。

质量不符合规定的,应当按约定承担违约责任。受损害方可合理要求对方承担修理、更换、重作、退货、减少价款或者报酬等责任。

（3）支付违约金或定金。

违约金有法定违约金和约定违约金两种:由法律规定的违约金为法定违约金;由当事人约定的违约金为约定违约金,

《民法典》规定,当事人可以约定一方违约时应当根据违约情况向对方支付一定数额的违约金,也可以约定因违约产生的损失赔偿额的计算方法。

约定的违约金低于造成的损失的,当事人可以请求人民法院或者仲裁机构予以增加;约定的违约金过分高于造成的损失的,当事人可以请求人民法院或者仲裁机构予以适当减少。

当事人可以约定一方向对方给付定金作为债权的担保。债务人履行债务后,定金应当抵作价款或者收回。给付定金的一方不履行约定的债务的,无权要求返还定金;收受定金的一方不履行约定的债务的,应当双倍返还定金。

当事人既约定违约金,又约定定金的,一方违约时,对方可以选择适用违约金或者定金条款。

(4)赔偿损失。

《民法典》规定,当事人一方不履行合同义务或者履行合同义务不符合约定,给对方造成损失的,损失赔偿额应当相当于因违约所造成的损失,包括合同履行后可以获得的利益,但不得超过违反合同一方订立合同时预见到或者应当预见到的因违反合同可能造成的损失。

赔偿损失分为约定赔偿损失与法定赔偿损失。

3. 违约责任的免除

违约责任免除,是指在履行合同的过程中,因出现法定的免责条件或者合同约定的免责事由导致合同不履行的,合同债务人将被免除合同履行义务。《民法典》仅承认不可抗力为法定的免责事由。

《民法典》规定,因不可抗力不能履行合同的,根据不可抗力的影响,部分或者全部免除责任,但法律另有规定的除外。当事人迟延履行后发生不可抗力的,不能免除责任。

上述法条中的不可抗力,是指不能预见、不能避免并且不能克服的客观情况。不可抗力包括如下情况:①自然事件,如地震、洪水、火山爆发、海啸等;②社会事件,如战争、暴乱、骚乱、特定的政府行为等。

根据《民法典》规定:因不可抗力不能履行合同的,应当及时通知对方,以减轻可能给对方造成的损失,并应当在合理期限内提供证明。

5.1.6 《建设工程施工合同(示范文本)》(GF—2017—0201)简介

《民法典》规定,当事人可以参照各类合同的示范文本订立合同。

1. 合同示范文本的作用

合同示范文本,是指由规定的国家机关事先拟定的对当事人订立合同起示范作用的合同文本。多年的实践表明,如果缺乏合同示范文本,一些当事人签订的合同不规范,条款不完备,漏洞较多,将给合同履行带来很大困难,不仅影响合同履约率,还导致合同纠纷增多,解决纠纷的难度增大。

国务院建设行政主管部门和国务院工商行政管理部门,相继制定了建设工程勘察合同、设计合同、委托监理合同、施工合同、施工劳务分包合同的示范文本。

2. 建设工程合同示范文本的组成

《建设工程施工合同(示范文本)》(GF—2017—0201)由合同协议书、通用合同条款、专用合同条款三部分组成。

3. 合同示范文本的法律地位

合同示范文本对当事人订立合同起参考作用,但不要求当事人必须采用合同示范文本,即合同的成立与生效同当事人是否采用合同示范文本有直接关系。合同示范文本具有引导性、参考性,但无法律强制性,为非强制性使用文本。

5.2　劳动合同及劳动者权益保护制度

2007 年全国人大常委会通过《中华人民共和国劳动合同法》(以下简称《劳动合同法》)。2012 年对《劳动合同法》部分内容进行了修订。

《劳动合同法》适于我国境内的企业、个体经济组织、民办非企业单位等组织与劳动者建立劳动关系,订立、履行、变更、解除或者终止劳动合同。该法也适用于国家机关、事业单位、社会团体和与其建立劳动关系的劳动者,订立、履行、变更、解除或者终止劳动合同。

5.2.1　劳动合同订立的规定

1. 订立劳动合同的原则

《劳动合同法》第 3 条规定,订立劳动合同,应当遵循合法、公平、平等自愿、协商一致、诚实信用的原则。依法订立的劳动合同具有约束力,用人单位与劳动者应当履行劳动合同约定的义务。

用人单位招用劳动者,不得要求劳动者提供担保或者以其他名义向劳动者收取财物;不得扣押劳动者的居民身份证或者其他证件。

2. 劳动合同的种类

劳动合同的种类分为固定期限劳动合同、无固定期限劳动合同和以完成一定工作任务为期限的劳动合同。

(1)固定期限劳动合同。

固定期限劳动合同,是指用人单位与劳动者约定合同终止时间的劳动合同。

劳动合同双方当事人在劳动合同中明确规定了合同效力的起始和终止的时间。劳动合同期限届满,劳动关系即告终止。固定期限劳动合同可以是 1 年、2 年,也可以是 5 年、10 年,甚至更长时间。

(2)无固定期限劳动合同。

无固定期限劳动合同,是指用人单位与劳动者约定无确定终止时间的劳动合同。用人单位与劳动者协商一致,可以订立无固定期限劳动合同。

有下列情形之一,劳动者提出或者同意续订、订立劳动合同的,除劳动者提出订立固定期限劳动合同外,应当订立无固定期限劳动合同:①劳动者在该用人单位连续工作满 10 年的;②用人单位初次实行劳动合同制度或者国有企业改制重新订立劳动合同时,劳动者在该用人单位连续工作满 10 年且距法定退休年龄不足 10 年的;③连续订立 2 次固定期限劳动合同,且劳动者没有《劳动合同法》第 39 条和第 40 条第 1 项、第 2 项规定的情形,续订劳动合同的。

无确定终止时间的劳动合同并不是没有终止时间,一旦出现了法定的解除情形(如到了法定退休年龄)或者双方协商一致解除的,无固定期限劳动合同同样可以解除。

注意:用人单位自用工之日起满 1 年不与劳动者订立书面劳动合同的,则视为用人单位与劳动者已订立无固定期限劳动合同。

(3)以完成一定工作任务为期限的劳动合同。

以完成一定工作任务为期限的劳动合同,是指用人单位与劳动者约定以某项工作的完成为合同期限的劳动合同。

3. 劳动合同的基本条款

《劳动合同法》第 17 条规定,劳动合同应当具备以下条款。

①用人单位的名称、住所和法定代表人或者主要负责人;②劳动者的姓名、住址和居民身份证或者其他有效身份证件号码;③劳动合同期限;④工作内容和工作地点;⑤工作时间和休息休假;⑥劳动报酬;⑦社会保险;⑧劳动保护、劳动条件和职业危害防护;⑨法律、法规规定应当纳入劳动合同的其他事项。

《中华人民共和国劳动合同法》目录及部分内容

劳动合同除上述规定的必备条款外,用人单位与劳动者可以约定试用期、培训、保守秘密、补充保险和福利待遇等其他事项。

4. 劳动报酬的规定

《劳动合同法》第 18 条规定,劳动合同对劳动报酬和劳动条件等标准约定不明确,引发争议的,用人单位与劳动者可以重新协商;协商不成的,适用集体合同规定;没有集体合同或者集体合同未规定劳动报酬的,实行同工同酬;没有集体合同或者集体合同未规定劳动条件等标准的,适用国家有关规定。

5. 试用期的规定

《劳动合同法》第 19 条对试用期作出相关的规定,总结如下:

①劳动合同期限 3 个月以上不满 1 年的,试用期不得超过 1 个月;

②劳动合同期限 1 年以上不满 3 年的,试用期不得超过 2 个月;

③3 年以上固定期限和无固定期限的劳动合同,试用期不得超过 6 个月;

④同一用人单位与同一劳动者只能约定 1 次试用期;

⑤以完成一定工作任务为期限的劳动合同或者劳动合同期限不满 3 个月的,不得约定试用期;

⑥试用期包含在劳动合同期限内;

⑦劳动合同仅约定试用期的,试用期不成立,该期限为劳动合同期限。

《劳动合同法》第 20 条规定,劳动者在试用期的工资不得低于本单位相同岗位最低档工资或者劳动合同约定工资的 80%,并不得低于用人单位所在地的最低工资标准。

6. 劳动合同的生效与无效

(1)劳动合同生效的时间。

用人单位自用工之日起即与劳动者建立劳动关系。用人单位应当建立职工名册备查。

建立劳动关系,应当订立书面劳动合同。已建立劳动关系,未同时订立书面劳动合同的,应当自用工之日起1个月内订立书面劳动合同。用人单位与劳动者在用工前订立劳动合同的,劳动关系自用工之日起建立。

（2）劳动合同的形式。

合同有书面形式、口头形式和其他形式。按照《劳动合同法》的规定,除了非全日制用工（即以小时计酬为主,劳动者在同一用人单位一般平均每天工作时间不超过4小时,每周工作时间累计不超过24小时的用工形式）可以订立口头协议外,建立劳动关系应当订立书面劳动合同。如果没有订立书面合同,不订立书面合同的一方将要承担相应的法律后果。

劳动合同由用人单位与劳动者协商一致,并经用人单位与劳动者在劳动合同文本上签字或者盖章生效。劳动合同文本由用人单位和劳动者各执一份。

双方当事人签字或者盖章时间不一致的,以最后一方签字或者盖章的时间为准;如果一方没有写签字时间,则另一方写明的签字时间就是合同生效时间。

（3）劳动合同无效或者部分无效。

《劳动合同法》第26条规定,下列劳动合同无效或者部分无效:①以欺诈、胁迫的手段或者乘人之危,使对方在违背真实意思的情况下订立或者变更劳动合同的;②用人单位免除自己的法定责任、排除劳动者权利的;③违反法律、行政法规强制性规定的。

对于部分无效的劳动合同,只要不影响其他部分效力的,其他部分仍然有效。劳动合同被确认无效,劳动者已付出劳动的,用人单位应当向劳动者支付劳动报酬。

7. 集体合同

企业职工一方与用人单位通过平等协商,可以就劳动报酬、工作时间、休息休假、劳动安全卫生、保险福利等事项订立集体合同。集体合同草案应当提交职工代表大会或者全体职工讨论通过。

集体合同由工会代表企业职工一方与用人单位订立。

集体合同中劳动报酬和劳动条件等标准不得低于当地人民政府规定的最低标准;用人单位与劳动者订立的劳动合同中劳动报酬和劳动条件等标准不得低于集体合同规定的标准。

5.2.2 劳动合同的履行、变更、解除和终止

1. 劳动合同的履行

劳动合同的履行是用人单位与劳动者应当按照劳动合同的约定,全面履行各自的义务。

用人单位应当按照劳动合同约定和国家规定,向劳动者及时足额支付劳动报酬。用人单位拖欠或者未足额支付劳动报酬的,劳动者可以依法向当地人民法院申请支付令,人民法院应当依法发出支付令。

劳动者拒绝用人单位管理人员违章指挥、强令冒险作业的,不视为违反劳动合同。劳动者对危害生命安全和身体健康的劳动条件,有权对用人单位提出批评、检举和控告。

用人单位变更名称、法定代表人、主要负责人或者投资人等事项,不影响劳动合同的履行。用人单位发生合并或者分立等情况,原劳动合同继续有效,劳动合同由承继其权利和义务的用人单位继续履行。

2. 劳动合同的变更

用人单位与劳动者协商一致,可以变更劳动合同约定的内容。变更劳动合同,应当采用书面形式。变更后的劳动合同文本由用人单位和劳动者各执一份。

3. 劳动合同的解除

劳动合同的解除是指合同当事人双方在劳动合同期限届满之前依法提前终止劳动合同的法律行为。

(1)协商解除。

用人单位与劳动者协商一致,可以解除劳动合同。

劳动者提前 30 日以书面形式通知用人单位,可以解除劳动合同。劳动者在试用期内提前 3 日通知用人单位,可以解除劳动合同。

(2)劳动者可以单方解除劳动合同。

《劳动合同法》规定,用人单位有下列情形之一的,劳动者可以解除劳动合同:①未按照劳动合同约定提供劳动保护或者劳动条件的;②未及时足额支付劳动报酬的;③未依法为劳动者缴纳社会保险费的;④用人单位的规章制度违反法律、法规的规定,损害劳动者权益的;⑤以欺诈、胁迫的手段或者乘人之危,使对方在违背真实意思的情况下订立或者变更劳动合同的;⑥法律、行政法规规定劳动者可以解除劳动合同的其他情形。

(3)劳动者可以立即解除劳动合同。

用人单位以暴力、威胁或者非法限制人身自由的手段强迫劳动者劳动的,或者用人单位违章指挥、强令冒险作业危及劳动者人身安全的,劳动者可以立即解除劳动合同,不需事先告知用人单位。

(4)用人单位可以解除劳动合同。

《劳动合同法》第 39 条规定,劳动者有下列情形之一的,用人单位可以解除劳动合同:①在试用期间被证明不符合录用条件的;②严重违反用人单位的规章制度的;③严重失职,徇私舞弊,给用人单位造成重大损害的;④劳动者同时与其他用人单位建立劳动关系,对完成本单位的工作任务造成严重影响,或者经用人单位提出,拒不改正的;⑤因本法第 26 条第 1 款第 1 项规定的情形致使劳动合同无效的;⑥被依法追究刑事责任的。

《劳动合同法》第 40 条规定,有下列情形之一的,用人单位提前 30 日以书面形式通知劳动者本人或者额外支付劳动者一个月工资后,可以解除劳动合同:①劳动者患病或者非因工负伤,在规定的医疗期满后不能从事原工作,也不能从事由用人单位另行安排的工作的;②劳动者不能胜任工作,经过培训或者调整工作岗位,仍不能胜任工作的;③劳动合同订立时所依据的客观情况发生重大变化,致使劳动合同无法履行,经用人单位与劳动者协商,未能就变更劳动合同内容达成协议的。

用人单位经济性裁员解除。经济性裁员是指用人单位由于经营不善等经济原因,一次性辞退部分劳动者的情形。经济性裁员仍属用人单位单方解除劳动合同,但需要符合《劳动合同法》相关规定。

（5）用人单位不得解除劳动合同。

《劳动合同法》第42条规定，劳动者有下列情形之一的，用人单位不得依照本法第40条、第41条的规定解除劳动合同：①从事接触职业病危害作业的劳动者未进行离岗前职业健康检查，或者疑似职业病病人在诊断或者医学观察期间的；②在本单位患职业病或者因工负伤并被确认丧失或者部分丧失劳动能力的；③患病或者非因工负伤，在规定的医疗期内的；④女职工在孕期、产期、哺乳期的；⑤在本单位连续工作满15年，且距法定退休年龄不足5年的；⑥法律、行政法规规定的其他情形。

4. 劳动合同的终止

劳动合同的终止：劳动合同期满或者出现法定情形以及当事人约定的情形而导致劳动合同的效力消灭。

《劳动合同法》第44条规定，有下列情形之一的，劳动合同终止：①劳动合同期满的；②劳动者开始依法享受基本养老保险待遇的；③劳动者死亡，或者被人民法院宣告死亡或者宣告失踪的；④用人单位被依法宣告破产的；⑤用人单位被吊销营业执照、责令关闭、撤销或者用人单位决定提前解散的；⑥法律、行政法规规定的其他情形。

5. 终止劳动合同的经济补偿

经济补偿的标准，按劳动者在本单位工作的年限，每满1年支付1个月工资的标准向劳动者支付。6个月以上不满1年的，按1年计算；不满6个月的，向劳动者支付半个月工资的经济补偿。劳动者月工资高于用人单位所在直辖市、设区的市级人民政府公布的本地区上年度职工月平均工资3倍的，向其支付经济补偿的标准按职工月平均工资3倍的数额支付，向其支付经济补偿的年限最高不超过12年。月工资是指劳动者在劳动合同解除或者终止前12个月的平均工资。

5.2.3 劳务派遣的规定

1. 劳务派遣

劳务派遣，也称劳动力派遣、劳动派遣或人才租赁，是指依法设立的劳务派遣单位与劳动者订立劳动合同，依据与接受劳务派遣单位（即实际用工单位）订立的劳务派遣协议，将劳动者派遣到实际用工单位工作，由派遣单位向劳动者支付工资、福利及社会保险费用，实际用工单位提供劳动条件并按照劳务派遣协议支付用工费用的新型用工方式。其显著特征是劳动者的聘用与使用分离。

2. 劳务派遣单位

《劳动合同法》规定，劳动合同用工是我国的企业基本用工形式。劳务派遣用工是补充形式，只能在临时性、辅助性或者替代性的工作岗位上实施。前款规定的临时性工作岗位是指存续时间不超过六个月的岗位；辅助性工作岗位是指为主营业务岗位提供服务的非主营业务岗位；替代性工作岗位是指用工单位的劳动者因脱产学习、休假等原因无法工作的一定期间内，可以由其他劳动者替代工作的岗位。

劳务派遣单位是《劳动合同法》中所称的用人单位，应当依法履行用人单位对劳动者的义务。

3. 劳动合同与劳务派遣协议

劳务派遣单位与被派遣劳动者应当订立劳动合同。该劳动合同除应当载明《劳动合同法》第 17 条规定的事项外,还应当载明被派遣劳动者的用工单位以及派遣期限、工作岗位等情况。

劳务派遣单位应当与被派遣劳动者订立 2 年以上的固定期限劳动合同,按月支付劳动报酬;被派遣劳动者在无工作期间,劳务派遣单位应当按照所在地人民政府规定的最低工资标准,向其按月支付报酬。

劳务派遣单位派遣劳动者应当与接受以劳务派遣形式用工的单位(以下称用工单位)订立劳务派遣协议。劳务派遣协议应当约定派遣岗位和人员数量、派遣期限、劳动报酬和社会保险费的数额与支付方式以及违反协议的责任。用工单位应当根据工作岗位的实际需要与劳务派遣单位确定派遣期限,不得将连续用工期限分割订立数个短期劳务派遣协议。

劳务派遣单位应当将劳务派遣协议的内容告知被派遣劳动者。劳务派遣单位不得克扣用工单位按照劳务派遣协议支付给被派遣劳动者的劳动报酬。劳务派遣单位和用工单位不得向被派遣劳动者收取费用。

4. 被派遣劳动者

《劳动合同法》第 63 条规定,被派遣劳动者享有与用工单位的劳动者同工同酬的权利。用工单位无同类岗位劳动者的,参照用工单位所在地相同或者相近岗位劳动者的劳动报酬确定。

《劳动合同法》第 61 条规定,劳务派遣单位跨地区派遣劳动者的,被派遣劳动者享有的劳动报酬和劳动条件,按照用工单位所在地的标准执行。

《劳动合同法》第 64 条规定,被派遣劳动者有权在劳务派遣单位或者用工单位依法参加或者组织工会,维护自身的合法权益。

被派遣劳动者可以依照《劳动合同法》的规定与劳务派遣单位解除劳动合同。

5. 用工单位

《劳动合同法》第 62 条规定,用工单位应当履行下列义务:①执行国家劳动标准,提供相应的劳动条件和劳动保护;②告知被派遣劳动者的工作要求和劳动报酬;③支付加班费、绩效奖金,提供与工作岗位相关的福利待遇;④对在岗被派遣劳动者进行工作岗位所必需的培训;⑤连续用工的,实行正常的工资调整机制。用工单位不得将被派遣劳动者再派遣到其他用人单位。

被派遣劳动者有该法第 39 条和第 40 条第 1 项、第 2 项规定情形的,用工单位可以将劳动者退回劳务派遣单位,劳务派遣单位依照该法有关规定,可以与劳动者解除劳动合同。

6. 违法行为

《劳动合同法》第 92 规定,违反本法规定,未经许可,擅自经营劳务派遣业务的,由劳动行政部门责令停止违法行为,没收违法所得,并处违法所得 1 倍以上 5 倍以下的罚款;没有违法所得的,可以处 5 万元以下的罚款。

5.2.4 劳动保护

1994 年全国人大常委会通过《中华人民共和国劳动法》(以下简称《劳动法》)。2009 年对《劳动法》进行了第 1 次修正。2018 年对《劳动法》进行了第 2 次修正。

《劳动法》对劳动者的工作时间、休息休假、工资、劳动安全卫生、女职工和未成年工特殊保护、社会保险和福利等作了法律规定。

1. 劳动者的工作时间

工作时间(又称劳动时间),是指法律规定的劳动者在一昼夜和一周内从事生产、劳动或工作的时间。

《劳动法》第 36 条规定,国家实行劳动者每日工作时间不超过 8 小时、平均每周工作时间不超过 44 小时的工时制度。

另据《国务院关于职工工作时间的规定》中规定,自 1995 年 5 月 1 日起,职工每日工作 8 小时,每周工作 40 小时。

《劳动法》第 38 条规定,用人单位应当保证劳动者每周至少休息 1 日。

(1) 缩短工作时间。《国务院关于职工工作时间的规定》第 4 条规定,在特殊条件下从事劳动和有特殊情况,需要适当缩短工作时间的,按照国家有关规定执行。目前,我国实行缩短工作时间的主要是:从事矿山、高山、有毒、有害、特别繁重和过度紧张的体力劳动职工,以及纺织、化工、建筑冶炼、地质勘探、森林采伐、装卸搬运等行业或岗位的职工;从事夜班工作的劳动者;在哺乳期工作的女职工;16 至 18 岁的未成年劳动者等。

(2) 不定时工作制。原劳动部《关于企业实行不定时工作制和综合计算工时工作制的审批办法》中规定,企业对符合下列条件之一的职工,可以实行不定时工作制:①企业中的高级管理人员、外勤人员、推销人员、部分值班人员和其他因工作无法按标准工作时间衡量的职工;②企业中的长途运输人员、出租汽车司机和铁路、港口、仓库的部分装卸人员以及因工作性质特殊,需机动作业的职工;③其他因生产特点、工作特殊需要或职责范围的关系,适合实行不定时工作制的职工。

(3) 综合计算工时,即分别以周、月、季、年等为周期综合计算工作时间,但其平均日工作时间和平均周工作时间应与法定标准工作时间基本相同。按规定,企业对交通、铁路等行业中因工作性质特殊需连续作业的职工,地质及资源勘探、建筑等受季节和自然条件限制的行业的部分职工等,可实行综合计算工时工作制。

(4) 计件工资。对实行计件工作的劳动者,用人单位应当根据《劳动法》第 36 条规定的工时制度合理确定其劳动定额和计件报酬标准。

2. 劳动者的休息休假

休息休假(又称休息时间),是指劳动者在国家规定的法定工作时间外,不从事生产、劳动或工作而由自己自行支配的时间,包括劳动者每天休息的时数、每周休息的天数、节假日、年休假、探亲假等。

《劳动法》第 40 条规定,用人单位在下列节日期间应当依法安排劳动者休假:①元旦;②春节;③国际劳动节;④国庆节;⑤法律、法规规定的其他休假节日。

目前,法律、法规规定的其他休假节日有:全体公民放假的节日是清明节、端午节和中秋节;部分公民放假的节日及纪念日是妇女节、青年节、儿童节、中国人民解放军建军纪念日。

用人单位由于生产经营需要,经与工会和劳动者协商可以延长工作时间,一般每日不得超过1小时;因特殊原因需要延长工作时间的,在保障劳动者身体健康的条件下延长工作时间每日不得超过3小时,但是每月不得超过36小时。在发生自然灾害、事故等需要紧急处理,或者生产设备、交通运输线路、公共设施发生故障必须及时抢修等法律、行政法规规定的特殊情况的,延长工作时间不受上述限制。

《劳动法》第44条规定,有下列情形之一的,用人单位应当按照下列标准支付高于劳动者正常工作时间工资的工资报酬:①安排劳动者延长时间的,支付不低于工资的150%的工资报酬;②休息日安排劳动者工作又不能安排补休的,支付不低于工资的200%的工资报酬;③法定休假日安排劳动者工作的,支付不低于工资的300%的工资报酬。

《劳动法》第45条规定,国家实行带薪年休假制度。劳动者连续工作1年以上的,享受带薪年休假。此外,劳动者按有关规定还可以享受探亲假、婚丧假、生育(产)假、节育手术假等。具体办法由国务院规定。

【案例】

1. 背景

2007年8月,张某和王某进入某公司担任搬运工。年底,该公司因工作量增大,要求员工加班。张某和王某上班时间从早上8点到晚上12点,除去1小时吃饭时间,每天工作时间平均为14个小时,其中加班时间为6个小时。此外,公司还要求张某和王某等员工在元旦和周六、周日加班,但公司未向加班员工支付加班费。1个月下来,员工们精疲力竭,要求公司解决问题。但该公司负责人说,年底工作量大,加班也是没有办法的事情,对员工的要求置之不理。于是,张某、王某向当地劳动监察部门举报,要求纠正该公司的违法行为,保护其合法权益。

2. 问题

(1)该公司的行为违反了《劳动合同法》的哪些规定?

(2)若该公司不向张某和王某支付加班费应受到何种处罚?

3. 分析

(1)该公司违反了《劳动合同法》第17条、第31条的规定。《劳动合同法》第17条中明确将工作时间和休息时间作为劳动合同的必备条款。《劳动合同法》第31条规定,用人单位应当严格执行劳动定额标准,不得强迫或者变相强迫劳动者加班。用人单位安排加班的,应当按照国家有关规定向劳动者支付加班费。

(2)本案中,该公司的行为违反了上述法律规定。依据《劳动合同法》第85条的规定,由所在地劳动行政部门责令限期支付加班费;该公司逾期不支付的,责令该公司按照应支付金额的50%以上100%以下的标准向劳动者加付赔偿金。

3. 劳动者的工资

(1)工资。

工资,是指用人单位依据国家有关规定和劳动关系双方的约定,以货币形式支付给劳动者的劳动报酬,如计时工资、计件工资、奖金、津贴和补贴等。

《劳动法》规定,工资分配应当遵循按劳分配原则,实行同工同酬。

工资应当以货币形式按月支付给劳动者本人。不得克扣或者无故拖欠劳动者的工资。劳动者在法定休假日和婚丧假期间以及依法参加社会活动期间,用人单位应当依法支付工资。

(2)最低工资保障制度。

最低工资标准,是指劳动者在法定工作时间或依法签订的劳动合同约定的工作时间内提供了正常劳动的前提下,用人单位依法应支付的最低劳动报酬。

《劳动法》规定,国家实行最低工资保障制度。用人单位支付劳动者的工资不得低于当地最低工资标准。

(3)农民工工资支付的规定。

《保障农民工工资支付条例》已经于2019年12月4日国务院第73次常务会议通过,自2020年5月1日起施行。

农民工,是指为用人单位提供劳动的农村居民。农民工工资,是指农民工为用人单位提供劳动后应当获得的劳动报酬。

农民工有按时足额获得工资的权利。任何单位和个人不得拖欠农民工工资。

用工单位使用个人、不具备合法经营资格的单位或者未依法取得劳务派遣许可证的单位派遣的农民工,拖欠农民工工资的,由用工单位清偿,并可以依法进行追偿。

合伙企业、个人独资企业、个体经济组织等用人单位拖欠农民工工资的,应当依法予以清偿;不清偿的,由出资人依法清偿。

用人单位合并或者分立时,应当在实施合并或者分立前依法清偿拖欠的农民工工资;经与农民工书面协商一致的,可以由合并或者分立后承继其权利和义务的用人单位清偿。

用人单位被依法吊销营业执照或者登记证书、被责令关闭、被撤销或者依法解散的,应当在申请注销登记前依法清偿拖欠的农民工工资。

建设单位应当按照合同约定及时拨付工程款,并将人工费用及时足额拨付至农民工工资专用账户,加强对施工总承包单位按时足额支付农民工工资的监督。因建设单位未按照合同约定及时拨付工程款导致农民工工资拖欠的,建设单位应当以未结清的工程款为限先行垫付被拖欠的农民工工资。

分包单位对所招用农民工的实名制管理和工资支付负直接责任。施工总承包单位对分包单位劳动用工和工资发放等情况进行监督。分包单位拖欠农民工工资的,由施工总承包单位先行清偿,再依法进行追偿。工程建设项目转包,拖欠农民工工资的,由施工总承包单位先行清偿,再依法进行追偿。

工程建设领域推行分包单位农民工工资委托施工总承包单位代发制度。用于支付农民工工资的银行账户所绑定的农民工本人社会保障卡或者银行卡,用人单位或者其他人员不得以任何理由扣押或者变相扣押。

建设单位与施工总承包单位或者承包单位与分包单位因工程数量、质量、造价等产生争议的,建设单位不得因争议不按照本条例第24条的规定拨付工程款中的人工费用,施工总承包单位也不得因争议不按照规定代发工资。

建设单位或者施工总承包单位将建设工程发包或者分包给个人或者不具备合法经营

资格的单位,导致拖欠农民工工资的,由建设单位或者施工总承包单位清偿。施工单位允许其他单位和个人以施工单位的名义对外承揽建设工程,导致拖欠农民工工资的,由施工单位清偿。

2017 年,人力资源和社会保障部印发的《拖欠农民工工资"黑名单"管理暂行办法》第 5 条规定,用人单位存在下列情形之一的,人力资源和社会保障行政部门应当自查处违法行为并作出行政处理或处罚决定之日起 20 个工作日内,按照管辖权限将其列入拖欠工资"黑名单":①克扣、无故拖欠农民工工资报酬,数额达到认定拒不支付劳动报酬罪数额标准的;②因拖欠农民工工资违法行为引发群体性事件、极端事件造成严重不良社会影响的。将劳务违法分包、转包给不具备用工主体资格的组织和个人造成拖欠农民工工资且符合前款规定情形的,应将违法分包、转包单位及不具备用工主体资格的组织和个人一并列入拖欠工资"黑名单"。

4. 劳动安全卫生制度

《劳动法》规定,用人单位必须建立、健全劳动安全卫生制度,严格执行国家劳动安全卫生规程和标准,对劳动者进行劳动安全卫生教育,防止劳动过程中的事故,减少职业危害。

劳动安全卫生设施必须符合国家规定的标准。

用人单位必须为劳动者提供符合国家规定的劳动安全卫生条件和必要的劳动防护用品,对从事有职业危害作业的劳动者应当定期进行健康检查。从事特种作业的劳动者必须经过专门培训并取得特种作业资格。

5. 女职工和未成年工的特殊保护

《劳动法》规定,国家对女职工和未成年工实行特殊劳动保护。

(1) 女职工的特殊保护。

①禁止安排女职工从事矿山井下、国家规定的第 4 级体力劳动强度的劳动和其他禁忌从事的劳动。②不得安排女职工在经期从事高处、低温、冷水作业和国家规定的第 3 级体力劳动强度的劳动。③不得安排女职工在怀孕期间从事国家规定的第 3 级体力劳动强度的劳动和孕期禁忌从事的活动。对怀孕 7 个月以上的女职工,不得安排其延长工作时间和夜班劳动。④女职工生育享受不少于 90 天的产假。⑤不得安排女职工在哺乳未满 1 周岁的婴儿期间从事国家规定的第 3 级体力劳动强度的劳动和哺乳期禁忌从事的其他劳动,不得安排其延长工作时间和夜班劳动。

国务院《女职工劳动保护特别规定》中规定,凡适合妇女从事劳动的单位,不得拒绝招收女职工。不得在女职工怀孕期、产期、哺乳期降低其基本工资,或者解除劳动合同。

(2) 未成年工的特殊保护。

未成年工是指年满 16 周岁且未满 18 周岁的劳动者。

《劳动法》规定,禁止用人单位招用未满 16 周岁的未成年人。不得安排未成年工从事矿山井下、有毒有害、国家规定的第 4 级体力劳动强度的劳动和其他禁忌从事的劳动。

用人单位应对未成年工定期进行健康检查。

6. 劳动者的社会保险与福利

2018 年新修订的《中华人民共和国社会保险法》(以下简称《社会保险法》)规定,国家建立基本养老保险、基本医疗保险、工伤保险、失业保险、生育保险等社会保险制度,保障公民在年老、疾病、工伤、失业、生育等情况下依法从国家和社会获得物质帮助的权利。

《社会保险法》规定,职工应当参加基本养老保险,由用人单位和职工共同缴纳基本养老保险费。用人单位应当按照国家规定的本单位职工工资总额的比例缴纳基本养老保险费,记入基本养老保险统筹基金。职工应当按照国家规定的本人工资的比例缴纳基本养老保险费,记入个人账户。

基本养老金由统筹养老金和个人账户养老金组成。参加基本养老保险的个人,达到法定退休年龄时累计缴费满15年的,按月领取基本养老金。个人跨统筹地区就业的,其基本养老保险关系随本人转移,缴费年限累计计算。个人达到法定退休年龄时,基本养老金分段计算、统一支付。

5.2.5 劳动争议的解决

劳动争议,又称劳动纠纷,是指劳动关系当事人之间因劳动的权利与义务发生分歧而引起的争议。

1. 劳动争议的范围

劳动争议的范围主要参照《劳动争议调解仲裁法》和《最高人民法院关于审理劳动争议案件适用法律若干问题的解释》的规定。

新修订的《最高人民法院关于审理劳动争议案件适用法律若干问题的解释(一)》规定,下列纠纷不属于劳动争议:①劳动者请求社会保险经办机构发放社会保险金的纠纷;②劳动者与用人单位因住房制度改革产生的公有住房转让纠纷;③劳动者对劳动能力鉴定委员会的伤残等级鉴定结论或者对职业病诊断鉴定委员会的职业病诊断鉴定结论的异议纠纷;④家庭或者个人与家政服务人员之间的纠纷;⑤个体工匠与帮工、学徒之间的纠纷;⑥农村承包经营户与受雇人之间的纠纷。

2. 劳动争议的解决方式

《劳动法》第77条规定,用人单位与劳动者发生劳动争议,当事人可以依法申请调解、仲裁、提起诉讼,也可以协商解决。调解原则适用于仲裁和诉讼程序。

《中华人民共和国劳动争议调解仲裁法》第27条规定,劳动争议申请仲裁的时效期间为1年。仲裁时效期间从当事人知道或者应当知道其权利被侵害之日起计算。前款规定的仲裁时效,因当事人一方向对方当事人主张权利,或者向有关部门请求权利救济,或者对方当事人同意履行义务而中断,从中断时起,仲裁时效期间重新计算。

《劳动法》第83条规定,劳动争议当事人对仲裁裁决不服的,可以自收到仲裁裁决书之日起15日内向人民法院提起诉讼。一方当事人在法定期限内不起诉又不履行仲裁裁决的,另一方当事人可以申请人民法院强制执行。

5.2.6 工伤处理的规定

1. 工伤认定

《工伤保险条例》第14条规定,职工有下列情形之一的,应当认定为工伤:①在工作时间和工作场所内,因工作原因受到事故伤害的;②工作时间前后在工作场所内,从事与工作有关的预备性或者收尾性工作受到事故伤害的;③在工作时间和工作场所内,因履行工作职责受到暴力等意外伤害的;④患职业病的;⑤因工外出期间,由于工作原因受到伤害或者发生事故下落不明的；⑥在上下班途中，受到非本人主要责任的交通事故或者城市轨道交通、客运轮渡、火车事故伤害的；⑦法律、行政法规规定应当认定为工伤的其他情形。

《工伤保险条例》第 15 条规定，职工有下列情形之一的，视同工伤：①在工作时间和工作岗位，突发疾病死亡或者在 48 小时之内经抢救无效死亡的；②在抢险救灾等维护国家利益、公共利益活动中受到伤害的；③职工原在军队服役，因战、因公负伤致残，已取得革命伤残军人证，到用人单位后旧伤复发的。

《工伤保险条例》第 16 条规定，职工符合第 14、15 条的规定的，但有下列情形之一的，不得认定为工伤或者视同工伤：①故意犯罪的；②醉酒或者吸毒的；③自残或者自杀的。

《工伤保险条例》第 19 条规定，职工或者亲属认为是工伤，用人单位不认为是工伤的，由用人单位承担举证责任。

2. 劳动能力鉴定

《工伤保险条例》第 21 条规定，职工发生工伤，经治疗伤情相对稳定后存在残疾、影响劳动能力的，应当进行劳动能力鉴定。

《工伤保险条例》第 22 条规定，劳动能力鉴定是指劳动功能障碍程度和生活自理障碍程度的等级鉴定。

劳动功能障碍分为 10 个伤残等级，最重的为 1 级，最轻的为 10 级。生活自理障碍分为 3 个等级：生活完全不能自理、生活大部分不能自理和生活部分不能自理。

《工伤保险条例》第 23 条规定，劳动能力鉴定由用人单位、工伤职工或者其近亲属向设区的市级劳动能力鉴定委员会提出申请，并提供工伤认定决定和职工工伤医疗的有关资料。

《工伤保险条例》第 26 条规定，申请鉴定的单位或者个人对设区的市级劳动能力鉴定委员会作出的鉴定结论不服的，可以在收到该鉴定结论之日起 15 日内向省、自治区、直辖市劳动能力鉴定委员会提出再次鉴定申请。省、自治区、直辖市劳动能力鉴定委员会作出的劳动能力鉴定结论为最终结论。

5.2.7　劳动合同制度中违法行为应承担的法律责任

劳动合同制度中违法行为应承担的法律责任包括以下四个方面。
（1）劳动合同订立中违法行为应承担的法律责任。
（2）劳动合同履行、变更、解除和终止中违法行为应承担的法律责任。
（3）劳动保护违法行为应承担的法律责任。
（4）工伤处理违法行为应承担的法律责任。

在线练习

第 5 章
练习巩固题

6 建设工程监理法规

6.1　建设工程监理概述

6.1.1　建设工程监理在我国的发展简述

　　我国的工程建设活动，在计划经济时期，存在着很多弊端。建设单位不仅负责组织设计、施工、申请材料设备，还直接承担了工程建设的监督和管理职能。在以国家为投资主体并采用行政手段分配建设任务的情况下，已经暴露出许多缺陷，如投资规模难以控制，同时建设工期和质量得不到保证，造成人员和材料浪费的现象比较普遍。在投资主体多元化和全面开放建设市场的新形势下，就更为不适应了。为适应这种新格局，需要国家建立建设工程监理制度。

　　建设工程监理在我国的发展大体经历了三个阶段。

　　(1) 1988—1993 年，监理的试点阶段。

　　(2) 1993—1995 年，全国地级以上城市稳步开展了工程监理工作。

　　(3) 1995—2013 年，建设工程监理在全国范围内进入全面推行阶段。

我国建设工程监理的发展历程

　　我国相继出台了与建设工程监理关系密切的法律法规，《建设工程监理合同(示范文本)》(GF—2012—0202)、《工程建设监理单位资质管理试行办法》、《建筑法》、《工程建设监理规定》、《建设工程质量管理条例》、《工程监理企业资质管理规定》、《建设工程监理规范》和《房屋建筑工程旁站监理管理办法(试行)》等。

6.1.2　监理从业人员及营业收入

根据国家统计局的统计数据显示,2017年年末工程监理企业注册执业人员为286146人。其中,注册监理工程师为163944人。2017年工程监理企业全年营业收入3281.72亿元,与上年相比增长21.74%。其中工程监理收入1185.35亿元,与上年相比增长7.3%;工程勘察设计、工程项目管理与咨询服务、工程招标代理、工程造价咨询及其他业务收入2096.37亿元,与上年相比增长31.78%。高素质专业人员队伍的不断发展壮大,有利地推动我国建设工程监理行业的持续健康发展。

我国推行工程监理制度最终目的:避免工程建设行为的盲目性和随意性,做到依法、文明施工,实现对工程质量、工程工期和工程投资的有效管理和控制;提高我国工程建设水平、降低工程成本、提高工程效益。

实行建设工程监理制度是我国工程建设领域管理体制的一项重大改革举措,是与我国的投资体制、承包经济责任制、建筑市场开放体制、招标投标体制、项目业主体制等制度相匹配的改革制度之一。实行工程建设监理制度是我国社会主义市场经济发展、对外开放、国际交往日益扩大的结果。

6.1.3　建设工程监理的概念

根据《建设工程监理规范》GB 50319—2013,常见的几个概念如下。

(1)工程监理单位。

工程监理单位是依法成立并取得国务院建设主管部门颁发的工程监理企业资质证书,从事建设工程监理活动的服务机构。

(2)建设工程监理。

工程监理单位受建设单位委托,根据法律法规、工程建设标准、勘察设计文件及合同,在施工阶段对建设工程质量、进度、造价进行控制,对合同、信息进行管理,对工程建设相关方的关系进行协调,并履行建设工程安全生产管理法定职责的服务活动。

(3)注册监理工程师。

注册监理工程师:取得国务院建设主管部门颁发的中华人民共和国注册监理工程师注册执业资格证书和执业印章,从事建设工程监理与相关服务等活动的人员。

(4)总监理工程师。

总监理工程师:由工程监理单位法定代表人书面任命,负责履行建设工程监理合同、主持项目监理机构工作的注册监理工程师。

6.1.4　实行强制监理的建设工程范围和规模标准

《建筑法》规定,实行强制监理的建筑工程范围由国务院规定。

《建设工程质量管理条例》第12条规定了实行强制监理的建设工程范围。实行监理的建设工程,建设单位应当委托具有相应资质等级的工程监理单位进行监理,也可以委托具有工程监理相应资质等级并与被监理工程的施工承包单位没有隶属关系或者其他利害关系的该工程的设计单位进行监理。

2001年1月17日颁布的《建设工程监理范围和规模标准规定》,对实行强制监理的建设工程的范围和规模进行了细化。下列建设工程必须实行监理。

(1) 国家重点建设工程。

国家重点建设工程是指依据《国家重点建设项目管理办法》所确定的对国民经济和社会发展有重大影响的骨干项目。

(2) 大中型公用事业工程。

大中型公用事业工程是指项目总投资额在3000万元以上的工程项目:①供水、供电、供气、供热等市政工程项目;②科技、教育、文化等项目;③体育、旅游、商业等项目;④卫生、社会福利等项目;⑤其他公用事业项目。

(3) 成片开发建设的住宅小区工程。

建筑面积在50000 m² 以上的住宅建设工程必须实行监理;50000 m² 以下的住宅建设工程,可以实行监理,具体范围和规模标准由省、自治区、直辖市人民政府建设行政主管部门规定。为了保证住宅质量,对高层住宅及地基、结构复杂的多层住宅应当实行监理。

(4) 利用外国政府或者国际组织贷款、援助资金的工程。

①使用世界银行、亚洲开发银行等国际组织贷款资金的项目;②使用国外政府及其机构贷款资金的项目;③使用国际组织或者国外政府援助资金的项目。

(5) 国家规定必须实行监理的其他工程。

①项目总投资额在3000万元以上关系社会公共利益、公众安全的基础设施项目。a.煤炭、石油、化工、天然气、电力、新能源等项目;b.铁路、公路、管道、水运、民航以及其他交通运输业等项目;c.邮政、电信枢纽、通信、信息网络等项目;d.防洪、灌溉、排涝、发电、引(供)水、滩涂治理、水资源保护、水土保持等水利建设项目;e.道路、桥梁、地铁和轻轨交通、污水排放及处理、垃圾处理、地下管道、公共停车场等城市基础设施项目;f.生态环境保护项目;g.其他基础设施项目。

②学校、影剧院、体育场馆项目。国务院建设行政主管部门商同国务院有关部门后,可以对本规定确定的必须实行监理的建设工程具体范围和规模标准进行调整。

6.2 工程监理企业的资质许可制度

6.2.1 工程监理企业的资质许可

《建筑法》规定,国家推行建筑工程监理制度。工程监理单位应当在其资质等级许可的监理范围内,承担工程监理业务。

《建设工程质量管理条例》第34条规定,工程监理单位应当依法取得相应等级的资质证书,并在其资质等级许可的范围内承担工程监理业务。

《工程监理企业资质管理规定》第3条规定,从事建设工程监理活动的企业,应当按照本规定取得工程监理企业资质,并在工程监理企业资质证书许可的范围内从事工程监理活动。

　　工程监理企业应当按照所拥有的注册资本、专业技术人员数量和工程监理业绩等资质条件申请资质。工程监理企业资质是企业技术能力、管理水平、业务经验、经营规模、社会信誉等综合性实力指标。

6.2.2　工程监理企业资质的等级和类别

　　《工程监理企业资质管理规定》:工程监理企业资质的等级分为综合资质、专业资质和事务所资质。其中,专业资质按照工程性质和技术特点分为房屋建筑工程、水利水电工程、铁路工程、公路工程和市政公用工程等14个工程类别。

　　(1)综合资质:不分级别。

　　(2)专业资质标准:分甲级、乙级和丙级。

　　专业资质分为甲级、乙级;其中,房屋建筑、水利水电、公路和市政公用专业资质可设立丙级。

　　(3)事务所资质标准:不分级别

《工程监理企业资质管理规定》资质标准

6.2.3　工程监理企业资质的业务范围

　　(1)综合资质可以承担所有专业工程类别建设工程项目的工程监理业务,以及建设工程的项目管理、技术咨询等相关服务。

　　(2)专业甲级资质可承担相应专业工程类别建设工程项目的工程监理业务,以及相应类别建设工程的项目管理、技术咨询等相关服务。

　　(3)专业乙级资质可承担相应专业工程类别二级(含二级)以下建设工程项目的工程监理业务,以及相应类别和级别建设工程的项目管理、技术咨询等相关服务。

　　(4)专业丙级资质可承担相应专业工程类别三级建设工程项目的工程监理业务,以及相应类别和级别建设工程的项目管理、技术咨询等相关服务。

　　(5)事务所资质可承担三级建设工程项目的工程监理业务,以及相应类别和级别建设工程项目管理、技术咨询等相关服务。但是,国家规定必须实行强制监理的建设工程监理业务除外。

6.2.4　工程监理企业资质的审批

　　工程监理企业的资质许可包括资质申请和审批,资质升级和资质增项,资质证书延续和资质证书变更等。工程监理企业的资质实行分级审批。

　　(1)综合资质、专业类甲级资质由国务院建设主管部门审批。

　　(2)专业类乙级、丙级资质和事务所类资质由企业所在省、自治区和直辖市人民政府建设主管部门审批。

　　(3)工程监理企业的资质证书的有效期为5年,正本1份,副本4份。

　　新设立的企业申请工程监理企业资质,应先取得企业法人营业执照或合伙企业营业执照,办理完相应的执业人员注册手续后,方可申请资质。

取得企业法人营业执照的企业,只可申请综合资质和专业资质;取得合伙企业营业执照的企业,只可申请事务所资质。新设立的企业申请工程资质,应从专业乙级、丙级资质和事务所类资质开始申请,不需要提供业绩证明材料。申请房屋建筑、水利水电、公路和市政公用工程专业资质的企业,也可以直接申请乙级资质。

《工程监理企业资质管理规定》第12条规定,企业申请工程监理企业资质,在资质许可机关的网站或审批平台提出申请事项,提交专业技术人员、技术装备和已完成业绩等电子材料。

6.3 建设工程监理的性质和原则

6.3.1 工程监理的性质

工程建设监理是市场经济的产物,是一种特殊的工程建设活动,它具有服务性、独立性、公正性和科学性等特点。

（1）服务性。

在工程建设中,监理单位是智力密集型的企业。它本身不是建设产品的直接生产者和经营者,监理工程师利用自己在工程建设方面的丰富知识、技能和经验为业主提供智能管理服务,以满足项目业主对项目管理的需求。监理单位所获得的报酬是技术服务性报酬,是脑力劳动报酬,也就是说工程建设监理是一种高智能的有偿技术服务。它的服务对象是委托方——业主,这种服务性的活动是按照工程建设监理合同来进行的,是受法律的约束和保护的。

（2）独立性。

独立性,指的是不依附性。监理单位在组织上和经济上不能依附于监理工作的对象,否则它就不可能自主地履行其义务。

为了保证工程建设监理行业的独立性,从事这一行业的监理单位和监理工程师必须与某些行业或单位断绝人事上的依附关系及经济上的隶属关系或经营关系,也不能从事某些行业的工作。我国建设监理有关法规指出,各级监理负责人和监理工程师不得是施工、设备制造和材料、构配件供应单位的合伙经营者,或与这些单位发生经营隶属关系,不得承包施工和建材销售业务,不得在政府机关、施工、设备制造和材料单位应聘。

工程建设监理的这种独立性是建设监理的要求,是监理单位在工程项目中的第三方地位所决定的,是它所承担的工程建设监理的任务所决定的。因此,独立性是监理单位开展工程建设监理工作的重要原则。

（3）公正性。

工程监理机构受业主的委托进行工程建设的监理活动,当业主方和承包商发生利益冲突或矛盾时,工程监理机构应以事实为依据,以法律和有关合同为准绳,在维护业主的合法权益时,不损害承包商的合法权益,这体现了建设工程监理的公正性。

在工程建设过程中,监理单位一方面要严格履行监理合同的各项义务,竭诚为业主服务,同时应当成为公正的第三方。

(4)科学性。

科学性是监理单位区别于其他一般服务性组织的重要特征,也是其赖以生存的必要条件。监理单位必须具有发现和解决工程设计和承建单位所存在的技术和管理方面问题的能力,能够提供高水平的专业服务,所以它必须具有科学性。

科学性必须以监理人员的高素质为前提。工程监理机构拥有从事工程监理工作的专业人士,即监理工程师。监理工程师将应用所掌握的工程监理科学的思想、组织、方法和手段从事工程监理活动。建设监理单位是智力密集型组织,按国际惯例,社会建设监理单位的监理工程师都必须有相当学历,并有长期从事工程建设工作的经验,精通技术与管理,通晓经济与法律,经权威机构考核合格并政府主管部门登记注册,领取证书,方能取得从业资格。因此,监理工程师是依靠科学知识和专业技术进行项目监理的技术人员。

《建设工程监理规范》要求建设工程监理应符合国家现行的有关强制性标准、规范的规定。这也体现了工程监理的科学性。

6.3.2 工程监理的原则

(1)资质许可原则。

《建筑法》第31条规定,实行监理的建筑工程,由建设单位委托具有相应资质条件的工程监理单位监理。建设单位与其委托的工程监理单位应当订立书面委托监理合同。《建筑法》第34条规定,工程监理单位应当在其资质等级许可的监理范围内,承担工程监理业务。

(2)依法监理的原则。

自实行建设工程监理制度以来,为维护正常的经济秩序和促进监理制度的健康发展,我国目前已颁布了不少相应法律法规,就监理的设立及管理、监理范围、监理合同、监理收费等作了明确的规定。所以监理活动都必须遵守这些规定,否则监理活动无效,不但可能造成巨大的经济损失,还会受到法律惩处。

(3)客观、公正的原则。

《建筑法》明确指出,工程监理企业应当根据建设单位的委托,客观、公正地执行监理任务。

《工程建设监理规定》和《建设工程监理规范》要求工程监理企业按照"公正、独立、自主"原则开展监理工作。

(4)总监理工程师全权负责的原则。

总监理工程师是工程监理全部工作的负责人。要建立和健全总监理工程师负责制,就要明确权、责、利关系,健全项目监理机构,具有科学的运行制度、现代化的管理手段,形成以总监理工程师为首的高效能的决策指挥体系。

总监理工程师负责制的内容如下。①总监理工程师是工程监理的责任主体。责任是总监理工程师负责制的核心,它构成了对总监理工程师的工作压力与动力,也是确定总监理工程师权利和利益的依据。所以总监理工程师应是向业主和监理单位所负责任的承担者。②总监理工程师是工程监理的权利主体。根据总监理工程师承担责任的要求,总监理工程师全面领导建设工程的监理工作,包括组建项目监理机构,主持编制建设工程监理规划,组织实施监理活动,对监理工作总结、监督、评价。

(5) 监理单位独立完成监理任务的原则。

在工程项目建设中,监理单位是独立的一方,它是作为一个独立的专业公司受业主的委托去履行服务的,与业主、承包商之间的关系是平等的、横向的。我国有关法规明确指出:监理单位应按照独立、自主的原则开展工程建设监理工作。

《建筑法》规定,工程监理单位不得转让工程监理业务。

6.4 建设工程监理的实施

6.4.1 工程监理的依据

《建筑法》第 32 条规定:建筑工程监理应当依照法律、行政法规及有关的技术标准、设计文件和建筑工程承包合同,对承包单位在施工质量、建设工期和建设资金使用等方面,代表建设单位实施监督。

(1) 法律法规。

施工单位的建设行为是受很多法律法规制约的,如不可偷工减料、不可违法分包等。工程监理在监理过程中首先就要监督检查施工单位是否存在违法行为,因此法律法规是工程监理单位的依据之一。

目前工程监理的法律法规主要有《招标投标法》《合同法》《建筑法》《建设工程质量管理条例》《建设工程监理范围和规模标准规定》《工程建设监理规范》等。

(2) 有关的技术标准。

技术标准分为强制性标准和推荐性标准。强制性标准是各参建单位都必须执行的标准,而推荐性标准则是参建单位可以自主决定是否采用的标准。通常情况下,建设单位如要求采用推荐性标准,应当与设计单位或施工单位在合同中予以明确规定。经合同约定采用的推荐性标准,对合同当事人具有同样的法律效力,设计或施工未达到该标准,将构成违约行为。

(3) 设计文件。

施工单位的任务是按图施工,也就是按照施工图设计文件进行施工。如果施工单位没有按照图纸的要求去修建工程就构成违约,如果是擅自修改图纸则构成了违法。因此,设计文件就是监理单位的依据之一。

(4) 建设工程承包合同和委托监理合同。

建设单位和承包单位通过订立建设工程承包合同明确双方的权利和义务。合同是监理单位对工程投资、进度和质量进行监督和管理的法律依据,监理单位必须严格执行建设工程承包合同。监理单位通过签订委托监理合同,获得建设单位授权,才能够依法对工程建设项目进行监督和管理。合同中约定的内容要远远大于设计文件的内容。

6.4.2　工程监理的工作内容

建设工程监理的主要内容是控制工程建设的投资、建设工期和工程质量;进行工程建设合同管理,协调有关单位之间的工作关系。

监理的主要工作内容归纳为"三控制、三管理、一协调"。

(1)"三控制"。

"三控制"是指投资控制、工期控制和质量控制。通常情况下,对任一项工程建设而言,其投资、工期和质量往往是相互矛盾但又统一的。要达到高标准的工程质量,工期就要长一点。一般来说,三者不可能同时达到最佳状态。监理的工作就是根据业主的不同侧重要求,力求使投资、工期和质量这三个目标接近最佳状态。

①投资控制。

投资控制就是要求监理人员在建设工程项目的投资决策阶段、设计阶段、施工招标阶段、施工阶段以及保修阶段,把建设工程投资控制在批准的投资限额内,随时纠正发生的偏差,以保证项目投资管理目标的实现,力求在建设工程中合理使用人力、物力、财力,取得较好的投资效益和社会效益。如监理工程师在工程项目的施工阶段进行投资控制的基本原理是把计划投资额作为投资控制的目标值,在施工阶段,定期进行投资实际值与目标值的比较。通过比较发现并找出实际支出额与投资目标值之间的偏差,然后分析产生偏差的原因,采取有效的措施加以控制,以确保投资控制目标的实现。这种控制贯穿于项目建设的全过程,是动态的控制过程。要有效地控制投资项目,应从组织、技术、经济、合同与信息管理等多方面采取措施。

②工期控制。

工期控制是指对工程项目建设各阶段的工作内容、工作程序、持续时间和衔接关系,根据进度总目标及资源优化配置的原则,编制计划并付诸实施,然后在进度计划的实施过程中经常检查实际进度是否按计划进行,对出现的偏差情况进行分析,采取有效的补救措施,修改原计划后再付诸实施,如此循环,直到建设工程项目竣工验收交付使用。建设工程仅需控制的最终目标是确保建设项目按预定时间交付使用或提前交付使用。影响建设工程工期的不利因素有很多方面,如人为因素、设备、材料及构配件因素、机具因素、资金因素、水文地质因素等。

③质量控制。

建筑工程质量是指工程满足建设单位需要的,符合国家法律、法规、技术规范标准、设计文件及合同规定的综合特性。建设工程作为一种特殊的产品,具有一般产品共有的质量特性,除适用性、寿命、可靠性、安全性、经济性等满足社会需要的使用价值和属性外,还具有特定的内涵。建设工程质量的特性主要表现在适用性、耐久性、安全性、可靠性、经济性和与环境的协调性。工程建设的不同阶段,对工程质量的形成起到不同的作用和影响。影响工程的因素很多,但归纳起来主要有五个方面:人员素质、工程材料、施工设备、工艺方法、环境条件。

（2）"三管理"。

"三管理"是指安全管理、合同管理和信息管理。

①安全管理。

安全管理已经成为监理的重要工作内容。建设单位施工现场安全管理包括两层含义：一是指工程建筑物本身的安全，即工程建筑物的质量是否达到了合同的要求；二是施工过程中人员的安全，特别是与工程项目建设有关各方在施工现场的施工人员的生命安全。安全是工程质量的前提条件，而工程质量的好坏也是为了安全。监理单位应建立安全监理管理体制和规章制度，检查指导项目监理机构的安全监理工作。

②合同管理。

合同管理的主要内容包括工程变更、工程延期、费用赔偿、争端与仲裁、违约、工程分包、工程保险等方面。

合同是工程监理中最重要的法律文件。订立合同是为了证明一方向另一方提供货品或者劳务，它是合同订立双方责、权、利的证明文件。施工合同的管理是项目监理机构的一项重要的工作，整个工程项目的监理工作可视为施工合同管理的全过程。

③信息管理。

信息管理是指信息的收集、整理、存储、传递和应用等一系列工作的总结。建设工程监理的主要方法是控制。控制的基础是信息，信息管理是工程监理工作的主要内容之一。

（3）"一协调"。

"一协调"是指协调参与项目建设各方的工作关系。工程项目建设是一项复杂的系统工程，在系统中活跃着建设单位、承包单位、勘察设计单位、监理单位、政府行政主管部门以及与工程建设有关的其他单位。监理工作实际上是技术管理工作，管理的过程就是协调与妥协的反复过程。监理的任务就是在这种协调的过程中，运用所掌握的专业知识，使用恰当的沟通协调方法，促使工程各方团结一致实现项目目标。

6.4.3　工程监理的工作程序

根据《工程建设监理规定》，工程建设监理一般应按下列程序进行：

（1）编制工程建设监理规划；

（2）按工程建设进度、分专业编制工程建设监理细则；

（3）按照建设监理细则进行建设监理；

（4）参与工程竣工预验收，签署建设监理意见；

（5）建设监理业务完成后，向项目法人提交工程建设监理档案资料。

6.4.4　工程监理的职责、权限和义务、形式

（1）职责。

工程监理单位应当选派具备相应资格的总监理工程师和监理工程师进驻施工现场。未经监理工程师签字，建筑材料、建筑构配件和设备不得在工程上使用或者安装，施工单位不得进行下一道工序的施工。未经总监理工程师签字，建设单位不拨付工程款，不进行竣工验收。

（2）工程监理人员的权限和义务。

①工程监理人员认为工程施工不符合工程设计要求、施工技术标准和合同约定的,有权要求建设施工企业改正。

②工程监理人员发现工程设计不符合建设工程质量标准或者合同约定的,应当报告建设单位要求设计单位改正。

《建筑法》第33条规定,实施建筑工程监理前,建设单位应当将委托的工程监理单位、监理的内容及监理权限,书面通知被监理的建筑施工企业。

（3）形式。

监理工程师应当按照工程监理范围的要求,采取旁站、巡视和平行检查等形式,对建设工程实行监理。

①旁站,是指对工程中有关地基和结构安全的关键工序和关键施工过程,进行连续不断地监督检查或检验的监理活动,有时甚至要连续跟班监理。

②巡视,主要是强调除了关键点的质量控制外,监理工程师还应对施工现场进行面上的巡查监理。

③平行检验,主要是强调监理单位对施工单位已经检验的工程应及时进行检验。对于关键性、较大体量的工程实物,采取分段后平行检验的方式,有利于及时发现质量问题,及时采取措施予以纠正。

6.4.5　工程监理任务的承接

（1）不能超越资质许可范围承揽工程。

工程监理单位应当在其资质等级许可的监理范围内承担工程监理业务。

（2）不得转让工程监理业务。

建设工程委托监理合同通常是建立在信赖关系的基础上,具有较强的人身性。工程监理单位接受委托后,应当自行完成工程监理工作,不得转让监理业务,也不得分包监理业务。

6.4.6　建设工程委托监理合同

《建设工程委托监理合同(示范文本)》(GF—2000—0202)包括三部分内容:①建设工程委托监理合同(简称合同);②建设工程委托监理合同的标准条件;③建设工程委托监理合同的专用条件。

6.5　监理人的权利、义务与法律责任

《建设工程委托监理合同(示范文本)》(GF—2000—0202)部分内容如下。

6.5.1　监理人权利

（1）选择工程总承包人的建议权。

（2）选择工程分包人的认可权。

（3）对工程建设有关事项包括工程规模、设计标准、规划设计、生产工艺设计和使用功能要求，向委托人的建议权。

（4）对工程设计中的技术问题，按照安全和优化的原则，向设计人提出建议；如果拟提出的建议可能会提高工程造价，或延长工期，应当事先征得委托人的同意。当发现工程设计不符合国家颁布的建设工程质量标准或设计合同约定的质量标准时，监理人应当书面报告委托人并要求设计人更正。

（5）审批工程施工组织设计和技术方案，按照保质量、保工期和降低成本的原则，向承包人提出建议，并向委托人提出书面报告。

（6）主持工程建设有关协作单位的组织协调，重要协调事项应当事先向委托人报告。

（7）征得委托人同意，监理人有权发布开工令、停工令、复工令，但应当事先向委托人报告。如在紧急情况下未能事先报告，则应在24小时内向委托人作出书面报告。

（8）工程上使用的材料和施工质量的检验权。对于不符合设计要求和合同约定及国家质量标准的材料、构配件、设备，有权通知承包人停止使用；对于不符合规范和质量标准的工序、分部分项工程和不安全施工作业，有权通知承包人停工整改、返工。承包人得到监理机构复工令后才能复工。

（9）工程施工进度的检查、监督权，以及工程实际竣工日期提前或超过工程施工合同规定的竣工期限的签认权。

（10）在工程施工合同约定的工程价格范围内，工程款支付的审核和签认权，以及工程结算的复核确认权与否决权。未经总监理工程师签字确认，委托人不支付工程款。

6.5.2　监理人义务

（1）监理人按合同约定派出监理工作需要的监理机构及监理人员，向委托人报送委派的总监理工程师及其监理机构主要成员名单、监理规划，完成监理合同专用条件中约定的监理工程范围内的监理业务。在履行合同义务期间，应按合同约定定期向委托人报告监理工作。

（2）监理人在履行本合同的义务期间，应认真、勤奋地工作，为委托人提供与其水平相适应的咨询意见，公正维护各方面的合法权益。

（3）监理人使用委托人提供的设施和物品属委托人的财产。在监理工作完成或中止时，应将其设施和剩余的物品按合同约定的时间和方式移交给委托人。

（4）在合同期内或合同终止后，未征得有关方同意，不得泄露与本工程、本合同业务有关的保密资料。

6.5.3　与监理有关的法律责任

（1）违反资质管理制度的法律责任。

《建筑法》第65条规定，超越本单位资质等级承揽工程的，责令停止违法行为，处以罚款，可以责令停业整顿，降低资质等级；情节严重的，吊销资质证书；有违法所得的，予以没收。

（2）转让监理业务的法律责任。

《建筑法》第 69 条规定,工程监理单位转让监理业务的,责令改正,没收违法所得,可以责令停业整顿,降低资质等级;情节严重的,吊销资质证书。

（3）违反安全生产、工程质量管理制度的法律责任。

《建筑法》第 35 条规定,工程监理单位不按照委托监理合同的约定履行监理义务,对应当监督检查的项目不检查或者不按照规定检查,给建设单位造成损失的,应当承担相应的赔偿责任。

《建筑法》第 69 条规定,工程监理单位与建设单位或者建筑施工企业串通,弄虚作假、降低工程质量的,责令改正,处以罚款,降低资质等级或者吊销资质证书;有违法所得的,予以没收;造成损失的,承担连带赔偿责任;构成犯罪的,依法追究刑事责任。

（4）《建设工程质量管理条例》中有关监理责任的规定。

第 36 条规定,工程监理单位应当依照法律、法规以及有关技术标准、设计文件和建设工程承包合同,代表建设单位对施工质量实施监理,并对施工质量承担监理责任。

第 37 条规定,工程监理单位应当选派具备相应资格的总监理工程师和监理工程师进驻施工现场。未经监理工程师签字,建筑材料、建筑构配件和设备不得在工程上使用或者安装,施工单位不得进行下一道工序的施工。未经总监理工程师签字,建设单位不拨付工程款,不进行竣工验收。

（5）《建设工程安全生产管理条例》中有关监理责任的规定。

第 14 条规定,工程监理单位应当审查施工组织设计中的安全技术措施或者专项施工方案是否符合工程建设强制性标准。工程监理单位在实施监理过程中,发现存在安全事故隐患的,应当要求施工单位整改;情况严重的,应当要求施工单位暂时停止施工,并及时报告建设单位。施工单位拒不整改或者不停止施工的,工程监理单位应当及时向有关主管部门报告。工程监理单位和监理工程师应当按照法律、法规和工程建设强制性标准实施监理,并对建设工程安全生产承担监理责任。

第 57 条规定,违反本条例的规定,工程监理单位有下列行为之一的,责令限期改正;逾期未改正的,责令停业整顿,并处 10 万元以上 30 万元以下的罚款;情节严重的,降低资质等级,直至吊销资质证书;造成重大安全事故,构成犯罪的,对直接责任人员,依照刑法有关规定追究刑事责任;造成损失的,依法承担赔偿责任:①未对施工组织设计中的安全技术措施或者专项施工方案进行审查的;②发现安全事故隐患未及时要求施工单位整改或者暂时停止施工的;③施工单位拒不整改或者不停止施工,未及时向有关主管部门报告的;④未依照法律、法规和工程建设强制性标准实施监理的。

在线练习

第 6 章
练习巩固题

7 建设工程安全生产法规

【学习要点】

掌握建设工程安全生产管理的概念、意义和体制;明确施工安全生产许可证制度;重点掌握建设安全生产管理中涉及的安全生产责任制度、群防群治制度、安全生产教育培训制度、安全生产监督检查制度、伤亡事故处理报告制度、安全责任追究制度等基本制度。重点掌握施工单位的安全生产责任制度。明确施工现场安全与防护制度。了解施工安全事故的应急救援和调查处理的相关规定。熟悉建设单位和施工单位、勘察设计单位、监理单位、机械设备单位和政府部门等建设工程相关单位的安全生产责任制度。

建设行业的特点是多为露天、高处作业,施工环境和作业条件复杂,不安全因素较多,极易发生事故。因此,建设行业历来属于高风险和事故多发行业之一。

《中共中央国务院关于推进安全生产领域改革发展的意见》(中发〔2016〕32号)中指出,坚持安全发展。贯彻以人民为中心的发展思想,始终把人的生命安全放在首位,正确处理安全与发展的关系,大力实施安全发展战略,为经济社会发展提供强有力的安全保障。

《中共中央国务院关于推进安全生产领域改革发展的意见》

安全生产是关系人民群众生命财产安全的大事,是经济社会协调健康发展的标志,是党和政府对人民利益高度负责的要求。建立建设工程安全生产管理基本制度尤其重要。

7.1 建设工程安全生产管理基本制度

7.1.1 建设工程安全生产管理概述

1. 建设工程安全生产管理的概念

建设工程安全生产管理是指建设行政主管部门、建设安全监督管理机构、建筑施工企业及有关单位对建设生产过程中的安全工作,进行计划、组织、指挥、控制、监督等一系列的管理活动。其目的在于保证建设工程的安全和建设活动人员的人身安全。

2. 建设工程安全生产管理

建设工程安全生产管理可概括为纵向、横向和施工现场三个方面的管理。

（1）纵向方面的管理主要是指建设行政主管部门及其授权的建设安全监督管理机构对建设安全生产行业的监督管理。

（2）横向方面的管理主要是指建设生产有关各方如建设单位、设计单位、监理单位和建筑施工企业等的安全责任和义务（企业管理）。

（3）施工现场的管理主要是指控制人的不安全行为和物的不安全状态，是建筑安全生产管理的关键和集中体现。

《安全生产法》和《建设工程安全生产管理条例》目录

3. 建设工程安全生产管理的相关法律法规

我国建设工程安全生产管理的法律法规主要有《中华人民共和国建筑法》《中华人民共和国安全生产法》《建设工程安全生产管理条例》《安全生产许可证条例》和《生产安全事故报告和调查处理条例》等。

7.1.2　建设工程安全生产管理基本制度

建设工程安全生产管理基本制度主要有安全生产责任制度、群防群治制度、安全生产教育培训制度、安全生产监督检查制度、伤亡事故处理报告制度、安全责任追究制度。

1. 安全生产责任制度

安全生产责任制度是建筑生产中最基本的安全管理制度，是所有安全规章制度的核心。安全生产责任制度是指将各种不同的安全责任落实到有安全管理责任的人员和具体岗位人员上的一种制度。这一制度是建设安全生产的基本制度之一。

2. 群防群治制度

群防群治制度是职工群众进行预防和治理安全的一种制度。这一制度也是建设安全生产的基本制度之一。

3. 安全生产教育培训制度

《中华人民共和国建筑法》（以下简称《建筑法》）第46条规定，建筑施工企业应当建立健全劳动安全生产教育培训制度，加强对职工安全生产的教育培训；未经安全生产教育培训的人员，不得上岗作业。

《中华人民共和国安全生产法》（以下简称《安全生产法》）第25条明确规定，生产经营单位应当对从业人员进行安全生产教育和培训，保证从业人员具备必要的安全生产知识，熟悉有关的安全生产规章制度和安全操作规程，掌握本岗位的安全操作技能，了解事故应急处理措施，知悉自身在安全生产方面的权利和义务。未经安全生产教育和培训合格的从业人员，不得上岗作业。

4. 安全生产监督检查制度

安全生产监督检查制度是上级管理部门或企业自身对安全生产状况进行定期和不定期检查的制度。通过检查可以发现问题，查出隐患，从而采取有效措施，堵塞漏洞，把事故消灭在生产之前，做到防患于未然，是"预防为主"的具体体现。通过检查，还可总结出好的经验加以推广，为进一步做好安全工作打下基础。安全生产监督检查制度是安全生产的保障。

安全生产监督检查制度的主要形式一般可分为定期安全检查、经常性安全检查、季节性安全检查、节假日安全检查、开工复工安全检查、专业性安全检查、设备设施安全验收检查等。

5. 伤亡事故处理报告制度

施工中发生事故时,建筑企业应当采取紧急措施减少人员伤亡和事故损失,并按照国家有关规定及时向有关部门报告的制度。

事故处理必须做到"四不放过":①原因不查清不放过;②不采取改正措施不放过;③责任人和广大群众不受到教育不放过;④与事故有关领导和责任人不受到查处不放过。

6. 安全责任追究制度

《安全生产法》第 14 条规定,国家实行生产安全事故责任追究制度,依照本法和有关法律法规的规定,追究生产安全责任人员的法律责任。

建设单位、设计单位、施工单位、监理单位由于没有履行职责造成人员伤亡和事故损失的,视情节给予相应处理;情节严重的,责令停业整顿,降低资质等级或吊销资质证书;构成犯罪的,依法追究刑事责任。

7.1.3　施工安全生产许可证制度

2014 年修订的《安全生产许可证条例》第 2 条规定,国家对矿山企业、建筑施工企业、危险化学品、烟花爆竹、民用爆炸物品生产企业(以下简称企业)实行安全生产许可制度。企业未取得安全生产许可证的,不得从事生产活动。

新修订的《建筑施工企业安全生产许可证管理规定》中规定,建筑施工企业未取得安全生产许可证的,不得从事建筑施工活动。所称建筑施工企业,是指从事土木工程、建筑工程、线路管道和设备安装工程及装修工程的新建、扩建、改建和拆除等有关活动的企业。

安全生产条件

1. 申请领取安全生产许可证的条件

《建筑施工企业安全生产许可证管理规定》第 4 条规定,建筑施工企业取得安全生产许可证,应当具备 12 项安全生产条件。

2. 安全生产许可证的申请、有效期和政府监管的规定

(1) 安全生产许可证的申请。

建筑施工企业向企业注册所在地省、自治区、直辖市人民政府建设主管部门申请领取安全生产许可证。中央管理的建筑施工企业(集团公司、总公司)向国务院建设行政主管部门申请领取安全生产许可证。

(2) 安全生产许可证的有效期。

根据《安全生产许可证条例》的规定:①安全生产许可证的有效期为 3 年;②安全生产许可证有效期满需要延期的,企业应当于期满前 3 个月向原安全生产许可证颁发管理机关办理延期手续;③企业在安全生产许可证有效期内,严格遵守有关安全生产的法律法规,未发生死亡事故的,安全生产许可证有效期届满时,经原安全生产许可证颁发管理机关同意,不再审查,安全生产许可证有效期延期 3 年。

但是,建筑施工企业变更名称、地址、法定代表人等,应当在变更后 10 日内,到原安全生产许可证颁发管理机关办理变更手续。建筑施工企业破产、倒闭、撤销的,应当将安全生产许可证交回原安全生产许可证颁发管理机关并予以注销。建筑施工企业遗失安全生产许可证的,应当立即向原安全生产许可证颁发管理机关报告,并在公共媒体上声明作废后,方可申请补办。

（3）政府监管。

建设主管部门在审核发放施工许可证时,应当对已经确定的建筑施工企业是否有安全生产许可证进行审查,对没有取得安全生产许可证的,不得颁发施工许可证。企业不得转让、冒用安全生产许可证或者使用伪造的安全生产许可证。企业取得安全生产许可证后,不得降低安全生产条件,并应当加强日常安全生产管理,接受安全生产许可证颁发管理机关的监督检查。安全生产许可证颁发管理机关发现企业不再具备安全生产条件的,应当暂扣或者吊销安全生产许可证。

安全生产许可证颁发管理机关或者其上级行政机关发现有违法情形的,可以撤销已经颁发的安全生产许可证。

3. 建筑生产企业的其他安全认证

（1）特殊专业队伍的安全认证。

人工挖孔桩、地基基础、护壁支撑、塔式起重机装拆、井字架（龙门架）、特种脚手架搭设等施工队伍,资格审查合格后颁发专业施工安全许可证。

（2）专职安全人员资格认证。

建筑施工单位应当设置安全生产管理机构和配备专职安全生产管理人员。对主要负责人和安全生产管理人员,应当由有关部门对其安全生产知识和管理能力考核合格后方可任职。

4. 安全生产许可证违法行为应承担的法律责任

（1）未取得安全生产许可证擅自从事施工活动应承担的法律责任。

建筑施工企业未取得安全生产许可证擅自从事建筑施工活动的,责令其在建项目停止施工,没收违法所得,并处 10 万元以上 50 万元以下的罚款;造成重大安全事故或者其他严重后果,构成犯罪的,依法追究刑事责任。

（2）安全生产许可证有效期满未办理延期手续继续从事施工活动应承担的法律责任。

安全生产许可证有效期满未办理延期手续,继续从事建筑施工活动的,责令其在建项目停止施工,限期补办延期手续,没收违法所得,并处 5 万元以上 10 万元以下的罚款;逾期仍不办理延期手续,继续从事建筑施工活动的,依照未取得安全生产许可证擅自从事建筑施工活动的规定处罚。

（3）转让安全生产许可证等应承担的法律责任。

建筑施工企业转让安全生产许可证的,没收违法所得,处 10 万元以上 50 万元以下的罚款,并吊销安全生产许可证;构成犯罪的,依法追究刑事责任;接受转让的,依照未取得安全生产许可证擅自从事建筑施工活动的规定处罚。冒用安全生产许可证或者使用伪造的安全生产许可证的,依照未取得安全生产许可证擅自从事建筑施工活动的规定处罚。

（4）以不正当手段取得安全生产许可证应承担的法律责任。

建筑施工企业隐瞒有关情况或者提供虚假材料申请安全生产许可证的,不予受理或者不予颁发安全生产许可证,并给予警告,1年内不得申请安全生产许可证。

建筑施工企业以欺骗、贿赂等不正当手段取得安全生产许可证的,撤销安全生产许可证,3年内不得再次申请安全生产许可证;构成犯罪的,依法追究刑事责任。

（5）暂扣安全生产许可证并限期整改的规定。

取得安全生产许可证的建筑施工企业,发生重大安全事故的,暂扣安全生产许可证并限期整改。建筑施工企业不再具备安产条件的,暂扣安全生产许可证并限期整改;情节严重的,吊销安全生产许可证。

（6）颁证机关工作人员违法行为应承担的法律责任。

《安全生产许可证条例》规定,安全生产许可证颁发管理机关工作人员有规定违法行为的,可以给予降级或者撤职的行政处分;构成犯罪的,依法追究刑事责任。

7.2 施工单位的安全生产责任

施工单位是建设工程施工活动的主体,是企业生产经营的主体,在施工安全生产中处于核心地位。必须加强对施工安全生产的管理,落实施工安全生产的主体责任。

《安全生产法》规定,安全生产工作应当以人为本,坚持安全发展,坚持"安全第一、预防为主、综合治理"的方针。

7.2.1 施工单位的安全生产责任制度

安全生产责任制度是施工单位最基本的安全管理制度,是施工单位安全生产的核心和中心环节。

《建设工程安全生产管理条例》进一步规定,施工单位应当建立健全安全生产责任制度和安全生产教育培训制度,制定安全生产规章制度和操作规程,保证本单位安全生产条件所需资金的投入,对所承担的建设工程进行定期和专项安全检查,并做好安全检查记录。

1. 施工单位主要负责人对安全生产工作全面负责

《建设工程安全生产管理条例》规定,施工单位主要负责人依法对本单位的安全生产工作全面负责。

明确施工单位主要负责人对本单位的安全生产责任制,是贯彻"安全第一、预防为主、综合治理"方针的基本要求,也是被实践证明行之有效的"管生产必须同时管安全"原则的具体体现。

《国务院关于坚持科学发展安全发展促进安全生产形势持续稳定好转的意见》进一步指出,企业主要负责人、实际控制人要切实承担安全生产第一责任人的责任,带头执行现场带班制度,加强现场安全管理。

住房和城乡建设部关于印发《建筑施工企业主要负责人、项目负责人和专职安全生产管理人员安全生产管理规定实施意见》(建质〔2015〕206 号)中规定,企业主要负责人的范围包括法定代表人、总经理(总裁)、分管安全生产的副总经理(副总裁)、分管生产经营的副总经理(副总裁)、技术负责人、安全总监等。

2. 施工单位安全生产管理机构及专职安全生产管理人员的责任

《建设工程安全生产管理条例》规定,施工单位应当设立安全生产管理机构,配备专职安全生产管理人员。专职安全生产管理人员负责对安全生产进行现场监督检查。发现安全事故隐患,应当及时向项目负责人和安全生产管理机构报告;对违章指挥、违章操作的,应当立即制止。

安全生产管理机构是指施工单位设置的负责安全生产管理工作的独立职能部门。

专职安全生产管理人员是指经建设主管部门或者其他有关部门安全生产考核合格取得安全生产考核合格证书,并在施工单位及其项目从事安全生产管理工作的专职人员。

《建筑施工企业安全生产管理机构设置及专职生产管理人员配备办法》规定,建筑施工企业安全生产管理机构专职生产管理人员的配备应满足下列要求,并应根据企业经营规模、设备管理和生产需要予以增加:①建筑施工总承包资质:特级资质不少于 6 人;一级资质不少于 4 人;二级和二级以下资质不少于 3 人;②建筑施工专业承包资质:一级资质不少于 3 人;二级和二级以下资质不少于 2 人;③建筑施工劳务分包资质:不少于 2 人;④建筑施工企业的分公司、区域公司等较大的分支机构:不少于 2 人。

总承包单位配备项目专职安全生产管理人员应当满足下列要求。

(1) 建筑工程、装修工程按照建筑面积配备:①1 万平方米以下的工程不少于 1 人;②1 万~5 万平方米的工程不少于 2 人;③5 万平方米及以上的工程不少于 3 人,且按专业配备专职安全生产管理人员。

(2) 土木工程、线路管道、设备安装工程按照工程合同价配备:①5000 万元以下的工程不少于 1 人;②5000 万~1 亿元的工程不少于 2 人;③1 亿元及以上的工程不少于 3 人,且按专业配备专职安全生产管理人员。

分包单位配备项目专职安全生产管理人员应当满足下列要求。

(1) 专业承包单位应当配置至少 1 人,并根据所承担的分部分项工程的工程量和施工危险程度增加。

(2) 劳务分包单位施工人员在 50 人以下的,应当配备 1 名专职安全生产管理人员;50~200 人的,应当配备 2 名专职安全生产管理人员;200人及以上的,应当配备 3 名及以上专职安全生产管理人员,并根据所承担的分部分项工程施工危险实际情况增加,不得少于工程施工人员总人数的 5‰。

三类"安管人员"的安全生产职责

7.2.2　施工项目负责人的安全生产责任

《建设工程安全生产管理条例》第 21 条规定,施工单位的项目负责人应当由取得相应执业资格的人员担任,对建设工程项目的安全施工负责,落实安全生产责任制度、安全生产规章制度和操作规程,确保安全生产费用的有效使用,并根据工程的特点组织制定安全施工措施,消除安全事故隐患,及时、如实报告生产安全事故。

施工项目负责人是指建设工程项目的项目经理。施工单位不同于一般的生产经营单位,通常会同时承揽若干项建设工程,而且异地施工的情况很普遍。针对这种特殊性,为了加强施工现场管理,施工单位都要对每个建设工程项目委派一名项目负责人,即项目经理,由项目经理对该项目的施工过程全面负责。项目负责人经施工单位法定代表人授权,选调技术、生产、材料、成本等管理人员组成项目管理班子,代表施工单位在本工程项目上履行管理职责。

1. 施工单位项目负责人的安全生产责任

《建设工程安全生产管理条例》还规定,建设工程施工前,施工单位负责项目管理的技术人员应当对有关安全施工的技术要求向施工作业班组、作业人员做详细说明,并由双方签字确认。这就是通常所说的交底制度。在施工前,施工单位负责项目管理的技术负责人要将工程概况、施工方法、安全技术措施等向作业班组、作业人员进行详细讲解和说明。这有助于作业班组和作业人员尽快了解将要进行施工的具体情况,掌握有关操作方法和注意事项,保护作业人员的人身安全,减少因伤亡事故而导致的经济损失。

2. 施工单位项目负责人施工现场带班制度

《住房城乡建设部办公厅关于进一步加强危险性较大的分部分项工程安全管理的通知》(建办质〔2017〕39号)中规定,施工单位项目经理是危大工程安全管控第一责任人,必须在危大工程施工期间现场带班,超过一定规模的危大工程施工时,施工单位负责人应当带班检查。监理单位对危大工程安全生产承担监理责任,项目总监理工程师或其委托的专业监理工程师必须对危大工程实施旁站监理。

其中,建筑施工企业负责人是指企业的法定代表人、总经理、主管质量安全和生产工作的副总经理、总工程师和副总工程师。本办法所称的项目负责人,是指工程项目的项目经理。本办法所称的施工现场,是指进行房屋建筑和市政工程施工作业活动的场所。

项目负责人是工程项目质量安全管理的第一责任人,应对工程项目落实带班制度负责。项目负责人在同一时期只能承担一个工程项目的管理工作。

落实施工单位项目负责人施工现场带班制度,项目负责人每月带班生产时间不得少于本月施工时间的80%。因其他事务需要离开施工现场时,应向工程项目的建设单位请假,经批准后方可离开。离开期间应委托项目相关负责人负责其外出的日常工作。

7.2.3 施工总承包和分包单位的安全生产责任

《建筑法》规定,施工现场安全由建筑施工企业负责。实行施工总承包的,由总承包单位负责。分包单位向总承包单位负责,服从总承包单位对施工现场的安全生产管理。

1. 总承包单位应当承担的法定安全生产责任

建设工程实行施工总承包的,由总承包单位对施工现场的安全生产负总责。由于施工总承包是由一个施工单位对建设工程的施工全面负责,总承包单位不仅要负责建设工程质量、建设工期、造价控制,还要对施工现场的施工组织和安全生产进行统一管理和全面负责。

(1)分包合同应当明确总分包双方的安全生产责任。

《建设工程安全生产管理条例》规定,总承包单位依法将建设工程分包给其他单位的,分包合同中应当明确各自的安全生产方面的权利、义务。

施工总承包单位与分包单位的安全生产责任，可以分为法定责任和约定责任两种表现形式。法定的安全生产责任，即法律、法规中明确规定的总承包单位、分包单位各自的安全生产责任。约定的安全生产责任，即总承包单位与分包单位在分包合同中通过协商约定各自应当承担的安全生产责任。

（2）统一组织编制建设工程生产安全应急救援预案。

《建设工程安全生产管理条例》规定，施工单位应当根据建设工程施工的特点、范围，对施工现场易发生重大事故的部位、环节进行监控，制定施工现场生产安全事故应急救援预案。实行施工总承包的，由总承包单位统一组织编制建设工程生产安全事故应急救援预案，工程总承包单位和分包单位按照应急救援预案，各自建立应急救援组织或者配备应急救援人员，配备救援器材、设备，并定期组织演练。

（3）负责向有关部门上报生产安全事故。

《建设工程安全生产管理条例》规定，实行施工总承包的建设工程，由总承包单位负责上报事故。据此，一旦发生施工安全事故，施工总承包单位应当依法担负起及时报告的义务。

（4）自行完成建设工程主体结构的施工。

（5）总承包单位和分包单位对分包工程的安全生产承担连带责任。

2. 分包单位应当承担的法定安全生产责任

《建筑法》规定，分包单位向总承包单位负责，服从总承包单位对施工现场的安全生产管理。《建设工程安全生产管理条例》进一步规定，分包单位应当服从总承包单位的安全生产管理，分包单位不服从管理导致生产安全事故的，由分包单位承担主要责任。

7.2.4 施工作业人员安全生产的权利和义务

施工作业人员应当依法享受安全生产的权利，也应依法履行安全生产的义务。

1. 施工作业人员应当享有的安全生产权利

（1）施工安全生产的知情权、建议权。

（2）施工安全防护用品的获得权。

（3）批评、检举、控告权、拒绝违章指挥权。

（4）紧急避险权。

（5）获得工伤保险和意外伤害保险赔偿的权利。

（6）请求民事赔偿权。

（7）依靠工会维权和被派遣劳动者的权利。

2. 施工作业人员应当履行的安全生产义务

（1）守法遵章和正确使用安全防护用具等的义务。

（2）接受安全生产教育培训的义务。

（3）安全事故隐患报告的义务。

（4）被派遣劳动者的义务。

7.2.5　施工单位安全生产教育培训的规定

安全生产教育培训制度,是指对从业人员进行安全生产的教育和安全生产技能的培训,并将这种教育和培训制度化、规范化,以提高全体人员的安全意识和安全生产的管理水平,减少和防止生产安全事故的发生。

1. 施工单位安全管理人员的培训考核

施工单位的主要负责人、项目负责人、专职安全生产管理人员(合称"安管人员")应当经建设行政主管部门或者其他部门考核合格后方可任职。

施工单位的主要负责人要对本单位的安全生产工作全面负责,项目负责人要对所负责的建设工程项目的安全生产工作全面负责,安全生产管理人员直接、具体地承担本单位日常的安全生产管理工作。这三类人员在施工安全方面的知识水平和管理能力直接关系到本单位、本项目的安全生产管理水平。因此,这三类人员必须经安全生产知识和管理能力考核合格后方可任职。

2. 每年至少进行一次全员安全生产教育培训

《建设工程安全生产管理条例》规定,施工单位应当对管理人员和作业人员每年至少进行一次安全生产教育培训,其教育培训情况记入个人工作档案。安全生产教育培训考核不合格的人员,不得上岗。

3. 进入新的岗位或者新的施工现场前的安全生产教育培训

《建设工程安全生产管理条例》规定,作业人员进入新的岗位或者新的施工现场前,应当接受安全生产教育培训。未经教育培训或者教育培训考核不合格的人员,不得上岗作业。

4. 采用新技术、新工艺、新设备、新材料前的安全生产教育培训

《建设工程安全生产管理条例》规定,施工单位在采用新技术、新工艺、新设备、新材料时,应当对作业人员进行相应的安全生产教育培训。

5. 特种作业人员的安全培训考核

《建设工程安全生产管理条例》第25条规定,垂直运输机械作业人员、安装拆卸工、爆破作业人员、起重信号工、登高架设作业人员等特种作业人员,必须按照国家有关规定经过专门的安全作业培训,并取得特种作业操作资格证书后,方可上岗作业。

特种作业是指容易发生事故,对操作者本人、他人的安全健康及设备、设施的安全可能造成重大危害的作业。特种作业人员是指直接从事特种作业的从业人员。

《建筑施工特种作业人员管理规定》规定建筑施工特种作业包括:①建筑电工;②建筑架子工;③建筑起重信号司索工;④建筑起重机械司机;⑤建筑起重机械安装拆卸工;⑥高处作业吊篮安装拆卸工;⑦经省级以上人民政府建设主管部门认定的其他特种作业。

6. 消防安全教育培训

《社会消防安全教育培训规定》第24条规定,在建工程的施工单位应当开展下列消防安全教育工作:①建设工程施工前应当对施工人员进行消防安全教育;②在建设工地醒目位置、施工人员集中住宿场所设置消防安全宣传栏,悬挂消防安全挂图和消防安全警示标志;③对明火作业人员进行经常性的消防安全教育;④组织灭火和应急疏散演练。

【案例】

1. 背景

某商务中心高层建筑,总建筑面积约 15 万平方米,地下 2 层,地上 22 层。业主与施工单位签订了施工总承包合同,并委托监理单位进行工程监理。开工前,施工单位进行了三级安全教育。在地下桩基施工中,由于是深基坑工程,项目经理部按照设计文件和施工技术标准编制了基坑支护及降水工程专项施工组织方案,经项目经理签字后组织施工。同时,项目经理安排负责质量检查的人员兼任安全工作。当土方开挖至坑底设计标高时,监理工程师发现基坑四周地表出现大量裂纹,坑边部分土石有滑落现象,立即向现场作业人员发出口头通知,要求停止施工,撤离相关作业人员。但施工作业人员担心拖延施工进度,对监理通知不予理睬,继续施工。随后,基坑发生大面积坍塌,基坑下 6 名作业人员被埋,造成 3 人死亡、2 人重伤、1 人轻伤。

2. 问题

本案中,施工单位有哪些违法行为?

3. 分析

本案中,施工单位存在如下违法问题。

(1)专项施工方案审批程序错误。《建设工程安全生产管理条例》第 26 条规定,施工单位对达到一定规模的危险性较大的分部分项工程编制专项施工方案后,须经施工单位技术负责人、总监理工程师签字后实施。而本案中的基坑支护和降水工程专项施工方案仅由项目经理签字后即组织施工,是违法的。

(2)安全生产管理环节严重缺失。《建设工程安全生产管理条例》第 23 条规定,施工单位应当设立安全生产管理机构,配备专职安全生产管理人员。第 26 条规定,对分部分项工程专项施工方案的实施,"由专职安全生产管理人员进行现场监督"。本案例中,项目经理部安排质量检查人员兼任安全管理人员,明显违反了上述规定。

(3)施工作业人员安全生产自我保护意识不强。《建设工程安全生产管理条例》第 32 条规定,作业人员有权对施工现场的作业条件、作业程序和作业方式中存在的安全问题提出批评、检举和控告,有权拒绝违章指挥和强令冒险作业。在施工中发生危及人身安全的紧急情况时,作业人员有权立即停止作业或者采取必要的应急措施后撤离危险区域。本案例中,施工作业人员迫于施工进度压力冒险作业,也是造成安全事故的重要原因。

7.2.6 违法行为应承担的法律责任

1. 施工单位违法行为应承担的法律责任

《建筑法》第 71 条规定,建筑施工企业违反本法规定,对建筑安全事故隐患不采取措施予以消除的,责令改正,可以处以罚款;情节严重的,责令停业整顿,降低资质等级或者吊销资质证书;构成犯罪的,依法追究刑事责任。

《建设工程安全生产管理条例》第 62 条规定,违反本条例的规定,施工单位有下列行为之一的,责令限期改正;逾期未改正的,责令停业整顿,依照《中华人民共和国安全生产法》的有关规定处以罚款;造成重大安全事故,构成犯罪的,对直接责任人员,依照刑法有关规定追究刑事责任:

（1）未设立安全生产管理机构、配备专职安全生产管理人员或者分部分项工程施工时无专职安全生产管理人员现场监督的；

（2）施工单位的主要负责人、项目负责人、专职安全生产管理人员、作业人员或者特种作业人员，未经安全教育培训或者经考核不合格即从事相关工作的；

（3）未在施工现场的危险部位设置明显的安全警示标志，或者未按照国家有关规定在施工现场设置消防通道、消防水源、配备消防设施和灭火器材的；

（4）未向作业人员提供安全防护用具和安全防护服装的；

（5）未按照规定在施工起重机械和整体提升脚手架、模板等自升式架设设施验收合格后登记的；

（6）使用国家明令淘汰、禁止使用的危及施工安全的工艺、设备、材料的。

《建设工程安全生产管理条例》第67条规定，施工单位取得资质证书后，降低安全生产条件的，责令限期改正；经整改仍未达到与其资质等级相适应的安全生产条件的，责令停业整顿，降低其资质等级直至吊销资质证书。

《建设工程安全生产管理条例》第63条规定，施工单位挪用列入建设工程概算的安全生产作业环境及安全施工措施所需费用的，责令限期改正，处挪用费用20%以上50%以下的罚款；造成损失的，依法承担赔偿责任。

《刑法》第137条规定，建设单位、设计单位、施工单位、工程监理单位违反国家规定，降低工程质量标准，造成重大安全事故的，对直接责任人员，处5年以下有期徒刑或者拘役，并处罚金；后果特别严重的，处5年以上10年以下有期徒刑，并处罚金。

2. 施工管理人员违法行为应承担的法律责任

《建筑法》第71条规定，建筑施工企业的管理人员违章指挥、强令职工冒险作业，因而发生重大伤亡事故或者造成其他严重后果的，依法追究刑事责任。

《建设工程安全生产管理条例》第66条规定，施工单位的主要负责人、项目负责人未履行安全生产管理职责的，责令限期改正；逾期未改正的，责令施工单位停业整顿；造成重大安全事故、重大伤亡事故或者其他严重后果，构成犯罪的，依照刑法有关规定追究刑事责任。

施工单位的主要负责人、项目负责人有以上违法行为，尚不够刑事处罚的，处2万元以上20万元以下的罚款或者按照管理权限给予撤职处分；自刑罚执行完毕或者受处分之日起，5年内不得担任任何施工单位的主要负责人、项目负责人。

《建设工程安全生产管理条例》第58条规定，注册执业人员未执行法律、法规和工程建设强制性标准的，责令停止执业3个月以上1年以下；情节严重的，吊销执业资格证书，5年内不予注册；造成重大安全事故的，终身不予注册；构成犯罪的，依照刑法有关规定追究刑事责任。

《刑法》第134条规定，强令工人违章冒险作业，因而发生重大伤亡事故或者造成其他严重后果的，处5年以下有期徒刑或者拘役；情节特别恶劣的，处5年以上有期徒刑。

《刑法》第135条规定，安全生产设施或者安全生产条件不符合国家规定，因而发生重大伤亡事故或者造成其他严重后果的，对直接负责的主管人员和其他直接责任人员，处3年以下有期徒刑或者拘役；情节特别恶劣的，处3年以上7年以下有期徒刑。

3. 施工作业人员违法行为应承担的法律责任

《建设工程安全生产管理条例》66 规定,作业人员不服管理、违反规章制度和操作规程冒险作业造成重大伤亡事故或者其他严重后果,构成犯罪的,依照刑法有关规定追究刑事责任。

4. 特种作业违法行为应承担的法律责任

《特种设备安全监察条例》第 86 条规定,特种设备使用单位有下列情形之一的,由特种设备安全监督管理部门责令限期改正;逾期未改正的,责令停止使用或者停产停业整顿,处 2000 元以上 2 万元以下罚款:

(1) 未依照本条例规定设置特种设备安全管理机构或者配备专职、兼职的安全管理人员的;

(2) 从事特种设备作业的人员,未取得相应特种作业人员证书,上岗作业的;

(3) 未对特种设备作业人员进行特种设备安全教育和培训的。

根据《特种作业人员安全技术培训考核管理规定》,生产经营单位未建立健全特种作业人员档案的,给予警告,并处 1 万元以下的罚款。

生产经营单位使用未取得特种作业操作证的特种作业人员上岗作业的,责令限期改正;逾期未改正的,责令停产停业整顿,可以并处 2 万元以下的罚款。

生产经营单位非法印制、伪造、倒卖特种作业操作证,或者使用非法印制、伪造、倒卖的特种作业操作证的,给予警告,并处 1 万元以上 3 万元以下的罚款;构成犯罪的,依法追究刑事责任。

特种作业人员伪造、涂改特种作业操作证或者使用伪造的特种作业操作证的,给予警告,并处 1000 元以上 5000 以下的罚款。特种作业人员转借、转让、冒用特种作业操作证的,给予警告,并处 2000 元以上 10000 元以下的罚款。

7.3 施工现场安全防护制度

保障建设工程施工安全生产,除了要建立健全施工安全生产责任和安全生产教育培训制度外,还应当针对建设工程施工的特点,加强安全技术管理工作。

7.3.1 编制安全技术措施、专项施工方案和安全技术交底的规定

《建筑法》第 38 条规定,建筑施工企业在编制施工组织设计时,应当根据建筑工程的特点制定相应的安全技术措施;对专业性较强的工程项目,应当编制专项安全施工组织设计,并采取安全技术措施。

1. 编制安全技术措施和施工现场临时用电方案

《建设工程安全生产管理条例》规定,施工单位应当在施工组织设计中编制安全技术措施和施工现场临时用电方案。

（1）安全技术措施。

安全技术措施是为了实现安全生产,在防护上、技术上和管理上采取的措施。具体来说,就是在工程施工中,针对工程的特点、施工现场环境、施工方法、劳动组织、作业方法、使用的机械、动力设备、变配电设施、架设工具以及各项安全防护设施等制定的确保安全施工的措施。

安全技术措施通常包括以下内容:根据基坑、地下室深度和地质资料,保证土石方边坡稳定的措施;脚手架、吊篮、安全网、各类洞口防止人员坠落的技术措施;外用电梯、井架以及塔吊等垂直运输机具的拉结要求及防塌陷的措施;安全用电和机电防短路、防触电的措施;有毒有害、易燃易爆作业的技术措施;施工现场周围通行道路及居民防护隔离等措施。

安全技术措施可分为防止事故发生的安全技术措施和减少事故损失的安全技术措施。防止事故发生的安全技术措施有消除危险源、限制能量或危险物质、隔离、故障—安全设计、减少故障和失误等。减少事故损失的安全技术措施是在事故发生后迅速控制局面,防止事故扩大,避免引起二次事故发生,从而减少事故造成的损失。常用的减少事故损失的安全技术措施主要包括隔离、个体防护、设置薄弱环节(如锅炉上的易熔塞、电路中的熔断器等)、避难与救援等。

（2）施工现场临时用电方案。

施工组织设计中还应包括施工现场临时用电方案,防止施工现场人员触电和电气火灾事故发生。临时用电方案不仅直接关系到用电人员的安全,也关系到施工进度和工程质量。

施工现场临时用电组织设计应包括下列内容:现场勘测,确定电源进线、变电所或配电室、配电装置、用电设备位置及线路走向,进行负荷计算,选择变压器,设计配电系统,设计防雷装置,确定防护措施,制定安全用电措施和电气防火措施。

临时用电组织设计及变更时,必须履行"编制、审核、批准"程序,由电气工程技术人员组织编制,经相关部门审核及具有法人资格企业的技术负责人批准后实施。变更用电组织设计时应补充有关图纸资料。临时用电工程必须经编制、审核、批准部门和使用单位共同验收,合格后方可投入使用。

2. 编制安全专项施工方案

《建设工程安全生产管理条例》规定,对下列达到一定规模的危险性较大的分部分项工程编制专项施工方案,并附具安全验算结果,经施工单位技术负责人、总监理工程师签字后实施,由专职安全生产管理人员进行现场监督:①基坑支护与降水工程;②土方开挖工程;③模板工程;④起重吊装工程;⑤脚手架工程;⑥拆除、爆破工程;⑦国务院建设行政主管部门或者其他有关部门规定的其他危险性较大的工程。对以上所列工程中涉及深基坑、地下暗挖工程、高大模板工程的专项施工方案,施工单位还应当组织专家进行论证、审查。

危险性较大的分部分项工程,是指房屋建筑和市政基础设施工程在施工过程中,容易导致人员群死群伤或造成重大经济损失的分部分项工程。危险性较大的分部分项工程安全专项施工方案,是指施工单位在编制施工组织(总)设计的基础上,针对危险性较大的分部分项工程单独编制的安全技术措施文件。

(1)安全专项施工方案的编制。

《危险性较大的分部分项工程安全管理办法》中规定,施工单位应当在危险性较大的分部分项工程施工前编制专项方案;对于超过一定规模的危险性较大的分部分项工程,施工单位应当组织专家对专项方案进行论证。

建筑工程实行施工总承包的,专项方案应当由施工总承包单位组织编制。其中,起重机械安装拆卸工程、深基坑工程、附着式升降脚手架等专业工程实行分包的,其专项方案可由专业承包单位组织编制。

专项方案编制应当包括以下内容。①工程概况:危险性较大的分部分项工程概况、施工平面布置、施工要求和技术保证条件。②编制依据:相关法律、法规、规范性文件、标准、规范及图纸(国标图集)、施工组织设计等。③施工计划:包括施工进度计划、材料与设备计划。④施工工艺技术:技术参数、工艺流程、施工方法、检查验收等。⑤施工安全保证措施:组织保障、技术措施、应急预案、监测监控等。⑥劳动力计划:专职安全生产管理人员、特种作业人员等。⑦计算书及相关图纸。

(2)安全专项施工方案的审核。

专项方案应当由施工单位技术部门组织本单位施工技术、安全、质量等部门的专业技术人员进行审核。经审核合格的,由施工单位技术负责人签字。实行施工总承包的,专项方案应当由总承包单位技术负责人及相关专业承包单位技术负责人签字。无须专家论证的专项方案,经施工单位审核合格后报监理单位,由项目总监理工程师审核签字。

超过一定规模的危险性较大的分部分项工程专项方案应当由施工单位组织召开专家论证会。实行施工总承包的,由施工总承包单位组织召开专家论证会。

施工单位应当根据论证报告修改完善专项方案,并经施工单位技术负责人、项目总监理工程师、建设单位项目负责人签字后,方可组织实施。实行施工总承包的,应当由施工总承包单位、相关专业承包单位技术负责人签字。

专项方案经论证后须做重大修改的,施工单位应当按照论证报告修改,并重新组织专家进行论证。

(3)安全专项施工方案的实施。

施工单位应当严格按照专项方案组织施工,不得擅自修改、调整专项方案。如因设计、结构、外部环境等因素发生变化确须修改的,修改后的专项方案应当按规定重新审核。对于超过一定规模的危险性较大工程的专项方案,施工单位应当重新组织专家进行论证。

施工单位应当指定专人对专项方案实施情况进行现场监督和按规定进行监测。发现不按照专项方案施工的,应当要求其立即整改;发现有危及人身安全紧急情况的,应当立即组织作业人员撤离危险区域。施工单位技术负责人应当定期巡查专项方案实施情况。

对于按规定需要验收的危险性较大的分部分项工程,施工单位、监理单位应当组织有关人员进行验收。验收合格的,经施工单位项目技术负责人及项目总监理工程师签字后,方可进入下一道工序。

3. 安全施工技术交底

《建设工程安全生产管理条例》规定,建设工程施工前,施工单位负责项目管理的技术人员应当对有关安全施工的技术要求向施工作业班组、作业人员作出详细说明,并由双方签字确认。

安全技术交底,通常有施工工种安全技术交底、分部分项工程施工安全技术交底、大型特殊工程单项安全技术交底、设备安装工程技术交底以及采用新工艺、新技术、新材料施工的安全技术交底等。

施工单位负责项目管理的技术人员与作业班组、作业人员进行安全技术交底后,应当由双方确认。确认的方式是填写安全技术措施交底单,并按规定签字。

7.3.2 施工现场安全防护的规定

《建筑法》第39条规定,建筑施工企业应当在施工现场采取维护安全、防范危险、预防火灾等措施;有条件的,应当对施工现场实行封闭管理。施工现场对毗邻的建筑物、构筑物和特殊作业环境可能造成损害的,建筑施工企业应当采取安全防护措施。

1. 危险部位设置安全警示标志

《建筑工程安全生产管理条例》规定,施工单位应当在施工现场入口处、施工起重机械、临时用电设施、脚手架、出入通道口、楼梯口、电梯井口、孔洞口、桥梁口、隧道口、基坑边沿、爆破物及有害危险气体和液体存放处等危险部位,设置明显安全警示标志。安全警示标志必须符合国家标准。

安全警示标志是指提醒人们注意的各种标牌、文字、符号以及灯光等,一般由安全色、几何图形和图形符号构成。

2. 根据不同施工阶段采取相应的安全施工措施

《建设工程安全生产管理条例》规定,施工单位应当根据不同施工阶段和周围环境及季节、气候的变化,在施工现场采取相应的安全施工措施。施工现场暂时停止施工的,施工单位应当做好现场防护,所需费用由责任方承担,或者按照合同约定执行。

3. 施工现场临时设施的安全卫生要求

《建设工程安全生产管理条例》规定,施工单位应当将施工现场的办公、生活区与作业区分开设置,并保持安全距离;办公、生活区的选址应当符合安全性要求。职工的膳食、饮水、休息场所等应当符合卫生标准。施工单位不得在尚未竣工的建筑物内设置员工集体宿舍。施工现场临时搭建的建筑物应当符合安全使用要求。施工现场使用的装配式活动房屋应当具有产品合格证。

由于施工是流动作业,为了保障职工身体健康,职工的膳食、饮水、休息场所等,都应当符合卫生安全标准。

未竣工的建筑物内不得设置员工集体宿舍。主要是这类建筑物尚在施工过程中,条件较差,不宜居住,如将员工集体宿舍设在其中,将有很大的安全事故隐患。施工现场临时搭建的建筑物,如办公用房、宿舍、食堂、仓库、卫生间、淋浴室等,也必须稳固、安全、整洁,并满足消防要求。

4. 施工现场周边的安全防护措施

《建设工程安全生产管理条例》规定,施工单位对因建设工程施工可能造成损害的毗邻建筑物、构筑物和地下管线等,应当采取专项防护措施。在城市市区内的建设工程,施工单位应当对施工现场实行封闭围挡。

在城市市区内的建设工程,施工单位应当对施工现场实行封闭围挡。位于一般路段的围挡应高于1.8 m,在市区主要路段的围挡应高于2.5 m。施工现场应采用密目式安全网、围墙、围栏等封闭起来。

5. 危险作业的施工现场安全管理

《安全生产法》规定,生产经营单位进行爆破、吊装等危险作业,应当安排专门人员进行现场安全管理,确保操作规程的遵守和安全措施的落实。

爆破、吊装等作业具有较大危险性,容易发生事故。因此,作业人员必须严格按照操作规程进行操作,施工单位也应当采取必要的防范措施,安排专门人员进行作业现场的安全管理。

6. 安全防护设备、机械设备等的安全管理

《建设工程安全生产管理条例》规定,施工单位采购、租赁的安全防护用具、机械设备、施工机具及配件,应当具有生产(制造)许可证、产品合格证,并在进入施工现场前进行查验。施工现场的安全防护用具、机械设备、施工机具及配件必须由专人管理,定期进行检查、维修和保养,建立相应的资料档案,并按照国家有关规定及时报废。

7. 施工起重机械设备等的安全使用管理

《建设工程安全生产管理条例》规定,施工单位在使用施工起重机械和整体提升脚手架、模板等自升式架设设施前,应当组织有关单位进行验收,也可以委托具有相应资质的检验检测机构进行验收;使用承租的机械设备和施工机具及配件的,由施工总承包单位、分包单位、出租单位和安装单位共同进行验收。验收合格的方可使用。

【案例】

1. 背景

2009年8月,某建筑公司按合同约定对其施工并已完工的路面进行维护,路面经铲挖后形成凹凸和小沟,路边堆有砂石料,但在施工路面和路两头均未设置任何提示过往行人及车辆注意安全的警示标志。2009年8月16日,张某骑摩托车经过此路段时,因不明路况,摩托车碰到路面上的施工材料而翻倒,造成10级伤残。张某受伤后多次要求该建筑公司赔偿,但建筑公司认为张某受伤与己方无关。张某将建筑公司起诉至人民法院。

2. 问题

(1)本案中的建筑公司是否存在违法施工行为?

(2)该建筑公司是否应承担赔偿的民事法律责任?

3. 分析

(1)《建设工程安全生产管理条例》第28条规定,施工单位应当在施工现场入口处、施工起重机械、临时用电设施、脚手架、出入通道口、楼梯口、电梯井口、孔洞口、桥梁口、隧道口、基坑边沿、爆破物及有害危险气体和液体存放处等危险部位,设置明显的安全警示标志。安全警示标志必须符合国家标准。本案中的某建筑公司在施工时未设置任何提示过往行人及车辆注意安全的警示标志，明显违反了上述规定。

（2）法院经审理后认为，某建筑公司在进行路面维修时，致使路面凹凸不平，且并未设置明显警示标志和采取安全措施，造成原告伤残，按照《民法通则》第125条规定，在公共场所、道旁或者通道上挖坑、修缮安装地下设施等，没有设置明显标志和采取安全措施造成他人损害的，施工人应当承担民事责任。判决建筑公司作为施工方应当承担民事赔偿责任。

7.3.3 五项危险性较大的分部分项工程施工安全要点

《关于印发起重机械、基坑工程等五项危险性较大的分部分项工程施工安全要点的通知》（建安办函〔2017〕12号）要求，为加强房屋建筑和市政基础设施工程中起重机械、基坑工程等危险性较大的分部分项工程安全管理，有效遏制建筑施工群死群伤事故的发生，根据有关规章制度和标准规范，我司组织制定了起重机械安装拆卸作业、起重机械使用、基坑工程、脚手架、模板支架五项危险性较大的分部分项工程施工安全要点。

7.3.4 施工现场消防安全职责和应采取的消防安全措施

近年来，施工现场的火灾时有发生，甚至出现了特大恶性火灾事故。因此，施工单位必须建立健全消防安全责任制，加强消防安全教育培训，严格消防安全管理，确保施工现场消防安全。

1. 在施工现场建立消防安全责任制，确定消防安全责任人

《国务院关于加强和改进消防工作的意见》（国发〔2011〕46号）规定，机关、团体、企业事业单位法定代表人是本单位消防第一责任人。

《消防法》第16条规定，机关、团体、企业、事业等单位应当履行下列消防安全职责：①落实消防安全责任制，制定本单位的消防安全制度、消防安全操作规程，制定灭火和应急疏散预案；②按照国家标准、行业标准配置消防设施、器材，设置消防安全标志，并定期组织检验、维修，确保完好有效；③对建筑消防设施每年至少进行1次全面检测，确保完好有效，检测记录应当完整准确，存档备查；④保障疏散通道、安全出口、消防车通道畅通，保证防火防烟分区、防火间距符合消防技术标准；⑤组织防火检查，及时消除火灾隐患；⑥组织进行有针对性的消防演练；⑦法律、法规规定的其他消防安全职责。单位的主要负责人是本单位的消防安全责任人。

重点工程的施工现场多定为消防安全重点单位，按照《消防法》第17条规定，消防安全重点单位除应当履行本法第16条规定的职责外，还应当履行下列消防安全职责：①确定消防安全管理人，组织实施本单位的消防安全管理工作；②建立消防档案，确定消防安全重点部位，设置防火标志，实行严格管理；③实行每日防火巡查，并建立巡查记录；④对职工进行岗前消防安全培训，定期组织消防安全培训和消防演练。

《建设工程安全生产管理条例》第31条规定，施工单位应当在施工现场建立消防安全责任制度，确定消防安全责任人，制定用火、用电、使用易燃易爆材料等各项消防安全管理制度和操作规程，设置消防通道、消防水源，配备消防设施和灭火器材，并在施工现场入口处设置明显标志。

2. 制定各项消防安全管理制度和操作规程

施工现场大都存在可燃物和火源、电源，稍有不慎就会发生火灾。为此，要制定严格的用火用电制度。如禁止在具有火灾、爆炸危险的场所使用明火；需要进行明火作业的，动火部门和人员应当按照用火管理制度办理审批手续，落实现场监护人，在确认无火灾、爆炸危险后方可动火施工；动火施工人员应当遵守消防安全规定，并落实相应的消防安全措施；易燃易爆危险物品和场所应有具体防火防爆措施；电焊、气焊、电工等特殊工种人员必须持证上岗；将容易发生火灾、一旦发生火灾后果严重的部位确定为重点防火部位，实行严格管理。

易燃易爆危险物品，包括易燃易爆化学物品和民用爆炸物品。对于现场的这些物品，必须制定严格的安全管理制度和操作规程，作业人员要严格按照安全管理制度和操作规程的要求进行作业，保证安全施工。

3. 设置消防通道、消防水源，配备消防设施和灭火器材

施工现场要设置消防通道并确保畅通。建筑工地要满足消防车通行、停靠和作业要求。在建建筑内应设置标明楼梯间和出入口的临时醒目标志，视实际情况安装楼梯间和出入口的临时照明，及时清理建筑垃圾和障碍物，规范材料堆放，保证发生火灾时，现场施工人员疏散和消防人员扑救快捷畅通。

施工现场要按有关规定设置消防水源。应当在建设工程平地阶段按照总平面设计设置室外消火栓系统，并保持充足的管网压力和流量。根据在建工程施工进度，同步安装室内消火栓系统或设置临时消火栓，配备水枪水带，消防干管设置水泵接合器，满足施工现场火灾扑救的消防供水要求。施工现场应当配备必要的消防设施和灭火器材。施工现场的重点防火部位和在建高层建筑的各个楼层，应在明显和方便取用的地方配置适当数量的手提式灭火器、消防沙袋等消防器材。

《消防法》第18条规定，同一建筑物由两个以上单位管理或者使用的，应当明确各方的消防安全责任，并确定责任人对共用的疏散通道、安全出口、建筑消防设施和消防车通道进行统一管理。

7.3.5 办理意外伤害保险的规定

《建筑法》第48条规定，建筑施工企业必须为从事危险作业的职工办理意外伤害保险，支付保险费。

《建设工程安全生产管理条例》第38条规定，施工单位应当为施工现场从事危险作业的人员办理意外伤害保险。意外伤害保险费由施工单位支付。实行施工总承包的，由总承包单位支付意外伤害保险费。意外伤害保险期限自建设工程开工之日起至竣工验收合格止。

1. 建筑职工意外伤害保险是法定的强制性保险

《安全生产法》规定，生产经营单位必须依法参加工伤社会保险，为从业人员缴纳保险费。国家鼓励生产经营单位投保安全生产责任保险。

施工单位对施工现场从事危险作业的人员办理意外伤害保险，是由施工单位作为投保人直接或者通过保险经纪公司与保险公司订立保险合同，支付保险费，以本单位从事危险作业的人员作为被保险人,当被保险人在施工作业中发生意外伤害事故时,保险公司须依照合同约定向被保险人或者受益人支付保险金。

施工现场从事危险作业的人员,是指在施工现场从事如高处作业、深基坑作业、爆破作业等危险性较大的岗位的作业人员。

2. 意外伤害保险的保险期限和最低保险金额

保险期限应涵盖工程项目开工之日到工程竣工验收合格日。提前竣工的,保险责任自行终止。延长工期的,应当办理保险顺延手续。

各地建设行政主管部门要结合本地区实际情况,确定合理的最低保险金额。最低保险金额要能够保障施工伤亡人员得到有效的经济补偿。施工企业办理建筑意外伤害保险时,投保的保险金额不得低于此标准。

3. 意外伤害保险的保险费及费率

保险费应当列入建筑安装工程费用。保险费由施工企业支付,施工企业不得向职工摊派。

施工企业和保险公司双方应本着平等协商的原则,根据各类风险因素商定建筑意外伤害保险费率,提倡差别费率和浮动费率。差别费率可与工程规模、类型、工程项目风险程度和施工现场环境等因素挂钩。浮动费率可与施工企业安全生产业绩、安全生产管理状况等因素挂钩。对重视安全生产管理、安全业绩好的企业可采用下浮费率;对安全生产业绩差、安全管理不善的企业可采用上浮费率。通过浮动费率机制,激励投保企业安全生产的积极性。

4. 意外伤害保险的投保

各级建设行政主管部门要强化监督管理,把在建工程项目开工前是否投保建筑意外伤害保险情况作为审查企业安全生产条件的重要内容之一;未投保的工程项目,不予发放施工许可证。

投保人办理投保手续后,应将投保有关信息以布告形式张贴于施工现场,告之被保险人。

5. 意外伤害保险的索赔

建筑意外伤害保险应规范和简化索赔程序,做好索赔服务。各地建设行政主管部门要积极创造条件,引导投保企业在发生意外事故后即向保险公司提出索赔,使施工伤亡人员能够得到及时、足额的赔付。各级建设行政主管部门应设置专门电话接受举报,凡被保险人发生意外伤害事故,企业和工程项目负责人隐瞒不报、不索赔的,要严肃查处。

6. 意外伤害保险的安全服务

施工企业应当选择能提供建筑安全生产风险管理、事故防范等安全服务和有保险能力的保险公司,以保证事故后能及时补偿与事故前能主动防范。目前还不能提供安全风险管理和事故预防的保险公司,应通过建筑安全服务中介组织向施工企业提供与建筑意外伤害保险相关的安全服务。建筑安全服务中介组织必须拥有一定数量、专业配套、具备建筑安全知识和管理经验的专业技术人员。

安全服务内容可包括施工现场风险评估、安全技术咨询、人员培训、防灾防损设备配置、安全技术研究等。施工企业在投保时可与保险机构商定具体服务内容。

7.3.6　违法行为应承担的法律责任

施工现场安全生产违法行为应承担的法律责任如下。

（1）施工现场安全防护违法行为应承担的法律责任。

《建筑法》规定,建筑施工企业违反本法规定,对建筑安全事故隐患不采取措施予以消除的,责令改正,并处罚款;情节严重的,责令停业整顿,降低资质等级或者吊销资质证书;构成犯罪的,依法追究刑事责任。

（2）施工现场消防安全违法行为应承担的法律责任。

（3）施工现场食品安全违法行为应承担的法律责任。

《建设工程安全生产管理条例》《安全生产法》《消防法》和《食品安全法》对施工现场安全生产也做了相关规定。

7.4　施工安全事故的应急救援和调查处理

建设行业是安全事故多发行业之一。安全事故人命关天,施工现场一旦发生生产安全事故,应当立即实施抢险救援特别是抢救遇险人员,迅速控制事态,防止伤亡事故进一步扩大,并依法向有关部门报告事故。事故调查处理应当坚持实事求是、尊重科学的原则,及时准确地查清事故经过、事故原因和事故损失,查明事故性质,认定事故责任,总结事故教训,提出整改措施,并对事故责任者依法追究责任。

7.4.1　生产安全事故的等级划分标准

明确生产安全事故的分级,区分不同事故级别所规定的报告和调查处理要求,是顺利开展生产安全事故报告和调查处理工作的前提,也是规范生产安全事故报告和调查处理的必然要求。

1. 生产安全事故的等级划分标准

《生产安全事故报告和调查处理条例》规定,根据生产安全事故(以下简称事故)造成的人员伤亡或者直接经济损失,事故一般分为以下等级:

（1）特别重大事故,是指造成30人以上死亡,或者100人以上重伤(包括急性工业中毒,下同),或者1亿元以上直接经济损失的事故;

（2）重大事故,是指造成10人以上30人以下死亡,或者50人以上100人以下重伤,或者5000万元以上1亿元以下直接经济损失的事故;

（3）较大事故,是指造成3人以上10人以下死亡,或者10人以上50人以下重伤,或者1000万元以上5000万元以下直接经济损失的事故;

（4）一般事故,是指造成3人以下死亡,或者10人以下重伤,或者1000万元以下直接经济损失的事故。

注:上述所称的"以上"包括本数,所称的"以下"不包括本数。

2. 事故等级划分的要素

根据《生产安全事故报告和调查处理条例》规定的事故分级要素有人身要素、经济要素和社会要素3个,可以单独适用。

(1) 人员伤亡的数量(人身要素)。安全生产和事故调查处理都要以人为本,最大限度地保护人的生命安全,生产安全事故危害的最严重后果,就是造成人员的死亡、重伤(中毒)。因此,人员伤亡数量应当列为事故等级的第一要素。

(2) 直接经济损失的数额(经济要素)。要保护国家、单位和人民群众的财产权,还应根据造成的直接经济损失的多少来划分事故等级。

(3) 社会影响(社会要素)。有些生产安全事故的伤亡人数、直接经济损失数额虽然达不到法定标准,但是造成了恶劣的社会影响、政治影响和国际影响,也应当列为特殊事故进行调查处理,这是维护社会稳定的需要。

3. 事故等级划分的补充性规定

《生产安全事故报告和调查处理条例》规定,国务院安全生产监督管理部门可以会同国务院有关部门,制定事故等级划分的补充性规定。

针对一些特殊行业或者领域的实际情况,授权国务院安全生产监督管理部门可以会同国务院有关部门,除了执行对事故等级划分的一般性规定之外,还可以根据行业或者领域的特殊性,制定事故等级划分的补充性规定。

7.4.2 施工生产安全事故应急救援预案的规定

《安全生产法》第76条规定,国家加强生产安全事故应急能力建设,在重点行业、领域建立应急救援基地和应急救援队伍,鼓励生产经营单位和其他社会力量建立应急救援队伍,配备相应的应急救援装备和物资,提高应急救援的专业化水平。

《安全生产法》第77条规定,县级以上地方各级人民政府应当组织有关部门制定本行政区域内生产安全事故应急救援预案,建立应急救援体系。

《安全生产法》第78条规定,生产经营单位应当制定本单位生产安全事故应急救援预案,与所在地县级以上地方人民政府组织制定的生产安全事故应急救援预案相衔接,并定期组织演练。

《建设工程安全生产管理条例》第48条规定,施工单位应当制定本单位生产安全事故应急救援预案,建立应急救援组织或者配备应急救援人员,配备必要的应急救援器材、设备,并定期组织演练。

1. 制定施工生产安全事故应急救援预案的基本要求

施工生产安全事故多具有突发性、紧迫性的特点,如果事先做好充分的应急准备工作,就可以在短时间内组织起有效抢救,防止事故扩大,减少人员伤亡和财产损失。

(1) 施工生产安全事故应急救援预案的主要作用。

施工生产安全事故应急救援预案的主要作用主要体现在三个方面。①事故预防。通过危险辨识、事故后果分析,采用技术和管理手段降低事故发生的可能性,使可能发生的事故控制在局部,防止事故蔓延。②应急处理。一旦发生事故,有应急处理程序和方法,能快速反应处理故障或将事故消除在萌芽状态。③抢险救援。采用预定现场抢险和抢救的方式,控制或减少事故造成的损失。

(2)施工生产安全事故应急救援预案的类型。

施工生产安全事故应急救援预案分为施工单位的生产安全事故应急救援预案和施工现场生产安全事故应急总救援预案两大类。

(3)应急救援组织和应急救援器材、设备。

施工单位应当建立应急救援组织或者配备应急救援人员,配备必要的应急救援器材、设备,进行经常性维护、保养,保证正常运转,并定期组织演练。

(4)总分包单位的职责分工。

实行施工总承包的,由总承包单位统一组织编制建设工程生产安全事故应急救援预案,工程总承包单位和分包单位按照应急救援预案,各自建立应急救援组织或者配备应急救援人员,配备救援器材、设备,并定期组织演练。

《安全生产法》还规定,生产经营单位的主要负责人具有组织制定并实施本单位的生产安全事故应急救援预案的职责。

2. 生产安全事故应急救援预案的编制和评审

(1)应急预案的编制。

《生产安全事故应急预案管理办法》规定,生产经营单位的应急预案按照针对情况的不同,分为综合应急预案、专项应急预案和现场处置方案。综合应急预案,应当包括本单位的应急组织机构及其职责、预案体系及响应程序、事故预防及应急保障、应急培训及预案演练等主要内容;专项应急预案,应当包括危险性分析、可能发生的事故特征、应急组织机构与职责、预防措施、应急处置程序和应急保障等内容;现场处置方案,应当包括危险性分析、可能发生的事故特征、应急处置程序、应急处置要点和注意事项等内容。

(2)应急预案的评审。

《生产安全事故应急预案管理办法》规定,建筑施工单位应当组织专家对本单位编制的应急预案进行评审。评审应当形成书面纪要并附有专家名单。

(3)应急预案的备案。

中央管理的总公司(总厂、集团公司、上市公司)的综合应急预案和专项应急预案,报国务院国有资产监督管理部门、国务院安全生产监督管理部门和国务院有关主管部门备案;其所属单位的应急预案分别抄送所在地的省、自治区、直辖市或者设区的市人民政府安全生产监督管理部门和有关主管部门备案。

其他生产经营单位中涉及实行安全生产许可的,其综合应急预案和专项应急预案,按照隶属关系报所在地县级以上地方人民政府安全生产监督管理部门和有关主管部门备案。

(4)应急预案的培训。

生产经营单位应当采取多种形式开展应急预案的宣传教育,普及生产安全事故预防、避险、自救和互救知识,提高从业人员安全意识和应急处置技能。

生产经营单位应当组织开展本单位的应急预案培训活动,使有关人员了解应急预案内容,熟悉应急职责、应急程序和岗位应急处置方案。应急预案的要点和程序应当张贴在应急地点和应急指挥场所,并设有明显的标志。

（5）应急预案的演练。

生产经营单位应当制定本单位的应急预案演练计划，根据本单位的事故预防重点，每年至少组织一次综合应急预案演练或者专项应急预案演练，每半年至少组织一次现场处置方案演练。

应急预案演练结束后，应急预案演练组织单位应当对应急预案演练效果进行评估，撰写应急预案演练评估报告，分析存在的问题，并对应急预案提出修订意见。

（6）应急预案的修订。

生产经营单位制定的应急预案应当至少每3年修订一次，预案修订情况应有记录并归档。并应根据有关规定的情形，及时修订应急预案。

7.4.3　施工生产安全事故报告及采取相应措施的规定

1. 事故报告的基本要求

《安全生产法》第80条规定，生产经营单位发生生产安全事故后，事故现场有关人员应当立即报告本单位负责人。单位负责人接到事故报告后，应当迅速采取有效措施，组织抢救，防止事故扩大，减少人员伤亡和财产损失，并按照国家有关规定立即如实报告当地负有安全生产监督管理职责的部门，不得隐瞒不报、谎报或者拖延不报，不得故意破坏事故现场、毁灭有关证据。

《建设工程安全生产管理条例》第50条规定，施工单位发生生产安全事故，应当按照国家有关伤亡事故报告和调查处理的规定，及时、如实地向负责安全生产监督管理的部门、建设行政主管部门或者其他有关部门报告；特种设备发生事故的，还应当同时向特种设备安全监督管理部门报告。接到报告的部门应当按照国家有关规定，如实上报。实行施工总承包的建设单位，由总承包单位负责上报事故。

（1）事故报告的时间要求。

《生产安全事故报告和调查处理条例》第9条规定，事故发生后，事故现场有关人员应当立即报告本单位负责人；单位负责人接到报告后，应当于1小时内向事故发生地县级以上人民政府安全生产监督管理部门和负有安全生产监督管理职责的部门报告。情况紧急时，事故现场有关人员可以直接向事故发生地县级以上人民政府安全生产监督管理部门和负有安全生产监督管理职责的部门报告。

（2）事故报告的内容要求。

《生产安全事故报告和调查处理条例》第12条规定，事故报告应当包括以下内容：①事故发生单位概况；②事故发生的时间、地点以及事故现场情况；③事故的简要经过；④事故已经造成或者可能造成的伤亡人数（包括下落不明的人数）和初步估计的直接经济损失；⑤已经采取的措施；⑥其他应当报告的情况。

（3）事故补报的要求。

《生产安全事故报告和调查处理条例》第13条规定，事故报告后出现新情况的，应当及时补报。自事故发生之日起30日内，事故造成的伤亡人数发生变化的，应当及时补报。道路交通事故、火灾事故发生之日起7日内，事故造成的伤亡人数发生变化的，应当及时补报。

2. 发生事故后应采取的措施

《建设工程安全生产管理条例》第51条规定,发生生产安全事故后,施工单位应当采取措施防止事故扩大,保护事故现场。需要移动现场物品时,应当作出标记和书面记录,妥善保管有关证物。

3. 事故的调查

《安全生产法》第83条规定,事故调查处理应当按照科学严谨、依法依规、实事求是、注重实效的原则,及时、准确地查清事故原因,查明事故性质和责任,总结事故教训,提出整改措施,并对事故责任者提出处理意见。事故调查报告应当依法及时向社会公布。事故调查和处理的具体办法由国务院制定。事故发生单位应当及时全面落实整改措施,负有安全生产监督管理职责的部门应当加强监督检查。

(1) 事故调查的管辖。

①特别重大事故由国务院或者国务院授权有关部门组织事故调查组进行调查。

②重大事故、较大事故、一般事故分别由事故所在地省级人民政府、设区的市级人民政府、县级人民政府负责调查。省级人民政府、设区的市级人民政府、县级人民政府可以直接组织事故调查组进行调查,也可以授权或者委托有关部门组织事故调查组进行调查。

③未发生人员伤亡的一般事故,县级人民政府也可以委托事故发生单位组织事故调查组进行调查。上级人民政府认为必要时,可以调查由下级人民政府负责调查的事故。

④自事故发生之日起30日内(道路交通事故、火灾事故自发生之日起7日内),事故造成的伤亡人数发生变化,依照规定应当由上级人民政府负责调查的,上级人民政府可以另行组织事故调查组进行调查。

⑤特别重大事故以下等级事故,事故发生地与事故发生单位不在同一个县级以上行政区域的,由事故发生地人民政府负责调查,事故发生单位所在地人民政府应当派人参加。

(2) 事故调查组的组成和职责。

根据事故的具体情况,事故调查组由有关人民政府、安全生产监督管理部门、负有安全生产监督管理职责的有关部门、监察机关、公安机关以及工会派人组成,并应当邀请人民检察院派人参加。事故调查组可以聘请有关专家参与调查。

事故调查组履行下列职责:①查明事故发生的经过、原因、人员伤亡情况及直接经济损失;②认定事故的性质和事故责任;③提出对事故责任者的处理建议;④总结事故教训,提出防范和整改措施;⑤提交事故调查报告。

(3) 事故调查组的权利和纪律。

事故调查组有权向有关单位和个人了解与事故有关的情况,并要求其提供相关文件、资料,有关单位和个人不得拒绝。事故发生单位的负责人和有关人员在事故调查期间不得擅离职守,并应当随时接受事故调查组的询问,如实提供有关情况。事故调查中发现涉嫌犯罪的,事故调查组应当及时将有关材料或者其复印件移交司法机关处理。

事故调查中需要进行技术鉴定的,事故调查组应当委托具有国家规定资质的单位进行技术鉴定。必要时,事故调查组可以直接组织专家进行技术鉴定。技术鉴定所需时间不计入事故调查期限。

（4）事故调查报告的期限与内容。

事故调查组应当自事故发生之日起 60 日内提交事故调查报告；特殊情况下，经负责事故调查的人民政府批准，提交事故报告的期限可以适当延长，但延长的期限最长不超过 60 日。

事故调查报告应当包括下列内容：①事故发生单位概况；②事故发生经过和事故救援情况；③事故造成的人员伤亡和直接经济损失；④事故发生的原因和事故性质；⑤事故责任的认定以及对事故责任者的处理建议；⑥事故防范和整改措施。

4. 事故的处理

（1）事故处理时限。

《生产安全事故报告和调查处理条例》第 32 条规定，重大事故、较大事故、一般事故，负责事故调查的人民政府应当自收到调查报告之日起 15 日内作出批复；特别重大事故，30 日内作出批复，特殊情况下，批复时间可以适当延长，但延长的时间最长不超过 30 日。

（2）对事故调查报告批复的落实。

有关机构应当按照人民政府的批复，依照法律、行政法规的权限和程序，对事故发生单位和有关人员进行行政处罚，对负有事故责任的国家工作人员进行处分。

事故发生单位应当按照负责事故调查的人民政府的批示，对本单位负有事故责任的人员进行处理。负有事故责任的人员涉嫌犯罪的，依法追究刑事责任。

（3）事故发生单位落实防范和整改措施。

事故发生单位应当认真吸取事故教训，落实防范和整改措施，防止事故再次发生。防范和整改措施的落实情况应当接受工会和职工的监督。

安全生产监督管理部门和负有安全生产监督管理职责的有关部门应当对事故发生单位落实防范和整改措施的情况进行监督检查。

（4）处理结果的公布。

事故处理的情况由负责事故调查的人民政府或者其授权的有关部门、机构向社会公布，依法应当保密的除外。

7.4.4 违法行为应承担的法律责任

施工安全事故应急救援与调查处理违法行为应承担的主要法律责任如下。

（1）制定事故应急救援预案违法行为应承担的法律责任。

《特种设备安全监察条例》第 83 条规定，特种设备使用单位有下列情形之一的，由特种设备安全监督管理部门责令限期改正；逾期未改正的，处 2000 元以上 2 万元以下罚款；情节严重的，责令停止使用或者停产停业整顿……

《生产安全事故应急预案管理办法》规定，生产经营单位应急预案未按照本办法规定备案的，由县级以上安全生产监督管理部门给予警告，并处 3 万元以下罚款。

（2）事故报告及采取相应措施违法行为应承担的法律责任。

《安全生产法》规定，生产经营单位主要负责人在本单位发生重大生产安全事故时，不立即组织抢救或者在事故调查处理期间擅离职守或者逃匿的，给予降职、撤职的处分，对逃匿的处 15 日以下拘留；构成犯罪的，依照刑法有关规定追究刑事责任。生产经营单位主要负责人对生产安全事故隐瞒不报、谎报或者拖延不报的，依照以上规定处罚。

7.5　建设单位及相关单位的建设工程安全责任制度

《建设工程安全生产管理条例》第 4 条规定,建设单位、勘察单位、设计单位、施工单位、工程监理单位及其他与建设工程安全生产有关的单位,必须遵守安全生产法律、法规的规定,保证建设工程安全生产,依法承担建设工程安全生产责任。

7.5.1　建设单位的安全责任

建设单位是建设工程项目的投资主体或管理主体,在整个工程建设中居于主导地位。因此《建设工程安全生产管理条例》规定,建设单位必须遵守安全生产法律、法规的规定,保证建设工程安全生产,依法承担建设工程安全生产责任。具体内容如下。

（1）依法办理有关批准手续。

（2）向施工单位提供真实、准确和完整的有关资料。

（3）不得提出违法要求和随意压缩合同工期。

（4）确定建设工程安全作业环境及安全施工措施所需费用。

（5）不得要求购买、租赁和使用不符合安全施工要求的用具设备等。

（6）申领施工许可证时应当提供有关安全施工措施的资料。

《建设工程安全生产管理条例》第 10 条规定,建设单位在领取施工许可证时,应当提供建设工程有关安全施工措施的资料。依法批准开工报告的建设工程,建设单位应当自开工报告批准之日起 15 日内,将保证安全施工的措施报送建设工程所在地的县级以上地方人民政府建设行政主管部门或者其他有关部门备案。

（7）依法实施的装修工程和拆除工程规定如下。

《建筑法》规定,涉及建筑主体和承重结构变动的装修工程,建设单位应当在施工前委托原设计单位或者具有相应资质条件的设计单位提出设计方案;没有设计方案的,不得施工。《建筑法》还规定,房屋拆除应当由具备保证安全条件的建筑施工单位承担。

《建设工程安全生产管理条例》第 11 条规定,建设单位应当将拆除工程发包给具有相应资质等级的施工单位。建设单位应当在拆除工程施工 15 日前,将下列资料报送建设工程所在地的县级以上地方人民政府建设行政主管部门或者其他有关部门备案:①施工单位资质等级证明;②拟拆除建筑物、构筑物及可能危及毗邻建筑的说明;③拆除施工组织方案;④堆放、清除废弃物的措施。

实施爆破作业的,应当遵守国家有关民用爆破物品管理的规定。

（8）建设单位违法行为应承担的法律责任规定如下。

《建设工程安全生产管理条例》第 54 条规定,建设单位未提供建设工程安全生产作业环境及安全施工措施所需费用的,责令限期改正;逾期未改正的,责令该建设工程停止施工。

建设单位未将保证安全施工的措施或者拆除工程的有关资料报送有关部门备案的,

责令限期改正,给予警告。

《建设工程安全生产管理条例》第 55 条规定,建设单位有下列行为之一的,责令限期改正,处 20 万元以上 50 万元以下的罚款;造成重大安全事故,构成犯罪的,对直接负责人员,依照刑法有关规定追究刑事责任;造成损失的,依法承担赔偿责任:①对勘察、设计、施工、工程监理等单位提出不符合安全生产法律、法规和强制性标准规定的要求的;②要求施工单位压缩合同约定的工期的;③将拆除工程发包给不具有相应资质等级的施工单位的。

7.5.2　勘察、设计单位的安全责任

建设工程安全生产是一个系统工程。工程勘察、设计作为工程建设的重要环节,对于保障安全施工有着重要影响。

1. 勘察单位的安全责任

《建设工程安全生产管理条例》第 12 条规定,勘察单位应当按照法律、法规和工程建设强制性标准进行勘察,提供的勘察文件应当真实、准确,满足建设工程安全生产的需要。勘察单位在勘察作业时,应当严格执行操作规程,采取措施保证各类管线、设施和周边建筑物、构筑物的安全。

2. 设计单位的安全责任

(1) 按照法律、法规和工程建设强制性标准进行设计。

《建设工程安全生产管理条例》第 13 条规定,设计单位应当按照法律、法规和工程建设强制性标准进行设计,防止因设计不合理导致生产安全事故的发生。

工程建设强制性标准是工程建设技术和经验的总结与积累,对保证建设工程质量和安全起着至关重要的作用。因此,设计单位在设计过程中必须考虑施工生产安全,严格执行强制性标准。

(2) 提出防范生产安全事故的指导意见和措施建议。

《建设工程安全生产管理条例》第 13 条规定,设计单位应当考虑施工安全操作和防护的需要,对涉及施工安全的重点部位和环节在设计文件中注明,并对防范生产安全事故提出指导意见。采用新结构、新材料、新工艺的建设工程和特殊结构的建设工程,设计单位应当在设计中提出保障施工作业人员安全和预防生产安全事故的措施建议。

设计单位的工程设计文件对保证建设工程结构安全非常重要。在施工单位作业前,设计单位还应当就设计意图、设计文件向施工单位作出说明和技术交底,并对防范生产安全事故提出指导意见。

(3) 对设计成果承担责任。

《建设工程安全生产管理条例》规定,设计单位和注册建筑师等注册执业人员应当对其设计负责。

"谁设计,谁负责。"如果由于设计责任造成事故的,设计单位要承担法律责任,还要对造成的损失进行赔偿。建筑师、结构工程师等注册执业人员应当在设计文件上签字盖章,对设计文件负责,也要承担相应的法律责任。

3. 勘察、设计单位应承担的法律责任

《建设工程安全生产管理条例》第 56 条规定,勘察单位、设计单位有下列行为之一的,责令限期改正,处 10 万元以上 30 万元以下的罚款;情节严重的,责令停业整顿,降低资质

等级,直至吊销资质证书;造成重大安全事故,构成犯罪的,对直接责任人员,依照刑法有关规定追究刑事责任;造成损失的,依法承担赔偿责任:①未按照法律、法规和工程建设强制性标准进行勘察、设计的;②采用新结构、新材料、新工艺的建设工程和特殊结构的建设工程,设计单位未在设计中提出保障施工作人员安全和预防生产安全事故的措施建议的。

7.5.3　工程监理、设备检验检测单位的安全责任

1. 工程监理单位的安全责任

(1)对安全技术措施和专项施工方案进行审查。

《建设工程安全生产管理条例》规定,工程监理单位应当审查施工组织设计中的安全技术措施或者专项施工方案是否符合工程建设强制性标准。

(2)依法对施工安全事故隐患进行处理。

工程监理单位在实施监理过程中,发现存在安全事故隐患的,应当要求施工单位整改;情节严重的,应当要求施工单位暂时停止施工,并及时报告建设单位。施工单位拒不整改或者不停止施工的,工程监理单位应当及时向有关主管部门报告。

(3)对建设工程安全生产承担监理责任。

工程监理单位和监理工程师应当按照法律、法规和工程建设强制性标准实施监理,并对建设工程安全生产承担监理责任。

2. 设备检验检测单位的安全责任

设备检验检测机构对检测合格的施工起重机械和整体提升脚手架、模板等自升架设设施,应当出具安全合格证明文件,并对检测结果负责。

(1)设备检验检测单位的职责。

《安全生产法》第69条规定,承担安全评价、认证、检测、检验的机构应当具备国家规定的资质条件,并对其作出的安全评价、认证、检测、检验的结果负责。

《特种设备安全监察条例》规定,特种设备的监督检查、定期检验、型式试验和无损检测应当由经核准的特种设备检验检测机构进行。特种设备检验检测机构,应当依照规定进行检验检测工作,对其检验检测结果、鉴定结论承担法律责任。

(2)设备检验检测单位违法行为应承担的法律责任。

《安全生产法》第89条规定,承担安全评价、认证、检测、检验工作的机构,出具虚假证明的,没收违法所得;违法所得在10万元以上的,并处违法所得2倍以上5倍以下的罚款;没有违法所得或者违法所得不足10万元的,单处或者并处10万元以上20万元以下的罚款;对其直接负责的主管人员和其他直接责任人员处2万元以上5万元以下的罚款;给他人造成损害的,与生产经营单位承担连带赔偿责任;构成犯罪的,依照刑法有关规定追究刑事责任。

对有前款违法行为的机构,吊销其相应资质。

7.5.4　机械设备等单位的安全责任

1. 提供机械设备和配件单位的安全责任

《建设工程安全生产管理条例》第15条规定,为建设工程提供机械设备和配件的单

位,应当按照安全施工的要求配备齐全有效的保险、限位等安全设施和装置。

2. 出租机械设备和施工机具及配件单位的安全责任

《建设工程安全生产管理条例》第16条规定,出租的机械设备和施工机具及配件,应当具有生产(制造)许可证、产品合格证。出租单位应当对出租的机械设备和施工机具及配件的安全性能进行检测,在签订租赁协议时,应当出具检测合格证明。禁止出租检测不合格的机械设备和施工机具及配件。

3. 施工起重机械和自升式架设设施安装、拆卸单位的安全责任

施工起重机械,是指施工中用于垂直升降或者垂直升降并水平移动重物的机械设备,如塔式起重机、施工外用电梯、物料提升机等。自升式架设设施,是指通过自有装置可将自身升高的架设设施,如整体提升脚手架、模板等。施工起重机械和自升式架设设施安装、拆卸单位的安全责任如下。

(1)安装、拆卸施工起重机械和自升式架设设施必须具备相应的资质。

(2)编制拆装方案、制定安全措施和现场监督。

(3)出具自检合格证明,进行安全使用说明,办理验收手续。

(4)依法对施工起重机械和自升式架设设施进行检测。

7.5.5 政府部门安全监督管理的相关规定

1. 建设工程安全生产的监督管理体制

《建设工程安全生产管理条例》第40条规定,国务院建设行政主管部门对全国的建设工程安全生产实施监督管理。国务院铁路、交通、水利等有关部门按照国务院规定的职责分工,负责有关专业建设工程安全生产的监督管理。

县级以上地方人民政府建设行政主管部门对本行政区域内的建设工程安全生产实施监督管理。县级以上地方人民政府交通、水利等有关部门在各自的职责范围内,负责本行政区域内的专业建设工程安全生产的监督管理。

2. 审核发放施工许可证应当对安全施工措施进行审查

《建设工程安全生产管理条例》第42条规定,建设行政主管部门在审核发放施工许可证时,应当对建设工程是否有安全施工措施进行审查,对没有安全施工措施的,不得颁发施工许可证。建设行政主管部门或者其他有关部门对建设工程是否有安全施工措施进行审查时,不得收取费用。

在线练习

第7章
练习巩固题

8 建设工程质量管理法规

【学习要点】

　　了解我国现行的建设工程质量管理的基本制度。掌握建设工程质量标准化管理制度。掌握施工单位的质量责任和义务。熟悉建设单位、勘察设计单位、施工单位、监理单位和政府部门等的质量责任和义务。掌握建设工程竣工验收制度。了解建设工程质量保修制度和住宅室内装饰装修质量管理制度。着重培养学生的工程质量意识，提高学生的工程质量管理水平，从而在以后工作中依照建设工程质量管理法律法规依法从事工程建设活动。

　　建设工程是人们日常生活和生产、经营、工作的主要场所，是人类生存和发展的物质基础。建设工程的质量，不但关系到生产经营活动的正常运行，也关系到人民生命财产安全。

　　党中央、国务院对基础设施和各种建设工程的质量问题极为关心，多次强调质量责任重于泰山，要抓好工程质量，决不能搞"豆腐渣工程"。建设工程一旦出现质量问题，特别是发生重大垮塌事故，危及人民生命财产安全，损失巨大，影响恶劣，因此，"百年大计，质量第一"，必须确保建设工程的安全可靠。学习建设工程质量管理制度，做好质量管理工作在任何时代都具有十分重要的意义。

　　我国建设工程质量管理制度主要有建设工程质量标准化管理制度、建设工程的质量监督管理制度、建设工程质量的检测制度、建筑材料使用许可制度、建设工程质量验评和奖励制度、企业质量体系和产品质量体系认证制度等。与此相适应，我国建设工程质量管理法律法规主要有《中华人民共和国标准化法》《中华人民共和国建筑法》《中华人民共和国标准化法实施条例》，《建设部质量奖评审管理办法》《中国质量奖评审管理办法》《中华人民共和国产品质量认证管理条例》《工程建设行业标准管理办法》《建设工程质量管理条例》《房屋建筑工程质量保修办法》和《中华人民共和国产品质量法》等。

　　下面，我们选取其中与建设工程行业相关的内容进行阐述。

8.1 建设工程质量标准化管理制度

8.1.1 标准及标准化

1. 标准

标准是为了在一定的范围内获得最佳秩序,经协商一致制定并由公认机构批准,共同使用的和重复使用的一种规范性文件。

2. 标准化

标准化定义,为在一定的范围内获得最佳秩序,对实际的或潜在的问题制定共同的和重复使用的规则的活动。制定、发布及实施标准的过程,称为标准化。

为了加强标准化工作,提升产品和服务质量,促进科学技术进步,保障人身健康和生命财产安全,维护国家安全、生态环境安全,提高经济社会发展水平,制定《中华人民共和国标准化法》(以下简称《标准化法》)。2017 年对《标准化法》进行了修订。

《标准化法》目录

3. 工程建设标准

工程建设标准是指为在工程建设领域内获得最佳秩序,对建设工程的勘察、规划、设计、施工、安装、验收、运营维护及管理活动和结果等需要协调统一的事项所制定的共同的、重复使用的技术依据和准则。

8.1.2 工程建设标准的分级和分类

1. 工程建设标准的分级

《标准化法》规定,我国的标准包括国家标准、行业标准、地方标准和团体标准、企业标准。国家标准分为强制性标准、推荐性标准。行业标准、地方标准是推荐性标准。

强制性标准必须执行。国家鼓励采用推荐性标准。

(1)工程建设国家标准。

国家标准是对需要在全国范围内统一的技术要求制定的标准。对保障人身健康和生命财产安全、国家安全、生态环境安全以及满足经济社会管理基本需要的技术要求,应当制定强制性国家标准。对满足基础通用、与强制性国家标准配套、对各有关行业起引领作用等需要的技术要求,可以制定推荐性国家标准。强制性标准以外的标准是推荐性标准。强制性标准一经颁布,必须贯彻执行,否则造成恶劣后果或重大损失的单位和个人,要受到经济制裁或承担法律责任。

2020 年 1 月国家市场监督管理总局发布的《强制性国家标准管理办法》规定,强制性国家标准的技术要求应当全部强制,并且可验证、可操作。

根据《工程建设国家标准管理办法》,下列标准属于强制性国家标准的范围:①工程建设勘察、规划、设计、施工(包括安装)及验收等通用的质量要求;②工程建设通用的有关安全、卫生和环境保护的标准;③工程建设通用的术语、符号、代号、量与单位、建筑模数和制图方法标准;④工程建设通用的试验、检验和评定方法等标准;⑤工程建设通用的信息技术标准;⑥国家需要控制的其他工程建设通用的标准。

强制性国家标准由国务院批准发布或者授权批准发布。推荐性国家标准由国务院标准化行政主管部门制定。

(2)工程建设行业标准。

对没有推荐性国家标准、需要在全国某个行业范围内统一的技术要求,可以制定行业标准。

行业标准由国务院有关行政主管部门制定,报国务院标准化行政主管部门备案。

(3)工程建设地方标准和团体标准。

为满足地方自然条件、风俗习惯等特殊技术要求,可以制定地方标准。

地方标准由省、自治区、直辖市人民政府标准化行政主管部门制定;设区的市级人民政府标准化行政主管部门根据本行政区域的特殊需要,经所在地省、自治区、直辖市人民政府标准化行政主管部门批准,可以制定本行政区域的地方标准。地方标准由省、自治区、直辖市人民政府标准化行政主管部门报国务院标准化行政主管部门备案,由国务院标准化行政主管部门通报国务院有关行政主管部门。

国家鼓励学会、协会、商会、联合会、产业技术联盟等社会团体协调相关市场主体共同制定满足市场和创新需要的团体标准,由本团体成员约定采用或者按照本团体的规定供社会自愿采用。

制定团体标准,应当遵循开放、透明、公平的原则,保证各参与主体获取相关信息,反映各参与主体的共同需求,并应当组织对标准相关事项进行调查分析、实验、论证。

(4)工程建设企业标准。

企业可以根据需要自行制定企业标准,或者与其他企业联合制定企业标准。国家支持在重要行业、战略性新兴产业、关键共性技术等领域利用自主创新技术制定团体标准、企业标准。

国家鼓励社会团体、企业制定高于推荐性标准相关技术要求的团体标准、企业标准。

不符合强制性标准的产品、服务,不得生产、销售、进口或者提供。

2. 工程建设标准的分类

(1)根据标准的约束性划分。

根据标准的约束性划分为强制性标准和推荐性标准。

(2)根据内容划分。

①设计标准:从事工程设计所依据的技术文件。

②施工标准及验收标准:施工标准是指施工操作程序及其技术要求的标准;验收标准是指检验、接收竣工工程项目的规程、办法与标准。

③建设定额:国家规定的消耗在单位建筑产品上活劳动和物化劳动的数量标准,以及用货币表现的某些必要费用的额度。

（3）按属性划分。

①技术标准：对标准化领域中需要协调统一的技术事项所制定的标准。

②管理标准：对标准化领域中需要协调统一的管理事项所制定的标准。

③工作标准：对标准化领域中需要协调统一的工作事项所制定的标准。

需要说明的是，标准、规范、规程都是标准的表现方式，习惯上统称为标准。当针对产品、方法、符号、概念等基础标准时，一般采用"标准"，如《道路工程技术标准》（JTG B01—2014）；当针对工程勘察、规划、设计、施工等通用的技术事项作出规定时，一般采用"规范"，如《混凝土结构设计规范》（GB 50010—2010）、《建筑设计防火规范》（GB 50016—2014）；当针对操作、工艺、管理等专用技术要求时，一般采用"规程"，如《普通混凝土配合比设计规程》（JGJ 55—2011）等。

此外，在实践中还有推荐性的工程建设协会标准。

3．工程建设标准的审批发布和编号

（1）工程建设国家标准。

工程建设国家标准的编号由国家标准代号、发布标准的顺序号和发布标准的年号组成。强制性国家标准的代号为"GB"，推荐性国家标准的代号为"GB/T"。例如：《钢筋混凝土用钢第 2 部分：热轧带肋钢筋》（GB 1499.2—2018）。其中 GB 表示为强制性国家标准，1499.2 表示标准发布的顺序号，2018 表示 2018 年批准发布。

（2）工程建设行业标准。

行业标准由国务院有关行政主管部门制定。行业标准在全国某个行业范围内适用。各行业有各行业的标准代号，表 8-1 是我国部分行业的标准代号。如建材行业标准（代号为 JC）由国家建筑材料工业局制定，石油化工行业标准（代号为 SH）由国家石油和化学工业局制定。例如《普通混凝土配合比设计规程》（JGJ 55—2011）和《砂浆、混凝土防水剂》（JC 474—2008）。

表 8-1　部分行业的标准代号

行 业 名 称	标 准 代 号	行 业 名 称	标 准 代 号
建筑工业建设工程	JGJ	石油化工行业	SH
建筑工业行业	JG	机械行业	JB
建材行业	JC	电力行业	DL
能源部、水利部	SD	水利行业	SL
公路水路运输行业	JT	城镇建设行业	CJ

（3）工程建设地方标准。

地方标准是指对没有国家标准和行业标准而又需要在省、自治区、直辖市范围内统一工业产品的安全、卫生要求所制定的标准，地方标准在本行政区域内适用，不得与国家标准和行业标准相抵触。国家标准、行业标准公布实施后，相应的地方标准即行废止。

地方标准的代号为"DB"。例如《预拌混凝土技术规程》（DB 21/T 1304—2012）（注：这里的"21"代表辽宁省地方标准代号）。

（4）工程建设企业标准。

对于没有国家标准、行业标准和地方标准的产品，企业应当制定相应的企业标准。企业标准是企业组织生产、经营活动的依据。企业标准在该企业内部适用。

企业标准的代号为"Q"。如《预应力钢丝和钢绞线用优质钢热轧盘条》（Q/ASB 136—2004）。

4. 国家标准的复审与修订

国家标准实施后，应当根据科学技术的发展和工程建设的需要，由该国家标准的管理部门适时组织有关单位进行复审。复审一般在国家标准实施后5年进行1次。

8.1.3　工程建设强制性标准的实施的规定

工程建设标准制定的目的在于实施。否则，再好的标准也是一纸空文。我国工程建设领域所出现的各类工程质量事故，大都是没有贯彻或没有严格贯彻强制性标准的结果。因此，《标准化法》规定，强制性标准必须执行。《建筑法》规定，建筑活动应当确保建筑工程质量和安全，符合国家的建设工程安全标准。

1. 工程建设各方主体实施强制性标准的法律规定

《建筑法》第54条规定，建设单位不得以任何理由，要求建筑设计单位或者建筑施工企业在工程设计或者施工作业中，违反法律、行政法规和建筑工程质量、安全标准，降低工程质量。建筑设计单位和建筑施工企业对建设单位违反规定提出的降低工程质量的要求，应当予以拒绝。

《建设工程质量管理条例》规定了建设单位、勘察单位、设计单位、施工单位、工程监理单位各方主体实施强制性标准的法律规定。

《建设工程质量管理条例》目录

建设单位不得明示或者暗示设计单位或者施工单位违反工程建设强制性标准，降低建设工程质量。

勘察、设计单位必须按照工程建设强制性标准进行勘察、设计，并对其勘察、设计的质量负责。建筑工程设计应当符合按照国家规定制定的建筑安全规程和技术规范，保证工程的安全性能。勘察、设计文件应当符合有关法律、行政法规的规定和建筑工程质量、安全标准，建筑工程勘察、设计技术规范以及合同的约定。设计文件选用的建筑材料、建筑构配件和设备，应当注明其规格、型号、性能等技术指标，其质量要求必须符合国家规定的标准。

施工单位必须按照工程设计图纸和施工技术标准施工，不得擅自修改工程设计，不得偷工减料。施工单位必须按照工程设计要求、施工技术标准和合同约定，对建筑材料、建筑构配件、设备和商品混凝土进行检验，检验应当有书面记录和专人签字；未经检验或者检验不合格的，不得使用。

建筑工程监理应当依照法律、行政法规及有关的技术标准、设计文件和建筑工程承包合同，对承包单位在施工质量、建设工期和建设资金使用等方面，代表建设单位实施监督。工程监理人员认为工程施工不符合工程设计要求、施工技术标准和合同约定的，有权要求建筑施工企业改正。工程监理人员发现工程设计不符合建筑工程质量标准或者合同约定的质量要求的，应当报告建设单位要求设计单位改正。

2. 工程建设标准强制性条文的实施

在工程建设标准的条文中,使用"必须""严禁""应""不应""不得"等的属于强制性标准的用词,而使用"宜""不宜""可"等的一般不是强制性标准。但在工作实践中,强制性标准与推荐性标准的划分仍然存在一些困难。

《实施工程建设强制性标准监督规定》规定,在中华人民共和国境内从事新建、扩建、改建等工程建设活动,必须执行工程建设强制性标准。工程建设强制性标准是指直接涉及工程质量、安全、卫生及环境保护等方面的工程建设标准强制性条文。国家工程建设标准强制性条文由国务院住房城乡建设主管部门会同国务院有关主管部门确定。

我国目前实行的强制性标准包含以下三部分。

(1)批准发布时已明确为强制性标准的;

(2)批准发布时虽未明确为强制性标准,但其编号中不带"/T"的,仍为强制性标准;

(3)2000年后批准发布的标准,批准时虽未明确为强制性标准,但其中有必须严格执行的强制性条文(黑体字),编号也不带"/T"的,也应视为强制性标准。

3. 对工程建设强制性标准的监督检查

(1)监督管理机构。

《实施工程建设强制性标准监督规定》规定,国务院住房城乡建设主管部门负责全国实施工程建设强制性标准的监督管理工作。国务院有关主管部门按照国务院的职能分工负责实施工程建设强制性标准的监督管理工作。县级以上地方人民政府住房城乡建设主管部门负责本行政区域内实施工程建设强制性标准的监督管理工作。

建设项目规划审查机关应当对工程建设规划阶段执行强制性标准的情况实施监督;施工图设计文件审查单位应当对工程建设勘察、设计阶段执行强制性标准的情况实施监督;建筑安全监督管理机构应当对工程建设施工阶段执行施工安全强制性标准的情况实施监督;工程质量监督机构应当对工程建设施工、监理、验收等阶段执行强制性标准的情况实施监督。

建设项目规划审查机关、施工设计图设计文件审查单位、建筑安全监督管理机构、工程质量监督机构的技术人员必须熟悉、掌握工程建设强制性标准。

(2)监督检查的方式和内容。

工程建设标准批准部门应当定期对建设项目规划审查机关、施工图设计文件审查单位、建筑安全监督管理机构、工程质量监督机构实施强制性标准的监督进行检查,对监督不力的单位和个人,给予通报批评,建议有关部门处理。

工程建设标准批准部门应当对工程项目执行强制性标准情况进行监督检查。监督检查可以采取重点检查、抽查和专项检查的方式。

《实施工程建设强制性标准监督规定》第10条规定,强制性标准监督检查的内容包括:①有关工程技术人员是否熟悉、掌握强制性标准;②工程项目的规划、勘察、设计、施工、验收等是否符合强制性标准的规定;③工程项目采用的材料、设备是否符合强制性标准的规定;④工程项目的安全、质量是否符合强制性标准的规定;⑤工程项目采用的导则、指南、手册、计算机软件的内容是否符合强制性标准的规定。

建设行政主管部门或者有关行政主管部门在处理重大事故时,应当有工程建设标准方面的专家参加;工程事故报告应当包含是否符合工程建设强制性标准的意见。

8.1.4　违法行为应承担的法律责任

对于违反工程建设标准的违法行为应承担的主要法律责任如下。

1. 建设单位违法行为应承担的法律责任

《建筑法》规定,建设单位违反本法规定,要求建筑设计单位或者建筑施工企业违反建筑工程质量、安全标准,降低工程质量的,责令改正,可以处以罚款;构成犯罪的,依法追究刑事责任。

《建设工程质量管理条例》第56条对建设单位违法行为应承担的法律责任也有相关规定。

2. 勘察、设计单位违法行为应承担的法律责任

《建筑法》规定,建筑设计单位不按照建筑工程质量、安全标准进行设计的,责令改正,处以罚款;造成工程质量事故的,责令停业整顿,降低资质等级或者吊销资质证书,没收违法所得,并处罚款;造成损失的,承担赔偿责任;构成犯罪的,依法追究刑事责任。

《建设工程质量管理条例》第63条也有相关规定。

3. 施工企业违法行为应承担的法律责任

《建筑法》规定,建筑施工企业在施工中偷工减料的,使用不合格的建筑材料、建筑构配件和设备的,或者有其他不按照工程设计图纸或者施工技术标准施工的行为的,责令改正,处以罚款;情节严重的,责令停业整顿,降低资质等级或者吊销资质证书;造成建筑工程质量不符合规定的质量标准的,负责返工、修理,并赔偿因此造成的损失;构成犯罪的,依法追究刑事责任。

《建设工程质量管理条例》第64条规定,施工单位在施工中偷工减料的,使用不合格的建筑材料、建筑构配件和设备的,或者有不按照工程设计图纸或者施工技术标准施工的其他行为的,责令改正,处工程合同价款2%以上4%以下的罚款;造成建设工程质量不符合规定的质量标准的,负责返工、修理,并赔偿因此造成的损失;情节严重的,责令停业整顿,降低资质等级或者吊销资质证书。

4. 工程监理单位违法行为应承担的法律责任

《实施工程建设强制性标准监督规定》第19条规定,工程监理单位违反强制性标准规定,将不合格的建设工程以及建筑材料、建筑构配件和设备按照合格签字的,责令改正,处50万元以上100万元以下的罚款,降低资质等级或者吊销资质证书;有违法所得的,予以没收;造成损失的,承担连带赔偿责任。

8.2　施工单位的质量责任和义务

施工单位,是指经过建设行政主管部门的资质审查,从事土木工程、建筑工程、线路管道设备安装、装修工程施工承包的单位。

施工单位是工程建设的重要责任主体之一,施工阶段是建设工程实物质量形成的阶段,勘察设计工作质量均要在这一阶段得以实现。施工单位的质量责任制度尤为重要。

8.2.1 施工单位对施工质量负责和总承包单位的质量责任

1. 依法取得资质并承揽工程

施工单位应当依法取得相应等级的资质证书,并在其资质等级许可的范围内承揽工程。

禁止施工单位超越本单位资质等级许可的业务范围或者以其他施工单位的名义承揽工程。禁止施工单位允许其他单位或者个人以本单位的名义承揽工程。

2. 施工单位对施工质量负责

《建设工程质量管理条例》第 26 条规定,施工单位对建设工程的施工质量负责。施工单位应当建立质量责任制,确定工程项目的项目经理、技术负责人和施工管理负责人。

3. 总承包单位的质量责任

《建筑法》第 55 条规定,建筑工程实行总承包的,工程质量由工程总承包单位负责,总承包单位将建筑工程分包给其他单位的,应当对分包工程的质量与分包单位承担连带责任。分包单位应当接受总承包单位的质量管理。

《建设工程质量管理条例》第 26 条规定,建设工程实行总承包的,总承包单位应当对全部建设工程质量负责;建设工程勘察、设计、施工、设备采购的一项或者多项实行总承包的,总承包单位应当对其承包的建设工程或者采购的设备的质量负责。

《建设工程质量管理条例》第 27 条规定,总承包单位依法将建设工程分包给其他单位的,分包单位应当按照分包合同的约定对其分包工程的质量向总承包单位负责,总承包单位与分包单位对分包工程的质量承担连带责任。

8.2.2 严格按工程设计图纸和施工技术标准施工的规定

《建筑法》第 58 条规定,建筑施工企业必须按照工程设计图纸和施工技术标准施工,不得偷工减料,工程设计的修改由原设计单位负责,建筑施工企业不得擅自修改工程设计。

《建设工程质量管理条例》第 28 条进一步规定,施工单位必须按照工程设计图纸和施工技术标准施工,不得擅自修改工程设计,不得偷工减料。施工单位在施工过程中发现设计文件和图纸有差错的,应当及时提出意见和建议。

8.2.3 对建筑材料、建筑构配件、设备和商品混凝土进行检验检测的规定

《建筑法》第 59 条规定,建筑施工企业必须按照工程设计要求、施工技术标准和合同的约定,对建筑材料、建筑构配件和设备进行检验,不合格的不得使用。

《建设工程质量管理条例》第 29 条进一步规定,施工单位必须按照工程设计要求、施工技术标准和合同约定,对建筑材料、建筑构配件、设备和商品混凝土进行检验,检验应当有书面记录和专人签字;未经检验或者检验不合格的,不得使用。

1. 建筑材料、建筑构配件、设备和商品混凝土的检验制度

施工单位对进入施工现场的建筑材料、建筑构配件、设备和商品混凝土实行检验制度,是施工单位质量保证体系的重要组成部分,也是保证施工质量的重要前提。施工单位应当严把两道关:一是谨慎选择生产供应厂商;二是实行进场二次检验。

施工单位的检验要依据工程设计要求、施工技术标准和合同约定。检验对象是将在工程施工中使用的建筑材料、建筑构配件、设备和商品混凝土。合同若有其他约定的,检验工作还应满足合同相应条款的要求。检验结果要按规定的格式形成书面记录,并由相关的专业人员签字。这是为了促使检验工作严谨认真,以及未来必要时有据可查,方便管理,明确责任。

2. 施工检测的见证取样和送检制度

《建设工程质量管理条例》第 31 条规定,施工人员对涉及结构安全的试块、试件以及有关材料,应当在建设单位或者工程监理单位监督下现场取样,并送具有相应资质等级的质量检测单位进行检测。

(1)见证取样和送检。

见证取样和送检,是指在建设单位或工程监理单位人员的见证下,由施工单位的现场试验人员对工程中涉及结构安全的试块、试件和材料在现场取样,并送至具有法定资格的质量检测单位进行检测的活动。

《房屋建筑工程和市政基础设施工程实行见证取样和送检的规定》第 5 条和第 6 条规定,涉及结构安全的试块、试件和材料见证取样和送检的比例不得低于有关技术标准中规定应取样数量的 30%。下列试块、试件和材料必须实施见证取样和送检:①用于承重结构的混凝土试块;②用于承重墙体的砌筑砂浆试块;③用于承重结构的钢筋及连接接头试件;④用于承重墙的砖和混凝土小型砌块;⑤用于拌制混凝土和砌筑砂浆的水泥;⑥用于承重结构的混凝土中使用的掺加剂;⑦地下、屋面、厕浴间使用的防水材料;⑧国家规定必须实行见证取样和送检的其他试块、试件和材料。

在施工过程中,见证人员应按照见证取样和送检计划,对施工现场的取样和送检进行见证。取样人员应在试样或其包装上作出标识、封志。标识和封志应标明工程名称、取样部位、取样日期、样品名称和样品数量,并由见证人员和取样人员签字。见证人员和取样人员应对试样的代表性和真实性负责。

(2)建设工程质量检测单位的资质和检测规定。

《建设工程质量检测管理办法》规定:建设工程质量检测机构是指检测机构接受委托,依据国家法律、法规、规章和标准、规范,对房屋建筑和市政基础设施结构安全和主要功能的项目进行抽样检测,进入施工现场的建筑材料与装饰材料、构配件与部品进行见证取样检测,出具检测报告,并承担相应法律责任的活动。

建设工程质量检测机构资质按其承担的检测业务内容分为见证取样检测机构资质和专项检测机构资质两大类。见证取样检测机构资质包括建筑工程材料见证取样检测和市政工程材料见证取样检测两大类。专项检测机构资质包括地基基础、主体结构、幕墙、钢结构、建筑工程可靠性鉴定,建筑节能、室内环境、智能、预拌混凝土检测等。

建设工程质量检测机构是具有独立法人资格的中介机构。检测机构未取得相应的资质证书,不得承担相应的质量检测业务。检测机构不得与行政机关,法律、法规授权的具有管理公共事务职能的组织以及所检测工程项目相关的设计单位、施工单位、监理单位有隶属关系或者其他利害关系。

检测机构不得转包检测业务,并对检测数据和检测报告的真实性和准确性负责。检测机构违反法律、法规和工程建设强制性标准,给他人造成损失的,应当依法承担相应的赔偿责任。

8.2.4 施工质量检验和返修的规定

1. 对施工质量进行检验制度

《建设工程质量管理条例》第30条规定,施工单位必须建立、健全施工质量的检验制度,严格工序管理,做好隐蔽工程的质量检查和记录。隐蔽工程在隐蔽前,施工单位应当通知建设单位和建设工程质量监督机构。

施工质量检验,通常是指工程施工过程中工序质量检验(过程检验),包括预检、自检、交接检、专职检、分部工程中间检验以及隐蔽工程检验等。

(1)严格工序质量检验和管理。

施工工序也可以称为过程。各个工序或过程之间横向和纵向的联系形成了工序网络或过程网络。任何一项工程的施工,都是通过一个由许多工序或过程组成的工序(或过程)网络来实现的。网络上的关键工序或过程都有可能对工程最终的施工质量产生决定性的影响。完善的检验制度和严格的工序管理是保证工序或过程质量的前提。只有工序或过程网络上的所有工序或过程的质量都受到严格控制,整个工程的质量才能得到保证。

(2)强化隐蔽工程质量检查。

隐蔽工程是指在施工过程中某一道工序所完成的工程实物,被后一工序形成的工程实物隐蔽,而且不可以逆向作业的那部分工程,例如,混凝土工程中,钢筋为混凝土所覆盖,前者为隐蔽工程。

由于隐蔽工程被后续工序隐蔽后,其施工质量就很难被检验及认定。如果不认真做好隐蔽工程的质量检查工作,便容易给工程留下隐患。所以,隐蔽工程在隐蔽前,施工单位除了要做好检查、检验并做好记录外,还应当及时通知建设单位(实施监理的工程为监理单位)和建设工程质量监督机构,以接受政府监督和向建设单位提供质量保证。

2. 建设工程的返修

《建筑法》第60条规定,建筑物在合理使用寿命内,必须确保地基基础工程和主体结构的质量。建筑工程竣工时,屋顶、墙面不得留有渗漏、开裂等质量缺陷;对已发现的质量缺陷,建筑施工企业应当修复。

《建设工程质量管理条例》第32条规定,施工单位对施工中出现质量问题的建设工程或者竣工验收不合格的建设工程,应当负责返修。

返修作为施工单位的法定义务,其返修包括施工过程中出现质量问题的建设工程和竣工验收不合格的建设工程两种情形。

返工,是指工程质量不符合规定的质量标准,而又无法修理的情况下重新进行施工;修理则是指工程质量不符合标准,而又有可能修复的情况下,对工程进行修补,使其达到质量标准的要求。不论是施工过程中出现质量问题的建设工程,还是竣工验收时发现质量问题的工程,施工单位都要负责返修。

对于非施工单位原因造成的质量问题。施工单位也应当负责返修,但是因此而造成的损失及返修费用由责任方负责。

8.2.5 建立健全职工教育培训制度的规定

《建设工程质量管理条例》第 33 条规定,施工单位应当建立、健全教育培训制度,加强对职工的教育培训;未经教育培训或者考核不合格的人员,不得上岗作业。

施工单位建立、健全教育培训制度,加强对职工的教育培训,是企业重要的基础工作之一。施工单位的教育培训通常包括各类质量教育和岗位技能培训等。

先培训、后上岗,特别是与质量工作有关的人员,如总工程师、项目经理、质量体系内审员、质量检查员、施工人员、材料试验及检测人员;关键技术工种,如焊工、钢筋工、混凝土工等。未经培训或者培训考核不合格的人员,不得上岗工作或作业。

8.2.6 违法行为应承担的法律责任

施工单位质量违法行为应承担的主要法律责任如下。

1. 违反资质管理规定和转包、违法分包造成质量问题应承担的法律责任

《建筑法》第 66 条规定,建筑施工企业转让、出借资质证书或者以其他方式允许他人以本企业的名义承揽工程的……对因该项承揽工程不符合规定的质量标准造成的损失,建筑施工企业与使用本企业名义的单位或者个人承担连带赔偿责任。

《建筑法》第 67 条规定,承包单位将承包的工程转包的,或者违反本法规定进行分包的,……对因转包工程或者违法分包的工程不符合规定的质量标准造成的损失,与接受转包或者分包的单位承担连带赔偿责任。

2. 偷工减料等违法行为应承担的法律责任

《建筑法》第 74 条规定,建筑施工企业在施工中偷工减料的,使用不合格的建筑材料、建筑构配件和设备的,或者有其他不按照工程设计图纸或者施工技术标准施工的行为的,责令改正,处以罚款;情节严重的,责令停业整顿,降低资质等级或者吊销资质证书;造成建筑工程质量不符合规定的质量标准的,负责返工、修理,并赔偿因此造成的损失;构成犯罪的,依法追究刑事责任。

《建设工程质量管理条例》第 64 条规定,施工单位在施工中偷工减料的,使用不合格的建筑材料、建筑构配件和设备的,或者有不按照工程设计图纸或者施工技术标准施工的其他行为的,责令改正,处工程合同价款 2% 以上 4% 以下的罚款;造成建设工程质量不符合规定的质量标准的,负责返工、修理,并赔偿因此造成的损失;情节严重的,责令停业整顿,降低资质等级或者吊销资质证书。

3. 检验检测违法行为应承担的法律责任

《建设工程质量管理条例》第 65 条规定,施工单位未对建筑材料、建筑构配件、设备和商品混凝土进行检验,或未对涉及结构安全的试块、试件以及有关材料取样检测的,责令改正,处 10 万元以上 20 万元以下的罚款;情节严重的,责令停业整顿,降低资质等级或者吊销资质证书;造成损失的,依法承担赔偿责任。

4. 刑事责任

《建设工程质量管理条例》第 74 条规定,建设单位、设计单位、施工单位、工程监理单位违反国家规定,降低工程质量标准,造成重大安全事故,构成犯罪的,对直接责任人员依法追究刑事责任。

建设、勘察、设计、施工、工程监理单位的工作人员因调动工作、退休等原因离开该单位后,被发现在该单位工作期间违反国家有关建设工程质量管理规定,造成重大工程质量事故的,仍应当依法追究法律责任。

《刑法》第 137 条规定,建设单位、设计单位、施工单位、工程监理单位违反国家规定,降低工程质量标准,造成重大安全事故的,对直接责任人员处 5 年以下有期徒刑或者拘役,并处罚金;后果特别严重的,处 5 年以上 10 年以下有期徒刑,并处罚金。

【案例】

1. 背景

2006 年 1 月 5 日,江南某公司与某施工单位签订了一份建设工程施工承包合同,双方约定由该施工单位承包该公司的提取车间等 1 万多平方米的建筑工程土建及配套附属工程。之后,施工单位不严格按设计图纸施工,且偷工减料。为此,该公司曾多次向施工单位提出:对于工程质量不符合要求的部位要求返工处理。施工单位只是口头上承诺,但没有实际行动。2006 年 8 月 25 日,经质量监督机构检查并作出了"关于江南某公司提取车间的工程质量报告"。该报告称,经现场随机抽查,施工单位有明显的偷工减料行为,以上问题的存在影响了设备工艺的使用功能。

2. 问题

(1) 施工单位有哪些违法行为?

(2) 对施工单位的违法行为应该怎样处理?

3. 分析

(1) 施工单位主要过错如下。①施工单位工程质量意识差,对施工质量没有认真负起责任,违反了《建设工程质量管理条例》第 26 条规定:"施工单位对建设工程的施工质量负责。"②施工单位不严格按设计图纸施工、偷工减料等行为,违反了《建设工程质量管理条例》第 28 条规定:"施工单位必须按照工程设计图纸和施工技术标准施工,不得擅自修改工程设计,不得偷工减料。"③施工单位对于部分工程质量不符合要求的事实,一直不做返修处理,违反了《建设工程质量管理条例》第 32 条规定:"施工单位对施工中出现质量问题的建设工程或者竣工验收不合格的建设工程,应当负责返修。"

(2) 对施工单位应作如下处理:根据《建筑法》第 74 条、《建设工程质量管理条例》第 64 条的规定,施工单位在施工中偷工减料的,使用不合格的建筑材料、建筑构配件和设备的,或者有不按照工程设计图纸或者施工技术标准施工的其他行为的,责令改正,处工程合同价款 2% 以上 4% 以下的罚款;造成建设工程质量不符合规定的质量标准的,负责返工、修理,并赔偿因此造成的损失;情节严重的,责令停业整顿,降低资质等级或者吊销资质证书;构成犯罪的,依法追究刑事责任。

据此,当地的建设行政主管部门应该根据处罚权限,责令施工单位对其违法行为立即整改,并在工程合同价款 2% 以上 4% 以下处以适当罚款;对于提取车间工程质量不符合规定质量标准的,责令施工单位负责返修,并赔偿因此而造成的损失。如果情节严重,可以责令其停业整顿,由颁发资质证书的机关降低资质等级或者吊销资质证书;构成犯罪的,可以提请司法机关依法追究刑事责任。

8.3 建设单位及相关单位的质量责任和义务

《建设工程质量管理条例》规定,建设单位、勘察单位、设计单位、施工单位、工程监理单位应当依法对建设工程质量负责。因此,在建设工程的建设过程中,影响工程质量的责任主体除了施工单位外,还有建设单位、勘察单位、设计单位、工程监理单位等。

8.3.1 建设单位的质量责任和义务

建设单位,是建设工程的投资人,也称"业主"。建设单位是工程建设项目建设过程的总负责方,拥有确定建设项目的规模、功能、外观、选用材料设备、按照国家法律法规规定选择承包单位等权利。建设单位可以是法人或自然人,包括房地产开发商。

1. 建设单位的质量责任和义务

(1)依法对工程进行发包。

《建设工程质量管理条例》规定,建设单位应当将工程发包给具有相应资质等级的单位。建设单位不得将建设工程肢解发包。建设单位应当依法对工程建设项目的勘察、设计、施工、监理以及与工程建设有关的重要设备、材料等的采购进行招标。

(2)依法对材料设备进行招标。

建设单位还要依照《招标投标法》等有关规定,对必须实行招标的工程项目进行招标,择优选定工程勘察、设计、施工、监理单位以及采购重要设备、材料等。

(3)依法提供原始资料。

建设单位必须向有关的勘察、设计、施工、工程监理等单位提供与建设工程有关的原始资料。原始资料必须真实、准确、齐全。

(4)不得干预投标人。

建设单位不得以任何理由,要求建筑设计单位或者建筑施工企业在工程设计或者施工作业中,违反法律、行政法规和建筑工程质量、安全标准,降低工程质量。

建设工程发包单位不得迫使承包方以低于成本的价格竞标,不得任意压缩合理工期。建设单位不得明示或者暗示设计单位或者施工单位违反工程建设强制性标准,降低建设工程质量。

(5)依法送审施工图。

建设单位应当将施工图设计文件报县级以上人民政府建设行政主管部门或者其他有关部门审查。施工图设计文件审查的具体办法,由国务院建设行政主管部门会同国务院其他有关部门制定。施工图设计文件未经审查批准的，不得使用。

（6）依法委托监理。

实行监理的建设工程，建设单位应当委托具有相应资质等级的工程监理单位进行监理，也可以委托具有工程监理相应资质等级并与被监理工程的施工承包单位没有隶属关系或者其他利害关系的该工程的设计单位进行监理。

（7）依法办理工程质量监督手续。

建设单位在领取施工许可证或者开工报告前，应当按照国家有关规定办理工程质量监督手续。

（8）依法确保建筑材料等符合要求。

按照合同约定，由建设单位采购建筑材料、建筑构配件和设备的，建设单位应当保证建筑材料、建筑构配件和设备符合设计文件和合同要求。建设单位不得明示或者暗示施工单位使用不合格的建筑材料、建筑构配件和设备。

（9）不得擅自改变主体和承重结构进行装修。

随意拆改建筑主体结构和承重结构等，会危及建设工程安全和人民生命财产安全。因此，《建设工程质量管理条例》第15条规定，涉及建筑主体和承重结构变动的装修工程，建设单位应当在施工前委托原设计单位或者具有相应资质等级的设计单位提出设计方案；没有设计方案的，不得施工。房屋建筑使用者在装修过程中，不得擅自变动房屋建筑主体和承重结构。

（10）依法组织竣工验收。

建设单位收到建设工程竣工报告后，应当组织设计、施工、工程监理等有关单位进行竣工验收。

（11）依法移交建设项目档案。

建设单位应当严格按照国家有关档案管理的规定，及时收集、整理建设项目各环节的文件资料，建立、健全建设项目档案，并在建设工程竣工验收后，及时向建设行政主管部门或者其他有关部门移交建设项目档案。

2. 建设单位质量违法行为应承担的法律责任

《建筑法》第72条规定，建设单位违反本法规定，要求建筑设计单位或者建筑施工企业违反建筑工程质量、安全标准，降低工程质量的，责令改正，可以处以罚款；构成犯罪的，依法追究刑事责任。

《建设工程质量管理条例》第56条规定，建设单位有下列行为之一的，责令改正，处20万元以上50万元以下的罚款：

（1）迫使承包方以低于成本的价格竞标的；

（2）任意压缩合理工期的；

（3）明示或者暗示设计单位或者施工单位违反工程建设强制性标准，降低工程质量的；

（4）施工图设计文件未经审查或者审查不合格，擅自施工的；

（5）建设项目必须实行工程监理而未实行工程监理的；

（6）未按国家规定办理工程质量监督手续的；

（7）明示或者暗示施工单位使用不合格的建筑材料、建筑构配件和设备的；

（8）未按照国家规定将竣工验收报告、有关认可文件或者准许使用文件报送备案的。

8.3.2　勘察、设计单位的质量责任和义务

勘察单位是指已通过建设行政主管部门的资质审查，从事工程测量、水文地质和岩土工程等工作的单位。勘察单位依据建设项目的目标，查明并分析、评价建设场地和有关范围内的地质地理环境特征和岩土工作条件，编制建设项目所需的勘察文件，提供相关服务和咨询。

设计单位是指经过建设行政主管部门的资质审查，从事建设工程可行性研究、建设工程设计、工程咨询等工作的单位。设计是依据建设项目的目标，对其技术、经济、资源、环境等条件进行综合分析，制定方案，论证比选，编制建设项目所需的设计文件，并提供相关服务和咨询。

1. 勘察、设计单位共同的责任

（1）依法承揽工程。

从事建设工程勘察、设计的单位应当依法取得相应等级的资质证书，并在其资质等级许可的范围内承揽工程。

禁止勘察、设计单位超越其资质等级许可的范围或者以其他勘察、设计单位的名义承揽工程。禁止勘察、设计单位允许其他单位或者个人以本单位的名义承揽工程。

勘察、设计单位不得转包或者违法分包所承揽的工程。

（2）执行强制性标准。

勘察、设计单位必须按照工程建设强制性标准进行勘察、设计，并对其勘察、设计的质量负责。注册建筑师、注册结构工程师等注册执业人员应当在设计文件上签字，对设计文件负责。

2. 勘察单位的质量责任

勘察单位提供的资料会影响到后续工作的质量，因此，勘察单位提供的地质、测量、水文等勘察成果必须真实、准确。

3. 设计单位的质量责任

（1）科学设计。

设计单位应当根据勘察成果文件进行建设工程设计。设计文件应当符合国家规定的设计深度要求，注明工程合理使用年限。

（2）选择材料设备。

设计单位在设计文件中选用的建筑材料、建筑构配件和设备，应当注明规格、型号、性能等技术指标，其质量要求必须符合国家规定的标准。除有特殊要求的建筑材料、专用设备、工艺生产线等外，设计单位不得指定生产厂、供应商。

（3）解释设计文件。

设计单位应当就审查合格的施工图设计文件向施工单位作出详细说明。

（4）参与质量事故分析。

设计单位应当参与建设工程质量事故分析，并对因设计造成的质量事故，提出相应的

技术处理方案。

4. 勘察、设计单位质量违法行为应承担的法律责任

《建筑法》第 73 条规定,建筑设计单位不按照建筑工程质量、安全标准进行设计的,责令改正,处以罚款;造成工程质量事故的,责令停业整顿,降低资质等级或者吊销资质证书,没收违法所得,并处罚款;造成损失的,承担赔偿责任;构成犯罪的,依法追究刑事责任。

《建设工程质量管理条例》第 63 条规定,有下列行为之一的,责令改正,处 10 万元以上 30 万元以下的罚款:①勘察单位未按照工程建设强制性标准进行勘察的;②设计单位未根据勘察成果文件进行工程设计的;③设计单位指定建筑材料、建筑构配件的生产厂、供应商的;④设计单位设计单位未按照工程建设强制性标准进行设计的。有前款所列行为,造成工程质量事故的,责令停业整顿,降低资质等级;情节严重的,吊销资质证书;造成损失的,依法承担赔偿责任。

8.3.3 工程监理单位的质量责任和义务

工程监理单位,是指经过建设行政主管部门的资质审查,受建设单位委托,依照国家法律规定要求和建设单位要求,在建设单位委托的范围内对建设工程进行监督管理的单位。

1. 依法承揽业务

工程监理单位应当依法取得相应等级的资质证书,并在其资质等级许可的范围内承担工程监理业务。

禁止工程监理单位超越本单位资质等级许可的范围或者以其他工程监理单位的名义承担工程监理业务。禁止工程监理单位允许其他单位或者个人以本单位的名义承担工程监理业务。工程监理单位不得转让工程监理业务。

监理单位按照资质等级承担工程监理业务,是保证监理工作质量的前提。越级监理、允许其他单位或者个人以本单位的名义承担监理业务等,将使工程监理变得有名无实,最终会对工程质量造成危害。监理单位转让工程监理业务,与施工单位转包工程有着同样的危害性。

2. 依法回避、独立监理

工程监理单位与被监理工程的施工承包单位以及建筑材料、建筑构配件和设备供应单位有隶属关系或者其他利害关系的,不得承担该项建设工程的监理业务。

由于工程监理单位与被监理工程的承包单位以及建筑材料、建筑构配件和设备供应单位之间,是一种监督与被监督的关系,为了保证客观、公正执行监理任务,工程监理单位与上述单位不能有隶属关系或者其他利害关系。如果有这种关系,工程监理单位在接受监理委托前,应当自行回避;对于没有回避而被发现的,建设单位可以依法解除委托关系。

3. 监理工作的依据和监理责任

《建设工程质量管理条例》第 36 条规定,工程监理单位应当依照法律、法规以及有关技术标准、设计文件和建设工程承包合同,代表建设单位对施工质量实施监理,并对施工质量承担监理责任。

工程监理的依据是法律、法规,有关技术标准,设计文件和建设工程承包合同。

监理单位对施工质量承担监理责任,包括违约责任和违法责任两个方面。①违约责任。如果监理单位不按照监理合同约定履行监理义务,给建设单位或其他单位造成损失的,应当承担相应的赔偿责任。②违法责任。如果监理单位违法监理,或者降低工程质量标准,造成质量事故的,要承担相应的法律责任。

4. 工程监理的职责和权限

《建设工程质量管理条例》第 37 条规定,工程监理单位应当选派具备相应资格的总监理工程师和监理工程师进驻施工现场。

未经理工程师签字,建筑材料、建筑构配件和设备不得在工程上使用或者安装,施工单位不得进行下一道工序的施工。未经总监理工程师签字,建设单位不拨付工程款,不进行竣工验收。

5. 工程监理的形式

《建设工程质量管理条例》第 38 条规定,监理工程师应当按照工程监理规范的要求,采取旁站、巡视和平行检验等形式,对建设工程实施监理。

6. 工程监理单位质量违法行为应承担的法律责任

《建筑法》第 69 条规定,工程监理单位与建设单位或者建筑施工企业串通,弄虚作假、降低工程质量的,责令改正,处以罚款,降低资质等级或者吊销资质证书;有违法所得的,予以没收;造成损失的,承担连带赔偿责任;构成犯罪的,依法追究刑事责任。

8.3.4　政府部门工程质量监督管理的有关规定

为了确保建设工程质量,保障公共安全和人民生命财产安全,政府必须加强对建设工程质量的监督管理。因此,《建设工程质量管理条例》第 43 条规定,国家实行建设工程质量监督管理制度。

1. 我国的建设工程质量监督管理体制

《建设工程质量管理条例》第 43 条规定,国务院建设行政主管部门对全国的建设工程质量实施统一监督管理。国务院铁路、交通、水利等有关部门按照国务院规定的职责分工,负责对全国的有关专业建设工程质量的监督管理。

县级以上地方人民政府建设行政主管部门对本行政区域内的建设工程质量实施监督管理。县级以上地方人民政府交通、水利等有关部门在各自的职责范围内,负责对本行政区域内的专业建设工程质量的监督管理。

2. 政府监督检查的内容和有权采取的措施

《建设工程质量管理条例》第 44 条和第 47 条规定,国务院建设行政主管部门和国务院铁路、交通、水利等有关部门以及县级以上地方人民政府建设行政主管部门和其他有关部门,应当加强对有关建设工程质量的法律、法规和强制性标准执行情况的监督检查。

《建设工程质量管理条例》第 48 条规定,县级以上人民政府建设行政主管部门和其他有关部门履行监督检查职责时,有权采取下列措施:①要求被检查的单位提供有关工程质量的文件和资料;②进入被检查单位的施工现场进行检查;③发现有影响工程质量的问题时,责令改正。

3. 禁止滥用权力的行为

《建设工程质量管理条例》第51条规定,供水、供电、供气、公安消防等部门或者单位不得明示或者暗示建设单位、施工单位购买其指定的生产供应单位的建筑材料、建筑构配件和设备。

目前,有关部门或单位利用其管理职能或垄断地位指定生产厂家或产品的现象较多,如果建设单位或施工单位不采用,就在竣工验收时故意刁难或不予验收,不准投入使用。政府有关部门这种滥用职权的行为,是法律所不允许的。

4. 建设工程质量事故报告制度

《建设工程质量管理条例》第52条规定,建设工程发生质量事故,有关单位应当在24小时内向当地建设行政主管部门和其他有关部门报告。对重大质量事故,事故发生地的建设行政主管部门和其他有关部门应当按照事故类别和等级向当地人民政府和上级建设行政主管部门和其他有关部门报告。

特别重大质量事故的调查程序按照国务院有关规定办理。

根据国务院《生产安全事故报告和调查处理条例》的规定,特别重大事故,是指造成30人以上死亡,或者100人以上重伤,或者1亿元以上直接经济损失的事故。特别重大事故、重大事故逐级上报至国务院安全生产监督管理部门和负有安全生产监督管理职责的有关部门。每级上报的时间不得超过2小时。必要时,安全生产监督管理部门和负有安全生产监督管理职责的有关部门可以越级上报事故情况。

5. 有关质量违法行为应承担的法律责任

《建设工程质量管理条例》第70条规定,发生重大工程质量事故隐瞒不报、谎报或者拖延报告期限的,对直接负责的主管人员和其他责任人员依法给予行政处分。

《建设工程质量管理条例》第71条规定,供水、供电、供气、公安消防等部门或者单位明示或者暗示建设单位或者施工单位购买其指定的生产供应单位的建筑材料、建筑构配件和设备的,责令改正。

《建设工程质量管理条例》第76条规定,国家机关工作人员在建设工程质量监督管理工作中玩忽职守、滥用职权、徇私舞弊,构成犯罪的,依法追究刑事责任;尚不构成犯罪的,依法给予行政处分。

8.4　建设工程的竣工验收制度

工程项目竣工验收是施工全过程的最后一道工序,也是工程项目管理的最后一项工作。通过竣工验收,检验设计和施工质量,保证项目按设计要求的技术经济指标正常生产;有关部门和单位可以总结经验教训;建设单位对经验收合格的项目可以及时移交固定资产,使其由基础系统转入生产系统或投入使用。

8.4.1 竣工验收的主体和法定条件

1. 建设工程竣工验收的主体

《建设工程质量管理条例》第 16 条规定,建设单位收到建设工程竣工报告后,应当组织设计、施工、工程监理等有关单位进行竣工验收。

2. 竣工验收应当具备的法定条件

《建筑法》第 61 条规定,交付竣工验收的建筑工程,必须符合规定的建筑工程质量标准,有完整的工程技术经济资料和经签署的工程保修书,并具备国家规定的其他竣工条件。建筑工程竣工经验收合格后,方可交付使用;未经验收或者验收不合格的,不得交付使用。

《建设工程质量管理条例》第 16 条规定,建设工程竣工验收应当具备下列条件:

(1) 完成建设工程设计和合同约定的各项内容;

(2) 有完整的技术档案和施工管理资料;

(3) 有工程使用的主要建筑材料、建筑构配件和设备的进场试验报告;

(4) 有勘察、设计、施工、工程监理等单位分别签署的质量合格文件;

(5) 有施工单位签署的工程保修书。

建设工程经验收合格的,方可交付使用。

8.4.2 施工单位应提交的档案资料

《建设工程质量管理条例》第 17 条规定,建设单位应当严格按照国家有关档案管理的规定,及时收集、整理建设项目各环节的文件资料,建立健全建设项目档案,并在建设工程竣工验收后,及时向建设行政主管部门或者其他有关部门移交建设项目档案。

建设工程是百年大计。一般的建筑物设计年限都在 50~70 年,重要的建筑物达百年以上。在建设工程投入使用之后,还要进行检查、维修、管理,还可能会遇到改建、扩建或拆除活动,以及在其周围进行建设活动。这些都需要参考原始的勘察、设计、施工等资料。建设单位是建设活动的总负责方,应当在合同中明确要求勘察、设计、施工、监理等单位分别提供工程建设各环节的文件资料,及时收集整理,建立健全建设项目档案。

按照 2019 年新修订的《城市建设档案管理规定》第 6 条规定,建设单位应当在工程竣工验收后 3 个月内,向城建档案馆报送一套符合规定的建设工程档案。凡建设工程档案不齐全的,应当限期补充。对改建、扩建和重要部位维修的工程,建设单位应当组织设计、施工单位据实修改、补充和完善原建设工程档案。

勘察、设计、施工、监理等单位应将本单位形成的工程文件立卷后向建设单位移交。勘察、设计单位应在任务完成后,施工、监理单位应在工程竣工验收前,将各自形成的有关工程档案向建设单位归档。

建设工程项目实行总承包管理的,总包单位应负责收集、汇总各分包单位形成的工程档案,并应及时向建设单位移交;各分包单位应将本单位形成的工程文件整理、立卷后及时移交总包单位。建设工程项目由几个单位承包的,各承包单位应负责收集、整理立卷其承包项目的工程文件,并应及时向建设单位移交。

施工单位应当按照归档要求制定统一目录,有专业分包工程的,分包单位要按照总承包单位的总体安排做好各项资料整理工作,最后再由总承包单位进行审核、汇总。

施工单位一般应当提交的档案资料如下:①工程技术档案资料;②工程质量保证资料;③工程检验评定资料;④竣工图等。

8.4.3 规划、消防、节能、环保等验收的规定

《建设工程质量管理条例》第49条规定,建设单位应当自建设工程竣工验收合格之日起15日内,将建设工程竣工验收报告和规划、公安消防、环保等部门出具的认可文件或者准许使用文件报建设行政主管部门或者其他有关部门备案。

1. 建设工程竣工规划验收

《中华人民共和国城乡规划法》第45条规定,县级以上地方人民政府城乡规划主管部门按照国务院规定对建设工程是否符合规划条件予以核实。未经核实或者经核实不符合规划条件的,建设单位不得组织竣工验收。建设单位应当在竣工验收后6个月内向城乡规划主管部门报送有关竣工验收资料。

《中华人民共和国城乡规划法》第67条规定,建设单位未在建设工程竣工验收后6个月内向城乡规划主管部门报送有关竣工验收资料的,由所在地城市、县人民政府城乡规划主管部门责令限期补报;逾期不补报的,处1万元以上5万元以下的罚款。

2. 建设工程竣工消防验收

《中华人民共和国消防法》规定,按照国家工程建设消防技术标准需要进行消防设计的建设工程竣工,依照下列规定进行消防验收、备案:

(1)国务院公安部门规定的大型的人员密集场所和其他特殊建设工程,建设单位应当向公安机关消防机构申请消防验收;

(2)其他建设工程,建设单位在验收后应当报公安机关消防机构备案,公安机关消防机构应当进行抽查。依法应当进行消防验收的建设工程,未经消防验收或者消防验收不合格的,禁止投入使用;其他建设工程经依法抽查不合格的,应当停止使用。

(3)对于依法应当进行消防验收的建设工程,未经消防验收或者消防验收不合格,擅自投入使用的,《中华人民共和国消防法》规定,由公安机关消防机构责令停止施工、停止使用或者停产停业,并处3万元以上30万元以下罚款。

3. 建设工程竣工环保验收

环境保护设施竣工验收,应当与主体工程竣工验收同时进行。需要进行试生产的建设项目,建设单位应当自建设项目投入试生产之日起3个月内,向审批该建设项目环境影响报告书、环境影响报告表或者环境影响登记表的环境保护行政主管部门,申请该建设项目需要配套建设的环境保护设施竣工验收。分期建设、分期投入生产或者使用的建设项目,其相应的环境保护设施应当分期验收。

建设项目投入试生产超过3个月,建设单位未申请环境保护设施竣工验收的,由审批该建设项目环境影响报告书、环境影响报告表或者环境影响登记表的环境保护行政主管部门责令限期办理环境保护设施竣工验收手续;逾期未办理的,责令停止试生产,可以处

5 万元以下的罚款。

4. 建筑工程节能验收

《中华人民共和国节约能源法》第 35 条规定,不符合建筑节能标准的建筑工程,建设主管部门不得批准开工建设;已经开工建设的,应当责令停止施工、限期改正;已经建成的,不得销售或者使用。

《民用建筑节能条例》第 17 条规定,建设单位组织竣工验收,应当对民用建筑是否符合民用建筑节能强制性标准进行查验;对不符合民用建筑节能强制性标准的,不得出具竣工验收合格报告。

建筑节能工程施工质量的验收,主要应按照国家标准《建筑节能工程施工质量验收规范》(GB 50411—2019)以及《建筑工程施工质量验收统一标准》(GB 50300—2013)以及各专业工程施工质量验收规范等执行。单位工程竣工验收应在建筑节能分部工程验收合格后进行。

建筑节能工程为单位建筑工程的一个分部工程,并按规定划分为分项工程和检验批。

(1)建筑节能分部工程进行质量验收的条件。

建筑节能分部工程的质量验收,应在检验批、分项工程全部合格的基础上,进行建筑围护结构的外墙节能构造实体检验,严寒、寒冷和夏热冬冷地区的外窗气密性现场检测,以及系统节能性能检测和系统联合试运转与调试,确认建筑节能工程质量达到验收的条件后方可进行。

(2)建筑节能分部工程验收的组织和程序。

建筑节能工程验收的程序和组织应遵守《建筑工程施工质量验收统一标准》(GB 50300—2013)的要求,并符合规定。

(3)建筑工程节能验收违法行为应承担的法律责任。

《民用建筑节能条例》规定,建设单位对不符合民用建筑节能强制性标准的民用建筑项目出具竣工验收合格报告的,由县级以上地方人民政府建设主管部门责令改正,处民用建筑项目合同价款 2％以上 4％以下的罚款;造成损失的,依法承担赔偿责任。

8.4.4 工程竣工结算、质量争议的规定

1. 工程竣工结算

《民法典》规定,建设工程竣工后,发包人应当根据施工图纸及说明书、国家颁发的施工验收规范和质量检验标准及时进行验收。验收合格的,发包人应当按照约定支付价款,并接收该建设工程。《建筑法》也规定,发包单位应当按照合同的约定,及时拨付工程款项。

(1)工程竣工结算方式与编审。

《建设工程价款结算暂行办法》规定,工程完工后,双方应按照约定的合同价款及合同价款调整内容以及索赔事项,进行工程竣工结算。工程竣工结算分为单位工程竣工结算、单项工程竣工结算和建设项目竣工总结算。

单位工程竣工结算由承包人编制,发包人审查;实行总承包的工程,由具体承包人编制,在总包人审查的基础上,发包人审查。

单项工程竣工结算或建设项目竣工总结算由总（承）包人编制，发包人可直接进行审查，也可以委托具有相应资质的工程造价咨询机构进行审查。政府投资项目，由同级财政部门审查。单项工程竣工结算或建设项目竣工总结算经发、承包人签字盖章后有效。

承包人应在合同约定期限内完成项目竣工结算编制工作，未在规定期限内完成的并且提不出正当理由延期的，责任自负。

（2）工程竣工结算审查期限。

单项工程竣工后，承包人应在提交竣工验收报告的同时，向发包人递交竣工结算报告及完整的结算资料，发包人应按以下规定时限进行核对（审查）并提出审查意见：①500万元以下，从接到竣工结算报告和完整的竣工结算资料之日起20天；②500万～2000万元，从接到竣工结算报告和完整的竣工结算资料之日起30天；③2000万～5000万元，从接到竣工结算报告和完整的竣工结算资料之日起45天；④5000万元以上，从接到竣工结算报告和完整的竣工结算资料之日起60天。

建设项目竣工总结算在最后一个单项工程竣工结算审查确认后15天内汇总，送发包人后30天内审查完成。

（3）工程竣工价款结算。

发包人收到承包人递交的竣工结算报告及完整的结算资料后，应按以上规定的期限（合同约定有期限的，从其约定）进行核实，给予确认或者提出修改意见。

发包人根据确认的竣工结算报告向承包人支付工程竣工结算价款，保留5%左右的质量保证（保修）金，待工程交付使用1年质保期到期后清算（合同另有约定的，从其约定），质保期内如有返修，发生费用应在质量保证（保修）金内扣除。

工程竣工结算以合同工期为准，实际施工工期比合同工期提前或延后，发、承包双方应按合同约定的奖惩办法执行。

（4）索赔价款计算及合同以外零星项目工程价款结算。

发承包人未能按合同约定履行自己的各项义务或发生错误，给另一方造成经济损失的，由受损方按合同约定提出索赔，索赔金额按合同约定支付。

发包人要求承包人完成合同以外零星项目，承包人应在接受发包人要求的7天内就用工数量和单价、机械台班数量和单价、使用材料和金额等向发包人提出施工签证，发包人签证后施工，如发包人未签证，承包人施工后发生争议的，责任由承包人自负。

发包人和承包人要加强施工现场的造价控制，及时对工程合同外的事项如实记录并履行书面手续。凡由发、承包双方授权的现场代表签字的现场签证以及发、承包双方协商确定的索赔等费用，应在工程竣工结算中如实办理，不得因发、承包双方现场代表的中途变更改变其有效性。

（5）未按规定时限办理事项的处理。

发包人收到竣工结算报告及完整的结算资料后，在《建设工程价款结算暂行办法》规定或合同约定期限内，对结算报告及资料没有提出意见，则视同认可。

承包人如未在规定时间内提供完整的工程竣工结算资料，经发包人催促后14天内仍未提供或没有明确答复，发包人有权根据已有资料进行审查，责任由承包人自负。

根据确认的竣工结算报告，承包人向发包人申请支付工程竣工结算款。发包人应在收到申请后15天内支付结算款,到期没有支付的应承担违约责任。承包人可以催告发包人支付结算价款,如达成延期支付协议,发包人应按同期银行贷款利率支付拖欠工程价款的利息。如未达成延期支付协议,承包人可以与发包人协商将该工程折价,或申请人民法院将该工程依法拍卖,承包人就该工程折价或者拍卖的价款优先受偿。

(6)工程价款结算争议处理。

工程造价咨询机构接受发包人或承包人委托,编审工程竣工结算,应按合同约定和实际履约事项认真办理,出具的竣工结算报告经发、承包双方签字后生效。当事人一方对报告有异议的,可对工程结算中有异议部分,向有关部门申请咨询后协商处理,若不能达成一致的,双方可按合同约定的争议或纠纷解决程序办理。

发包人对工程质量有异议,已竣工验收或已竣工未验收但实际投入使用的工程,其质量争议按该工程保修合同执行;已竣工未验收且未实际投入使用的工程以及停工、停建工程的质量争议,应当就有争议部分的竣工结算暂缓办理,双方可就有争议的工程委托有资质的检测鉴定机构进行检测,根据检测结果确定解决方案,或按工程质量监督机构的处理决定执行,其余部分的竣工结算依照约定办理。

当事人对工程造价发生合同纠纷时,可通过下列办法解决:①双方协商确定;②按合同条款约定的办法提请调解;③向有关仲裁机构申请仲裁或向人民法院起诉。

(7)工程价款结算管理。

《建设工程价款结算暂行办法》第21条规定,工程竣工后,发、承包双方应及时办清工程竣工结算。否则,工程不得交付使用,有关部门不予办理权属登记。

2. 竣工工程质量争议的处理

《建筑法》规定,建筑工程竣工时,屋顶、墙面不得留有渗漏、开裂等质量缺陷;对已发现的质量缺陷,建筑施工企业应当修复。《建设工程质量管理条例》规定,施工单位对施工中出现质量问题的建设工程或者竣工验收不合格的建设工程,应当负责返修。

(1)承包方责任的处理。

《民法典》规定,因施工人的原因致使建设工程质量不符合约定的,发包人有权要求施工人在合理期限内无偿修理或者返工、改建。

如果承包人拒绝修理、返工或者改建的,《最高人民法院关于审理建设工程施工合同纠纷案件适用法律问题的解释(一)》第12条规定,因承包人的原因造成建设工程质量不符合约定,承包人拒绝修理、返工或者改建,发包人请求减少支付工程款的,应予支持。

(2)发包方责任的处理。

《建筑法》规定,建设单位不得以任何理由,要求建筑建设单位或者建筑施工企业在工程设计或者施工作业中,违反法律、行政法规和建筑质量、安全标准,降低工程质量。

《最高人民法院关于审理建设工程施工合同纠纷案件适用法律问题的解释(一)》第13条规定,发包人具有下列情形之一,造成建设工程质量缺陷,应当承担过错责任:①提供的设计有缺陷;②提供或者指定购买的建筑材料、建筑构(配)件、设备不符合强制性标准;③直接指定分包人分包专业工程。

(3)未经竣工验收擅自使用的处理原则。

《建筑法》《民法典》《建设工程质量管理条例》均规定,建设工程竣工经验收合格后,方可交付使用;未经验收或验收不合格的,不得交付使用。

8.4.5 竣工验收报告备案的规定

《建设工程质量管理条例》第49条规定,建设单位应当自建设工程竣工验收合格之日起15日内,将建设工程竣工验收报告和规划、公安消防、环保等部门出具的认可文件或者准许使用文件报建设行政主管部门或者其他有关部门备案。

建设行政主管部门或者其他有关部门发现建设单位在竣工验收过程中有违反国家有关建设工程质量管理规定行为的,责令停止使用,重新组织竣工验收。

1. 竣工验收备案的时间及须提交的文件

《房屋建筑工程和市政基础设施工程竣工验收备案管理暂行办法》规定,建设单位应当自工程竣工验收合格之日起15日内,依照本办法规定,向工程所在地的县级以上地方人民政府建设主管部门(以下简称备案机关)备案。

建设单位办理工程竣工验收备案应当提交下列文件:

(1) 工程竣工验收备案表;

(2) 工程竣工验收报告;

(3) 法律、行政法规规定应当由规划、环保等部门出具的认可文件或者准许使用文件;

(4) 施工单位签署的工程质量保修书;

(5) 法规、规章规定必须提供的其他文件。

住宅工程还应当提交《住宅质量保证书》和《住宅使用说明书》。

2. 竣工验收备案文件的签收和处理

备案机关收到建设单位报送的竣工验收备案文件,验证文件齐全后,应当在工程竣工验收备案表上签署文件收讫。工程竣工验收备案表一式两份,一份由建设单位保存,一份留备案机关存档。

工程质量监督机构应当在工程竣工验收之日起5日内,向备案机关提交工程质量监督报告。

备案机关发现建设单位在竣工验收过程中有违反国家有关建设工程质量管理规定行为的,应当在收讫竣工验收备案文件15日内,责令停止使用,重新组织竣工验收。

3. 竣工验收备案违反规定的处罚

《房屋建筑工程和市政基础设施工程竣工验收备案管理暂行办法》规定,建设单位在工程竣工验收合格之日起15日内未办理工程竣工验收备案的,备案机关责令限期改正,处20万元以上50万元以下罚款。

建设单位将备案机关决定重新组织竣工验收的工程,在重新组织竣工验收前,擅自使用的,备案机关责令停止使用,处工程合同价款2%以上4%以下罚款。

建设单位采用虚假证明文件办理工程竣工验收备案的,工程竣工验收无效,备案机关责令停止使用,重新组织竣工验收,处20万元以上50万元以下罚款;构成犯罪的,依法追究刑事责任。

备案机关决定重新组织竣工验收并责令停止使用的工程,建设单位在备案之前已投入使用或者建设单位擅自继续使用造成使用人损失的,由建设单位依法承担赔偿责任。

8.5　建设工程质量保修制度

建设工程质量保修制度是指建设工程竣工后经验收后,在规定的保修期限内,因勘察、设计、施工、材料等原因造成的质量缺陷,应当由施工承包单位负责维修、返工或更换,由责任单位负责赔偿损失的法律制度。

《建筑法》《建设工程质量管理条例》均规定,建筑工程实行质量保修制度。健全完善的建设工程质量保修制度对于促进承包方加强质量管理,保护用户及消费者的合法权益有着重要的意义。

8.5.1　质量保修书和最低保修期限的规定

《建设工程质量管理条例》第 39 条规定,建设工程承包单位在向建设单位提交工程竣工验收报告时,应当向建设单位出具质量保修书。质量保修书中应当明确建设工程的保修范围、保修期限和保修责任等。

建设工程质量保修的承诺,应当由承包单位以建设工程质量保修书这一书面形式来体现。建设工程质量保修书是一项保修合同,是承包合同所约定双方权利义务的延续,也是施工单位对竣工验收的建设工程承担保修责任的法律文本。

1. 建筑工程的保修范围

《建筑法》62 条规定,建设工程保修范围应当包括地基基础工程、主体结构工程、屋面防水工程和其他土建工程,以及相配套的电气管线、上下水管线的安装工程,供热、供冷系统工程等项目。

2. 建设工程质量的最低保修期限

保修的期限应当按照保证建筑物合理寿命年限内正常使用,维护使用者合法权益的原则确定。具体的保修范围和最低保修期限由国务院规定。

根据《建设工程质量管理条例》规定,在正常使用条件下,建设工程的最低保修期限为:

(1)基础设施工程、房屋建筑的地基基础工程和主体结构工程,为设计文件规定的该工程的合理使用年限;

(2)屋面防水工程、有防水要求的卫生间、房间和外墙面的防渗漏,为 5 年;

(3)供热与供冷系统,为 2 个采暖期、供冷期;

(4)电气管线、给排水管道、设备安装和装修工程,为 2 年。

其他项目的保修期限由发包方与承包方约定。

建设工程的保修期,自竣工验收合格之日起计算。

①地基基础工程和主体结构的保修期。

基础设施工程、房屋建筑的地基基础工程和主体结构工程的质量,直接关系到基础设施工程和房屋建筑的整体安全可靠,必须在该工程的合理使用年限内予以保修,即实行终身负责制。因此,工程合理使用年限就是该工程勘察、设计、施工等单位的质量责任年限。

②屋面防水工程、供热与供冷系统等的最低保修期。

如果建设单位与施工单位经平等协商另行签订保修合同的,其保修期限可以高于《建设工程质量管理条例》规定的最低保修期限,但不能低于最低保修期限,否则视作无效。

建设工程保修期的起始日是竣工验收合格之日。《建设工程质量管理条例》规定,建设行政主管部门或者其他有关部门发现建设单位在竣工验收过程中有违反国家有关建设工程质量管理规定行为的,责令停止使用,重新组织竣工验收。

对于重新组织竣工验收的工程,其保修期为各方都认可的重新组织竣工验收的日期。

③建设工程超过合理使用年限后需要继续使用的规定。

建设工程在保修范围和保修期限内发生质量问题的,施工单位应当履行保修义务,并对造成的损失承担赔偿责任。

建设工程在超过合理使用年限后需要继续使用的,产权所有人应当委托具有相应资质等级的勘察、设计单位鉴定,并根据鉴定结果采取加固、维修等措施,重新界定使用期。

3. 质量保修责任

施工单位在质量保修书中,应当向建设单位承诺保修范围、保修期限和有关具体实施保修的措施,如保修的方法、人员及联络办法,保修答复和处理时限,不履行保修责任的罚则等。

需要注意的是,施工单位在建设工程质量保修书中,应当对建设单位合理使用建设工程有所提示。如果是因建设单位或者用户使用不当或擅自改动结构、设备位置以及不当装修等造成质量问题的,施工单位不承担保修责任;由此而造成的质量受损或者其他用户损失,应当由责任人承担相应的责任。

8.5.2 质量责任的损失赔偿

《建设工程质量管理条例》规定,建设工程在保修范围和保修期限内发生质量问题的,施工单位应当履行保修义务,并对造成的损失承担赔偿责任。

《最高人民法院关于审理建设工程施工合同纠纷案件适用法律问题的解释(一)》第27条规定,因保修人未及时履行保修义务,导致建筑物损毁或者造成人身、财产损害的,保修人应当承担赔偿责任。保修人与建筑物所有人或者发包人对建筑物毁损均有过错的,各自承担相应的责任。

建设工程保修的质量问题是指在保修范围和保修期限内的质量问题。对于保修义务的承担和维修的经济责任承担应当按下述原则处理。

(1)施工单位未按照国家有关标准规范和设计要求施工所造成的质量缺陷,由施工单位负责返修并承担经济责任。

(2)由于设计问题造成的质量缺陷,先由施工单位负责维修,其经济责任按有关规定通过建设单位向设计单位索赔。

(3)因建筑材料、构配件和设备质量不合格引起的质量缺陷,先由施工单位负责维修,属于施工单位采购的或经其验收同意的,由施工单位承担经济责任;属于建设单位采购的,由建设单位承担经济责任。

(4)因建设单位(含监理单位)错误管理而造成的质量缺陷,先由施工单位负责维修,其经济责任由建设单位承担;如属监理单位责任,则由建设单位向监理单位索赔。

(5)因使用单位使用不当造成的损坏问题,先由施工单位负责维修,其经济责任由使用单位自行负责。

(6)因地震、台风、洪水等自然灾害或其他不可抗拒原因造成的损坏问题,先由施工单位负责维修,建设参与各方再根据国家具体政策分担经济责任。

8.5.3   建设工程质量保证金

《建设工程质量保证金管理暂行办法》规定,建设工程质量保证金(以下简称保证金)是指发包人与承包人在建设工程承包合同中约定,从应付的工程款中预留,用以保证承包人在缺陷责任期内对建设工程出现的缺陷进行维修的资金。

1. 缺陷责任期的确定

缺陷是指建设工程质量不符合工程建设强制性标准、设计文件,以及承包合同的约定。缺陷责任期一般为 1 年,最长 2 年,由发、承包双方在合同中约定。

缺陷责任期从工程通过竣工验收之日起计。由于承包人原因导致工程无法按规定期限进行竣工验收的,缺陷责任期从实际通过竣工验收之日起计。由于发包人原因导致工程无法按规定期限进行竣工验收的,在承包人提交竣工验收报告 90 天后,工程自动进入缺陷责任期。

2. 预留保证金的比例

全部或者部分使用政府投资的建设项目,按工程价款结算总额 3% 左右的比例预留保证金。社会投资项目采用预留保证金方式的,预留保证金的比例可参照执行。

3. 质量保证金的返还

缺陷责任期内,承包人认真履行合同约定的责任,到期后,承包人向发包人申请返还保证金。

发包人在接到承包人返还保证金申请后,应于 14 日内会同承包人按照合同约定的内容进行核实。如无异议,发包人应当在核实后 14 日内将保证金返还给承包人,逾期支付的,从逾期之日起,按照同期银行贷款利率计付利息,并承担违约责任。发包人在接到承包人返还保证金申请后 14 日内不予答复,经催告后 14 日内仍不予答复,视同认可承包人的返还保证金申请。

8.5.4   质量保修违法行为应承担的法律责任

《建筑法》规定,建筑施工企业违反本法规定,不履行保修义务的责令改正,可以处以罚款,并对在保修期内因屋顶、墙面渗漏、开裂等质量缺陷造成的损失,承担赔偿责任。

《建设工程质量管理条例》规定,施工单位不履行保修义务或者拖延履行保修义务的,责令改正,处 10 万元以上 20 万元以下的罚款,并对在保修期内因质量缺陷造成的损失承担赔偿责任。

　　《建设工程质量保证金管理暂行办法》规定,缺陷责任期内,由承包人原因造成的缺陷,承包人应负责维修,并承担鉴定及维修费用。如承包人不维修也不承担费用,发包人可按合同约定扣除保证金,并由承包人承担违约责任。承包人维修并承担相应费用后,不免除对工程的一般损失赔偿责任。

在线练习

第 8 章
练习巩固题

9 建设工程纠纷法规

【学习要点】

掌握建设工程纠纷的主要种类及法律解决途径。掌握和解与调解制度的概念和特点。掌握仲裁制度的概念和适用范围。掌握民事诉讼的特点、法院管辖;了解民事诉讼的审判程序。熟悉建设工程施工合同纠纷案件的司法解释;并能根据建设工程纠纷处理法规解决工程建设中的一般纠纷。

法律纠纷是指公民、法人以及其他组织之间因人身、财产或其他法律关系所发生的对抗冲突(或者争议)。法律纠纷的种类主要有民事纠纷、行政纠纷和刑事附带民事纠纷三种。

9.1 建设工程纠纷主要种类和法律解决途径

9.1.1 建设工程纠纷主要种类

建设工程纠纷的主要种类是建设工程民事纠纷和建设工程行政纠纷。

1. 建设工程民事纠纷

建设工程民事纠纷是在建设工程活动中平等主体之间发生的有关人身权、财产权的纠纷。在建设工程领域,民事纠纷主要是合同纠纷、侵权纠纷。

(1) 合同纠纷是指因合同的生效、解释、履行、变更、终止等行为而引起的合同当事人之间的所有争议。在建设工程领域,合同纠纷主要有工程总承包合同纠纷、工程勘察合同纠纷、工程设计合同纠纷、工程施工合同纠纷、工程监理合同纠纷、工程分包合同纠纷、材料设备采购合同纠纷以及劳动合同纠纷等。

(2) 侵权纠纷是指一方当事人对另一方侵权而产生的纠纷。在建设工程领域,如施工单位在施工过程中未采取防范措施造成对他方损害而产生的侵权纠纷,未经许可使用他方的专利、工法等而造成的知识产权侵权纠纷等。

发包人和承包人就有关工期、质量、造价等产生的建设工程合同纠纷,是建设工程领域最常见的民事纠纷。民事纠纷的特点表现在以下几个方面:①民事纠纷主体之间的法律地位平等;②民事纠纷的内容是对民事权利义务的争议;③民事纠纷具有可处分性。这主要是针对有关财产关系的民事纠纷,而有关人身关系的民事纠纷多具有不可处分性。

2. 建设工程行政纠纷

建设工程行政纠纷,是在建设工程活动中行政机关之间或行政机关同公民、法人和其他组织之间由于行政行为而引起的纠纷,包括行政争议和行政案件。

行政机关的行政行为的特征表现在以下几个方面:①行政行为是执行法律的行为;②行政行为具有一定的裁量性;③行政主体在实施行政行为时具有单方意志性,不必与行政相对方协商或征得其同意,便可依法自主作出;④行政行为是以国家强制力保障实施的,带有强制性;⑤行政行为以无偿为原则,以有偿为例外。

在建设工程领域,行政机关易引发行政纠纷的具体行政行为主要有如下几种。

(1) 行政许可。

行政许可是行政机关根据公民、法人或者其他组织的申请,经依法审查,准予其从事特定活动的行政管理行为,如施工许可、专业人员执业资格注册、企业资质等级核准、安全生产许可等。行政许可易引发的行政纠纷通常是行政机关的行政不作为、违反法定程序等。

(2) 行政处罚。

行政处罚是行政机关或其他行政主体依照法定职权、程序对于违法但尚未构成犯罪的相对人给予行政制裁的具体行政行为。常见的行政处罚为警告、罚款、没收违法所得、取消投标资格、责令停止施工、责令停业整顿、降低资质等级、吊销资质证书等。行政处罚易导致的行政纠纷,通常是行政处罚超越职权、滥用职权、违反法定程序、事实认定错误、适用法律错误等。

(3) 行政强制。

行政强制,包括行政强制措施和行政强制执行。行政强制措施,是指行政机关在行政管理过程中,为制止违法行为、防止证据损毁、避免危害发生、控制危险扩大等情形,依法对公民的人身自由实施暂时性限制,或者对公民、法人或者其他组织的财物实施暂时性控制的行为。行政强制执行,是指行政机关或者行政机关申请人民法院,对不履行行政决定的公民、法人或者其他组织,依法强制履行义务的行为。

(4) 行政裁决。

行政裁决是行政机关或法定授权的组织,依照法律授权,对平等主体之间发生的与行政管理活动密切相关的、特定的民事纠纷进行审查,并作出裁决的具体行政行为,如对特定的侵权纠纷、损害赔偿纠纷、权属纠纷、国有资产产权纠纷以及劳动工资、经济补偿纠纷等的裁决。行政裁决易引发的行政纠纷,通常是行政裁决违反法定程序、事实认定错误、适用法律错误等。

9.1.2 建设工程民事纠纷的法律解决途径

《民法典》规定,当事人可以通过和解或者调解来解决合同争议。当事人不愿和解、调解或者和解、调解不成的,可以根据仲裁协议向仲裁机构申请仲裁。涉外合同的当事人可以根据仲裁协议向中国仲裁机构或者其他仲裁机构申请仲裁。当事人没有订立仲裁协议或者仲裁协议无效的,可以向人民法院起诉。当事人应当履行发生法律效力的判决、仲裁裁决、调解书;拒不履行的,对方可以请求人民法院执行。

由此可知,建设工程民事纠纷的法律解决途径主要有四种:和解、调解、仲裁、民事诉讼。

1. 和解

和解是民事纠纷的当事人在自愿互谅的基础上,就已经发生的争议进行协商、妥协与让步并达成协议,自行(无第三方参与劝说)解决争议的一种方式。

2. 调解

调解是指双方当事人以外的第三方应纠纷当事人的请求,以法律、法规和政策或合同约定以及社会公德为依据,对纠纷双方进行疏导、劝说,促使他们相互谅解,进行协商,自愿达成协议,解决纠纷的活动。

3. 仲裁

仲裁是当事人根据在纠纷发生前或纠纷发生后达成的协议,自愿将纠纷提交第三方(仲裁机构)作出裁决,纠纷各方都有义务执行该裁决的一种解决纠纷的方式。仲裁机构和法院不同。法院行使国家所赋予的审判权,向法院起诉不需要双方当事人在诉讼前达成协议,只要一方当事人向有审判管辖权的法院起诉,经法院受理后,另一方必须应诉。仲裁机构通常是民间团体的性质,其受理案件的管辖权来自双方协议,没有协议就无权受理仲裁。但是,有效的仲裁协议可以排除法院的管辖权;纠纷发生后,一方当事人提起仲裁的,另一方必须仲裁。《中华人民共和国仲裁法》是解决民商事仲裁的基本法律。

4. 民事诉讼

民事诉讼是指人民法院在当事人和其他诉讼参与人的参加下,以审理、裁判、执行等方式解决民事纠纷的活动,以及由此产生的各种诉讼关系的总和。《中华人民共和国民事诉讼法》是调整和规范法院及诉讼参与人的各种民事诉讼活动的基本法律。

除上述 4 种民事纠纷解决方式外,由于建设工程活动及其纠纷的专业性、复杂性,我国在建设工程法律实践中还在探索其他解决纠纷的新方式,如争议评审机制。

9.1.3 建设工程行政纠纷的法律解决途径

建设工程行政纠纷的法律解决途径主要有两种,即行政复议和行政诉讼。

1. 行政复议

行政复议是公民、法人或其他组织(作为行政相对人)认为行政机关的具体行政行为侵犯其合法权益,依法请求法定的行政复议机关审查该具体行政行为的合法性、适当性,该复议机关依照法定程序对该具体行政行为进行审查,并作出行政复议决定的法律制度。

行政复议是公民、法人或其他组织通过行政救济途径解决行政争议的一种方法。

行政复议的基本特点如下。

(1)提出行政复议的,必须是认为行政机关行使职权的行为侵犯其合法权益的公民、法人和其他组织。

(2)当事人提出行政复议,必须是在行政机关已经作出行政决定之后,如果行政机关尚未作出决定,则不存在复议问题。复议的任务是解决行政争议,而不是解决民事或其他争议。

（3）当事人对行政机关的行政决定不服,只能按照法律规定向有行政复议权的行政机关申请复议。

（4）行政复议以书面审查为主,以不调解为原则。行政复议的结论作出后,即具有法律效力。只要法律未规定复议决定为最终裁决的,当事人对复议决定不服的,仍可以按《中华人民共和国行政诉讼法》(以下简称《行政诉讼法》)的规定,向人民法院提请诉讼。

2. 行政诉讼

行政诉讼是公民、法人或其他组织依法请求法院对行政机关具体行政行为的合法性进行审查并依法裁判的法律制度。

行政诉讼的主要特征如下。

（1）行政诉讼是法院解决行政机关实施具体行政行为时与公民、法人或其他组织发生的争议。

（2）行政诉讼为公民、法人或其他组织提供法律救济的同时,具有监督行政机关依法行政的功能。

（3）行政诉讼的被告与原告是恒定的,即被告只能是行政机关,原告则是作为行政行为相对人的公民、法人或其他组织,而不可能互易诉讼身份。

除法律、法规规定必须先申请行政复议的以外,行政纠纷当事人可以自主选择申请行政复议还是提起行政诉讼。行政纠纷当事人对行政复议决定不服的,除法律规定行政复议决定为最终裁决的以外,可以依照《行政诉讼法》的规定向人民法院提起行政诉讼。

9.2　和解与调解

9.2.1　和解的规定

1. 和解的特点

和解可以在民事纠纷的任何阶段进行,无论是否已经进入诉讼或仲裁程序,只要终审裁判未生效或者仲裁裁决未作出,当事人均可自行和解。和解的优点是无须第三方介入,成本低、效率高,可以保持良好的商事合作关系;其缺点是和解协议不具有强制履行的效力,在性质上仍属于当事人之间的约定,当事人易反悔。

和解达成的协议不具有强制执行力,在性质上仍属于当事人之间的约定。如果一方当事人不按照和解协议执行,另一方当事人不可以请求法院强制执行,但可要求对方就不执行该和解协议承担违约责任。

2. 和解的类型

和解的应用很灵活,可以在多种情形下达成和解协议:诉讼前的和解、诉讼中的和解、执行中的和解和仲裁中的和解。

《中华人民共和国仲裁法》(以下简称《仲裁法》)规定,当事人申请仲裁后,可以自行和解。和解是双方当事人的自愿行为,不需要仲裁庭的参与。达成和解协议的,可以请求仲裁庭根据和解协议作出裁决书,也可以撤回仲裁申请。当事人达成和解协议,撤回仲裁申请后又反悔的,可以根据原仲裁协议重新申请仲裁。

【案例】

1. 背景

某施工企业承接某开发商的住宅工程项目,在工程竣工后双方因结算款发生纠纷。施工企业按照合同的约定提起诉讼,索要其认为尚欠的结算款。开发商在法院作出判决之前,与施工企业就其起诉的所有事宜达成一致。

2. 问题

(1)当事人能否在诉讼期间自行和解?

(2)诉讼阶段的和解如何才能产生法律效力?

(3)当事人就诉讼的所有事宜均已达成和解,诉讼程序该如何继续?

3. 分析

(1)《民事诉讼法》第50条规定:"双方当事人可以自行和解。"这种和解在法院作出判决前,当事人都可以进行。

(2)诉讼阶段的和解没有法律效力。本案中的开发商与施工企业和解后,可以请求法院调解。《民事诉讼法》第97条规定"调解达成协议,人民法院应当制作调解书","调解书经双方当事人签收后,即具有法律效力"。

(3)本案中,开发商与施工企业就诉讼的全部事宜达成和解并经法院制作调解书,经当事人签名盖章后产生法律效力,即结束诉讼程序的全部,视为当事人撤销诉讼。

3. 和解的效力

和解达成的协议不具有强制约束力,如果一方当事人不按照和解协议执行,另一方当事人不可以请求人民法院强制执行,但可以向法院提起诉讼,也可以根据仲裁协议申请仲裁。

9.2.2　调解的规定

调解与和解的区别在于:和解是当事人之间自愿协商,达成协议,没有第三人参加,而调解是在第三人主持下进行疏导、劝说,使当事人双方相互谅解,自愿达成协议。

1. 调解的特点

调解比和解面对的争议大,与仲裁和诉讼相比,与和解优点相似,由于第三方介入,便于双方冷静、理智地考虑问题,看问题可能客观、全面,有利于消除对立情绪,有利于争议的公平解决。调解也是以合法、自愿、平等为原则。

2. 调解的方式

我国的调解方式根据调解人分为人民(民间)调解、行政调解、仲裁调解、法院(司法)调解和专业机构调解等。

(1)人民(民间)调解。

根据《中华人民共和国人民调解法》规定,人民调解"是指人民调解委员会通过说服、疏导等方式,促使当事人在平等协商基础上自愿达成调解协议,解决民间纠纷的活动"。

人民调解制度作为一种司法辅助制度,是人民群众自己解决纠纷的法律制度,也是一种具有中国特色的司法制度。

人民调解的基本原则是：①当事人自愿原则；②当事人平等原则；③合法原则；④尊重当事人权利原则。

人民调解的组织形式是人民调解委员会。人民调解委员会是村民委员会和居民委员会下设的调解民间纠纷的群众性自治组织，在人民政府和基层人民法院指导下进行工作。人民调解委员会由3~9人组成，设主任1人，必要时可以设副主任若干人。

（2）行政调解。

行政调解是指国家行政机关应纠纷当事人的请求，依据法律、法规和政策，对属于其职权管辖范围内的纠纷，通过耐心的说服教育，使纠纷的双方当事人互相谅解，在平等协商的基础上达成一致协议，促成当事人解决纠纷。

行政调解分为两种：①基层人民政府，即乡、镇人民政府对一般民间纠纷的调解；②国家行政机关依照法律规定对某些特定民事纠纷、经济纠纷或劳动纠纷等进行的调解。

行政调解属于诉讼外调解。行政调解达成的协议也不具有强制约束力。

（3）仲裁调解。

仲裁调解是仲裁机构对受理的仲裁案件进行的调解。

仲裁庭在作出裁决前，可以先行调解。当事人自愿调解的，仲裁庭应当调解。调解不成的，应当及时作出裁决。调解达成协议的，仲裁庭应当制作调解书或者根据协议的结果制作裁决书。调解书与裁决书具有同等法律效力。调解书经双方当事人签收后，即发生法律效力。在调解书签收前当事人反悔的，仲裁庭应当及时作出裁决。

仲裁与调解相结合是中国仲裁制度的特点。该做法将仲裁和调解各自的优点紧密结合起来，不仅有助于解决当事人之间的争议，还有助于保持当事人的友好合作关系，具有很大的灵活性和便利性。

【案例】

1. 背景

某施工企业承接某高校实验楼的改造工程，后因工程款发生纠纷。施工企业按照合同的约定提起仲裁，索要其认为的尚欠工程款。由于期间实验楼因实施规划要求已被拆除，很难通过造价鉴定对工程款数额作出认定。仲裁庭在审理期间主持调解。双方均接受调解结果，并当庭签署调解协议。

2. 问题

（1）当事人不愿调解的，仲裁庭可否强制调解？

（2）仲裁庭调解不成的，应该怎么办？

（3）调解书的法律效力如何？

（4）调解书何时发生法律效力？

3. 分析

（1）按照《仲裁法》第51条规定："仲裁庭在作出裁决前，可以先行调解。当事人自愿调解的，仲裁庭应当调解。"但是，仲裁庭不能强行调解。

（2）按照《仲裁法》第51条的规定，调解不成的，应当及时作出裁决。

（3）《仲裁法》第51条规定："调解达成协议的，仲裁庭应当制作调解书或者根据协议的结果制作裁决书。调解书与裁决书具有同等法律效力。"

（4）按照《仲裁法》第97条的规定，调解书经双方当事人签收后，即发生法律效力。

（4）法院（司法）调解。

《民事诉讼法》第85条规定，人民法院审理民事案件，根据当事人自愿的原则，在事实清楚的基础上，分清是非，进行调解。法院调解是人民法院对受理的民事案件、经济纠纷案件和轻微刑事案件在双方当事人自愿的基础上进行的调解，是诉讼内调解。法院调解书经双方当事人签收后，即具有法律效力，效力与判决书相同。

调解达成协议，必须双方自愿，不得强迫。调解协议的内容不得违反法律规定。调解达成协议，人民法院应当制作调解书。调解书经双方当事人签收后，即具有法律效力。

但是，下列案件调解达成协议，人民法院可以不制作调解书：①调解和好的离婚案件；②调解维持收养关系的案件；③能够即时履行的案件；④其他不需要制作调解书的案件。

调解未达成协议或者调解书送达前一方反悔的，人民法院应当及时判决。

（5）专业机构调解。

专业机构调解是当事人在发生争议前或争议后，协议约定由指定的具有独立调解规则的机构按照其调解规则进行调解。调解规则，是指调解机构、调解员以及调解当事人之间在调解过程中所应遵守的程序性规范。

专业调解机构进行调解达成的调解协议对当事人双方均有约束力。

注意：法院调解、仲裁调解以及经法院司法确认调解协议有效的人民调解具有强制约束力。

9.2.3　争议评审

争议评审，是指在工程开始时或工程进行过程中当事人选择的独立于任何一方当事人的争议评审专家（通常是3人，小型工程1人）组成评审小组，就当事人发生的争议及时提出解决问题的建议或者作出决定的实时争议解决方式。当事人通过协议授权评审组调查、听证、建议或者裁决。一个评审组在工程进程中可能会持续解决很多的争议。如果当事人不接受评审组的建议或者裁决，仍可通过仲裁或者诉讼的方式解决争议。

9.3　仲　裁　制　度

9.3.1　仲裁的特点、范围和基本制度

1. 仲裁的特点

仲裁具有自愿性、专业性、独立性、保密性、快捷性的特点。

（1）自愿性。

当事人的自愿性是仲裁最突出的特点。仲裁是最能充分体现当事人意思自愿原则的

争议解决方式。

（2）专业性。

专家裁案，是民商事仲裁的重要特点之一。民商事仲裁往往涉及不同行业的专业知识，如建设工程纠纷的处理不仅涉及与工程建设有关的法律法规，还常常需要运用大量的工程造价、工程质量方面的专业知识。仲裁机构的仲裁员是来自各行业具有一定专业水平的专家，精通专业知识、熟悉行业规则，熟悉建筑业自身特有的交易习惯和行业惯例，对公正高效处理纠纷，确保仲裁结果公正准确，发挥着关键作用。

（3）独立性。

仲裁委员会应与行政机关没有隶属关系。在仲裁过程中，仲裁庭独立进行仲裁，不受任何行政机关、社会团体和个人的干涉，也不受其他仲裁机构的干涉，具有独立性。

（4）保密性。

仲裁以不公开审理为原则。同时，当事人及其代理人、证人、翻译、仲裁员、仲裁庭咨询的专家和指定的鉴定人、仲裁委员会有关工作人员也要遵守保密义务，不得对外界透露案件实体和程序的有关情况。所以，仲裁可以有效地保护当事人的商业秘密和商业信誉。

（5）快捷性。

仲裁实行一裁终局制度，仲裁裁决一经作出即发生法律效力。仲裁裁决不能上诉，这使得当事人之间的纠纷能够迅速得以解决。

2．仲裁的范围

仲裁是解决民商事纠纷的重要方式之一。根据《仲裁法》的规定，该法的调整范围仅限于民商事仲裁，即"平等主体的公民、法人和其他组织之间发生的合同纠纷和其他财产权纠纷"；劳动争议仲裁等不受《仲裁法》的调整，依法应当由行政机关处理的行政争议等不能仲裁。

（1）平等主体的公民、法人和其他组织之间发生的合同纠纷和其他财产权益纠纷可适用于仲裁。

（2）下列纠纷不能仲裁：①婚姻、收养、监护、抚养、继承纠纷；②依法由行政机关处理的行政争议。

（3）劳动争议与农业集体经济组织内部的农业承包合同纠纷不受《仲裁法》的调整。

3．仲裁的基本制度

（1）协议仲裁制度。

仲裁协议是当事人仲裁自愿的体现。当事人申请仲裁，仲裁委员会受理仲裁，仲裁庭对仲裁案件的审理和裁决，都必须以当事人依法订立的仲裁协议为前提。《仲裁法》规定，没有仲裁协议，一方申请仲裁的，仲裁委员会不予受理。

（2）或裁或审制度（排除法院管辖制度）。

仲裁和诉讼是两种不同的争议解决方式，当事人只能选用其中的一种。

《仲裁法》第 5 条规定，当事人达成仲裁协议，一方向人民法院起诉的，人民法院不予受理，但仲裁协议无效的除外。因此，有效的仲裁协议可以排除法院对案件的司法管辖权，只有在没有仲裁协议或者仲裁协议无效的情况下，法院才可以对当事人的纠纷予以受理。

（3）一裁终局制度。

仲裁实行一裁终局的制度。裁决作出后，当事人就同一纠纷再申请仲裁或者向人民法院起诉的，仲裁委员会或者人民法院不予受理。

9.3.2　仲裁协议的规定

在民商事仲裁中，仲裁协议是仲裁的前提，没有仲裁协议，就不存在有效的仲裁。

1. 仲裁协议的形式

仲裁协议是指当事人自愿将已经发生或者可能发生的争议通过仲裁解决的书面协议。

《仲裁法》第16条规定："仲裁协议包括合同中订立的仲裁条款和其他以书面形式在纠纷发生前或者纠纷发生后达成的请求仲裁的协议。"据此，仲裁协议应当采用书面形式，口头方式达成的仲裁意思表示无效。

《最高人民法院关于适用〈中华人民共和国仲裁法〉若干司法问题的解释》规定，仲裁法第16条规定的"其他书面形式"的仲裁协议，包括以合同书、信件和数据电文（包括电报、电传、传真、电子数据交换和电子邮件）等形式达成的请求仲裁的协议。此外，《电子签名法》还规定，能够有形地表现所载内容，并可以随时调取查用的数据电文，视为符合法律、法规要求的书面形式；可靠的电子签名与手写签名或者盖章具有同等的法律效力。

2. 仲裁协议的内容

根据《仲裁法》第16条的规定，仲裁协议应当具有下列内容。

（1）请求仲裁的意思表示。它是指条款中应该有"仲裁"两字，表明当事人的仲裁意愿。该意愿应当是确定的，而不是模棱两可的。

（2）仲裁事项。仲裁事项，可以是当事人之间合同履行过程中的或与合同有关的一切争议，也可以是合同中某一特定问题的争议；既可以是事实问题的争议，也可以是法律问题的争议，其范围取决于当事人的约定。

（3）选定的仲裁委员会。选定的仲裁委员会，是指仲裁委员会的名称应该准确。仲裁委员会没有级别管辖和地域管辖的规定，根据当事人双方自愿，可以选择任意一个仲裁委员会，为已经发生或者将来可能发生的争议进行仲裁。

注：以上三项内容必须同时具备，仲裁协议才能有效。

3. 仲裁协议的效力

（1）对当事人的法律效力。

仲裁协议一经有效成立，即对当事人产生法律约束力。发生纠纷后，当事人只能向仲裁协议中所约定的仲裁机构申请仲裁，而不能就该纠纷向法院提起诉讼。

（2）对法院的约束力。

有效的仲裁协议排除法院的司法管辖权。《仲裁法》规定，当事人达成仲裁协议，一方向人民法院起诉未声明有仲裁协议，人民法院受理后，另一方在首次开庭前提交仲裁协议的，人民法院应当驳回起诉，但仲裁协议无效的除外。

（3）对仲裁机构的法律效力。

仲裁协议是仲裁委员会受理仲裁案件的基础，是仲裁庭审理和裁决案件的依据。没有有效的仲裁协议,仲裁委员会就不能获得仲裁案件的管辖权。同时,仲裁委员会只能对当事人在仲裁协议中约定的争议事项进行仲裁,对超出仲裁协议约定范围的其他争议无权仲裁。

（4）仲裁协议的独立性。

仲裁协议独立存在,合同的变更、解除、终止或者无效,不影响仲裁协议的效力。

4. 仲裁协议的效力的确认

当事人对仲裁协议的效力有异议,应当在仲裁庭首次开庭前提出。当事人对仲裁协议的效力有异议的,可以请求仲裁委员会作出决定或者请求人民法院作出裁定。一方请求仲裁委员会作出决定,另一方请求人民法院作出裁定的,由人民法院裁定。

当事人在仲裁庭首次开庭前没有对仲裁协议的效力提出异议,而后向人民法院申请确认仲裁协议无效的,人民法院不予受理。仲裁机构对仲裁协议的效力作出决定后,当事人向人民法院申请确认仲裁协议效力或者申请撤销仲裁机构的决定的,人民法院不予受理。

9.3.3 仲裁的申请和受理

1. 申请仲裁的条件

当事人申请仲裁,应当符合下列条件:①有效的仲裁协议;②有具体的仲裁请求和事实、理由;③属于仲裁委员会的受理范围。

2. 申请仲裁的文件

当事人申请仲裁,应当向仲裁委员会递交仲裁协议、仲裁申请书及副本。其中,仲裁申请书应当载明下列事项:①当事人的姓名、性别、年龄、职业、工作单位和住所,法人或者其他组织的名称、住所和法定代表人或者主要负责人的姓名、职务;②仲裁请求和所依据的事实、理由;③证据和证据来源、证人姓名和住所。

对于申请仲裁的具体文件内容,各仲裁机构在《仲裁法》规定的范围内,会有不同的要求和审查标准,一般可以登录其网站进行查询。

3. 审查与受理

仲裁委员会收到仲裁申请书之日起5日内,认为符合受理条件的应当受理,并通知当事人;认为不符合受理条件的,应当书面通知当事人不予受理,并说明理由。

4. 财产保全和证据保全

为保证仲裁程序顺利进行、仲裁案件公正审理以及仲裁裁决有效执行,当事人有权申请财产保全和证据保全。

当事人要求采取财产保全及/或证据保全措施的,应向仲裁委员会提出书面申请,由仲裁委员会将当事人的申请转交被申请人住所地或其财产所在地及/或证据所在地有管辖权的人民法院作出裁定;当事人也可以直接向有管辖权的人民法院提出保全申请。申请人在人民法院采取保全措施后30日内不依法申请仲裁的,人民法院应当解除保全。

9.3.4 仲裁的开庭和裁决

1. 仲裁庭的组成

仲裁庭的组成形式包括合议仲裁庭和独任仲裁庭两种,即仲裁庭可以由3名仲裁员或者 1 名仲裁员组成。

（1）合议仲裁庭。

当事人约定由 3 名仲裁员组成仲裁庭的，应当各自选定或者各自委托仲裁委员会主任指定 1 名仲裁员，第 3 名仲裁员由当事人共同选定或者共同委托仲裁委员会主任指定。第 3 名仲裁员是首席仲裁员。

（2）独任仲裁庭。

当事人约定 1 名仲裁员成立仲裁庭的，应当由当事人共同选定或者共同委托仲裁委员会主任指定仲裁员。但是，当事人没有在仲裁规定的期限内约定仲裁庭的组成方式或者选定仲裁员的，由仲裁委员会主任指定。

仲裁员有下列情形之一的，必须回避，当事人也有权提出回避申请：①是本案当事人或者当事人、代理人的近亲属；②与本案有利害关系；③与本案当事人、代理人有其他关系，可能影响公正仲裁的；④私自会见当事人、代理人，或者接受当事人、代理人的请客送礼的。

当事人提出回避申请，应当说明理由，在首次开庭前提出。回避事由在首次开庭后知道的，可以在最后一次开庭结束前提出。

2. 开庭和审理

仲裁审理的方式分为开庭审理和书面审理两种。仲裁应当开庭审理作出裁决，这是仲裁审理的主要形式。当事人协议不开庭的，仲裁庭可以根据仲裁申请书、答辩书及其他材料作出裁决，这是书面审理方式。当事人应当对自己的主张提供证据。仲裁庭认为有必要收集的证据，可以自行收集。证据应当在开庭时出示，当事人可以质证。当事人在仲裁过程中有权进行辩论。

仲裁庭可以作出缺席裁决。申请人无正当理由开庭时不到庭的，或在开庭审理时未经仲裁庭许可中途退庭的，视为撤回仲裁申请；如果被申请人提出了反请求，不影响仲裁庭就反请求进行审理，并作出裁决。被申请人无正当理由开庭时不到庭的，或在开庭审理时未经仲裁庭许可中途退庭的，仲裁庭可以进行缺席审理，并作出裁决；如果被申请人提出了反请求，视为撤回反请求。

为了保护当事人的商业秘密和商业信誉，仲裁不公开进行。当事人协议公开的，可以公开进行，但涉及国家秘密的除外。

3. 仲裁中的和解与调解

当事人申请仲裁后，可以自行和解。达成和解协议的，可以请求仲裁庭根据和解协议作出裁决书，也可以撤回仲裁申请。当事人达成和解协议，撤回仲裁申请后反悔的，仍可以根据仲裁协议申请仲裁。

仲裁庭在作出裁决前，可以先行调解。当事人自愿调解的，仲裁庭应当调解。调解不成的，应当及时作出裁决。调解达成协议的，仲裁庭应当制作调解书或者根据协议的结果制作裁决书。调解书与裁决书具有同等法律效力。调解书经双方当事人签收后，即发生法律效力。在调解书签收前当事人反悔的，仲裁庭应当及时作出裁决。

4. 仲裁裁决

仲裁裁决应当按照多数仲裁员的意见作出，少数仲裁员的不同意见可以记入笔录。

仲裁庭不能形成多数意见时,裁决应当按照首席仲裁员的意见作出。裁决书自作出之日起发生法律效力。

裁决书的效力体现在以下几点:①裁决书一裁终局,当事人不得就已经裁决的事项再申请仲裁,也不得就此提起诉讼;②仲裁裁决具有强制执行力,一方当事人不履行的,对方当事人可以到法院申请强制执行;③仲裁裁决在所有《承认和执行外国仲裁裁决公约》缔约国(或地区)可以得到承认和执行。

9.3.5 申请撤销裁决

1. 申请撤销仲裁裁决的法定事由

当事人提出证据证明裁决有下列情形之一的,可以向仲裁委员会所在地的中级人民法院申请撤销裁决:①没有仲裁协议的;②裁决的事项不属于仲裁协议的范围或者仲裁委员会无权仲裁的;③仲裁庭的组成或者仲裁的程序违反法定程序的;④裁决所依据的证据是伪造的;⑤对方当事人隐瞒了足以影响公正裁决的证据的;⑥仲裁员在仲裁该案时有索贿受贿,徇私舞弊,枉法裁决行为的。

当事人申请撤销裁决的,应当自收到裁决书之日起6个月内向仲裁机构所在地的中级人民法院提出。

2. 仲裁裁决被依法撤销的法律后果

仲裁裁决被人民法院依法撤销后,当事人之间的纠纷并未解决。根据《仲裁法》的规定,当事人就该纠纷可以根据双方重新达成的仲裁协议申请仲裁,也可以向人民法院起诉。

9.3.6 仲裁裁决的执行和不予执行

1. 仲裁裁决的强制执行效力

《仲裁法》规定,仲裁裁决作出后,当事人应当履行裁决。一方当事人不履行的,另一方当事人可以依照民事诉讼法的有关规定,向人民法院申请执行。

仲裁裁决的强制执行应当向有管辖权的法院提出申请。被执行人在中国境内的,国内仲裁裁决由被执行人住所地或被执行人财产所在地的人民法院执行;涉外仲裁裁决,由被执行人住所地或被执行人财产所在地的中级人民法院执行。

申请仲裁裁决强制执行必须在法律规定的期限内提出。根据《民事诉讼法》第239条的规定,申请执行的期间为2年。申请执行时效的中止、中断,适用法律有关诉讼时效中止、中断的规定。申请仲裁裁决强制执行的2年期间,自仲裁裁决书规定履行期限或仲裁机构的仲裁规则规定履行期间的最后1日起计算。仲裁裁决书规定分期履行的,依规定的每次履行期间的最后1日起计算。

2. 仲裁时效

仲裁时效是指当事人在法定申请仲裁的期限内没有将其纠纷提交仲裁机关进行仲裁的,即丧失请求仲裁机关保护其权利的权利。

《仲裁法》第74条规定,法律对仲裁时效有规定的,适用该规定。法律对仲裁时效没有规定的,适用诉讼时效的规定。

与工程建设有关的仲裁时效期间和诉讼时效期间规定如下。

(1)追索工程款、勘察费、设计费,仲裁时效期间和诉讼时效期间均为 2 年,从工程竣工之日起计算,双方对付款时间有约定的,从约定的付款期限届满之日起计算。

(2)追索材料款、劳务款,仲裁时效期间和诉讼时效期间亦为 2 年,从双方约定的付款期限届满之日起计算;没有约定期限的,从购方验收之日起计算,或从劳务工作完成之日起计算。

(3)出售质量不合格的商品未声明的,仲裁时效期间和诉讼时效期间为 1 年,从商品售出之日起算起。

3. 仲裁裁决的不予执行

根据《仲裁法》《民事诉讼法》的规定,被申请人提出证据证明裁决有规定情形之一的,经人民法院组成合议庭审查核实,裁定不予执行。

仲裁裁决被法院依法裁定不予执行的,当事人就该纠纷可以重新达成仲裁协议,并依据该仲裁协议申请仲裁,也可以向法院提起诉讼。

9.4　民事诉讼制度

9.4.1　民事诉讼的概念和基本特征

1. 民事诉讼的概念

民事诉讼,就是老百姓所说"打官司",是指法院在当事人和其他诉讼参与人的参加下,以审理、判决、执行等方式解决民事纠纷的活动。

诉讼参与人包括原告、被告、第三人、证人、鉴定人、勘验人等。

2. 民事诉讼的基本特征

(1)公权性。

民事诉讼是由人民法院代表国家意志行使司法审判权,通过司法手段解决平等民事主体之间的纠纷。在法院主导下,诉讼参与人围绕民事纠纷的解决,进行能产生法律后果的活动。它既不同于群众自治组织性质的人民调解委员会以调解方式解决纠纷,也不同于由民间性质的仲裁委员会以仲裁方式解决纠纷。

(2)程序性。

民事诉讼分为一审程序、二审程序和执行程序三大诉讼阶段。并非每个案件都要经过这三个阶段,有的案件一审就终结,有的经过二审终结,有的不需要启动执行程序。但如果案件要经历诉讼全过程,就要按照上述顺序依次进行。

(3)强制性。

强制性是公权力的重要属性。民事诉讼的强制性既表现在案件的受理上,又反映在裁判的执行上。调解、仲裁均建立在当事人自愿的基础上,只要有一方当事人不愿意进行调解、仲裁,则调解和仲裁将不会发生。但民事诉讼不同,只要原告的起诉符合法定条件,无论被告是否愿意,诉讼都会发生。此外,和解、调解协议的履行依靠当事人的自觉,不具有强制执行的效力,但法院的裁判则具有强制执行的效力,一方当事人不履行生效判决或裁定,另一方当事人可以申请法院强制执行。

3. 民事诉讼法的基本制度

(1)合议制度,即由3人以上单数人员组成合议庭,对民事案件进行集体审理和评议裁判的制度。合议庭评议案件,实行少数服从多数的原则。在民事诉讼过程中,除适用简易程序由审判员一人独任审判以外,均采用合议制度。

(2)回避制度,即为了保证案件的公正审判而要求与案件有一定利害关系的审判人员或其他有关人员不得参与本案的审理活动或诉讼活动的审判制度。

(3)公开审判制度,即人民法院审理民事案件,除法律规定的情况外,审判过程及结果应当向社会公开的制度。

(4)两审终审制度,即一个民事案件经过两级法院审理就宣告终结的制度。最高人民法院作出的一审判决、裁定为终审判决、裁定。另外,根据《民事诉讼法》,适用特别程序、督促程序、公示催告程序和企业法人破产还债程序审理的案件,实行一审终审。

9.4.2 民事诉讼的法院管辖

民事诉讼的法院管辖:各级人民法院之间和同级人民法院之间受理第一审民事案件的分工和权限。常见的有级别管辖、地域管辖、移送管辖和指定管辖等。

1. 级别管辖

级别管辖是指按照一定的标准,划分上下级法院之间受理第一审民事案件的分工和权限。2017年修订的《民事诉讼法》主要根据案件的性质、复杂程度和案件影响来确定级别管辖。注意:各级人民法院都管辖第一审民事案件,每一级均受理一审民事案件。

我国法院有四级,分别是基层人民法院、中级人民法院、高级人民法院和最高人民法院。

(1)基层人民法院。管辖第一审的民事案件;法律另有规定的除外。

(2)中级人民法院。管辖下列第一审民事案件:①重大涉外案件;②在本辖区有重大影响的民事案件;③最高人民法院确定由中级人民法院管辖的案件。

(3)高级人民法院。管辖在本辖区有重大影响的第一审民事案件。

(4)最高人民法院。管辖下列第一审民事案件:①在全国有重大影响的案件;②认为应当由本院审理的案件。

在实践中,争议标的金额的大小,往往是确定级别管辖的重要依据,但各地人民法院确定的级别管辖争议标的数额标准不尽相同。具体内容可看《最高人民法院关于调整部分高级人民法院和中级人民法院管辖第一审民商事案件标准的通知》(法发〔2018〕13号)和《最高人民法院关于调整高级人民法院和中级人民法院管辖第一审民事案件标准的通知》(法发〔2019〕14号)相关内容的规定。

2. 地域管辖

地域管辖是指按照各法院的辖区和民事案件的隶属关系,划分同级法院受理第一审民事案件的分工和权限。地域管辖实际上是以法院与当事人、诉讼标的以及法律事实之间的隶属关系和关联关系来确定的,主要包括如下几种情况。

(1) 一般地域管辖。

一般地域管辖,是以当事人与法院的隶属关系来确定诉讼管辖,通常实行"原告就被告"原则,即以被告住所地作为确定管辖的标准。

根据《民事诉讼法》第 21 条规定:对公民提起的民事诉讼,由被告住所地人民法院管辖;被告住所地与经常居住地不一致的,由经常居住地人民法院管辖。②对法人或者其他组织提起的民事诉讼,由被告住所地人民法院管辖。其中,公民的住所地是指该公民的户籍所在地。经常居住地是指公民离开住所至起诉时已连续居住满 1 年的地方,但公民住院就医的地方除外。被告住所地是指法人或者其他组织的主要办事机构所在地或者主要营业地。

(2) 特殊地域管辖。

特殊地域管辖,是指以被告住所地、诉讼标的所在地、法律事实所在地为标准确定的管辖。我国《民事诉讼法》规定了 9 种特殊地域管辖的诉讼,其中与工程建设领域关系最为密切的是因合同纠纷提起的诉讼。

《民事诉讼法》第 23 条规定,因合同纠纷提起的诉讼,由被告住所地或者合同履行地人民法院管辖。合同履行地是指合同约定的履行义务的地点,主要是指合同标的的交付地点。

对于建设工程施工合同纠纷,《最高人民法院关于审理建设工程施工合同纠纷案件适用法律问题的解释》中规定:"建设工程施合同纠纷以施工行为地为合同履行地。"

(3) 协议管辖。

协议管辖,是指合同当事人在纠纷发生前后,在法律允许的范围内,以书面形式约定案件的管辖法院。协议管辖仅适用于合同纠纷。《民事诉讼法》第 34 条规定,合同或其他财产权益纠纷的当事人可以书面协议选择被告住所地、合同履行地、合同签订地、原告住所地、标的物所在地等与争议有实际联系的地点的人民法院管辖,但不得违反本法对级别管辖和专属管辖的规定。

(4) 专属管辖。

专属管辖,是指法律规定某些特殊类型的案件专门由特定的法院管辖。专属管辖是排他性管辖,排除了诉讼当事人协议选择管辖法院的权利。专属管辖与一般地域管辖和特殊地域的关系是:凡法律规定为专属管辖的诉讼,均适用专属管辖。

3. 移送管辖和指定管辖

(1) 移送管辖。

人民法院发现受理的案件不属于本院管辖的,应当移送有管辖权的人民法院,受移送的人民法院应当受理。受移送的人民法院认为受移送的案件依照规定不属于本院管辖的,应当报请上级人民法院指定管辖,不得再自行移送。

(2) 指定管辖。

有管辖权的人民法院由于特殊原因,不能行使管辖权的,由上级人民法院指定管辖。

人民法院之间因管辖权发生争议,由争议双方协商解决;协商解决不了的,报请其共同上级人民法院指定管辖。

4. 管辖权转移

管辖权转移是指上级人民法院有权审理下级人民法院管辖的第一审民事案件;确有必要将本院管辖的第一审民事案件交下级人民法院审理的,应当报请其上级人民法院批准。

下级人民法院对所管辖的第一审民事案件,认为需要由上级人民法院审理的,可以报请其上级人民法院批准。

管辖权转移不同于移送管辖:①移送管辖是没有管辖权的法院把案件移送给有管辖权的法院审理,而管辖权转移是有管辖权的法院把案件转移给原来没有管辖权的法院审理;②移送管辖可能在上下级法院之间或者在同级法院间发生,而管辖权转移仅限于上下级法院之间;③二者在程序上不完全相同。

5. 管辖权异议

管辖权异议是指当事人向受诉法院提出的该法院对案件无管辖权的主张。

《民事诉讼法》规定,人民法院受理案件后,当事人对管辖权有异议的,应当在提交答辩状期间提出。人民法院对当事人提出的异议,应当审查。异议成立的,裁定将案件移交有管辖权的人民法院;异议不成立的,裁定驳回。

根据《最高人民法院关于审理民事级别管辖异议案件若干问题的规定》,受诉人民法院应当在受理异议之日起 15 日内作出裁定;对人民法院就级别管辖异议作出的裁定,当事人不服提起上诉的,第二审人民法院应当依法审理并作出裁定。

9.4.3 民事诉讼的当事人和代理人的规定

诉讼当事人和诉讼代理人均为民事诉讼的诉讼参与人。他们是民事诉讼活动的主体。

1. 诉讼当事人

诉讼当事人是指因民事权利和义务发生争议,以自己的名义进行诉讼,请求人民法院进行裁判的公民、法人或其他组织。狭义的诉讼当事人包括原告和被告。广义的诉讼当事人包括原告、被告、共同诉讼人和第三人。

(1)原告和被告。

原告,是指维护自己的权益或自己所管理的他人权益,以自己名义起诉,从而引起民事诉讼程序的当事人。被告,是指原告诉称侵犯原告民事权益而由法院通知其应诉的当事人。

《民事诉讼法》第 48 条规定,公民、法人和其他组织可以作为民事诉讼的当事人。法人由其法定代表人进行诉讼。其他组织由其主要负责人进行诉讼。

(2)共同诉讼人。

共同诉讼人,是指当事人一方或双方为 2 人以上(含 2 人),诉讼标的是共同的,或者诉讼标的是同一种类、人民法院认为可以合并审理并经当事人同意,一同在人民法院进行诉讼的人。

（3）第三人。

第三人，是指对他人争议的诉讼标的有独立的请求权，或者虽无独立的请求权，但案件的处理结果与其有法律上的利害关系，而参加到原告、被告已经开始的诉讼中进行诉讼的人。

2. 诉讼代理人

诉讼代理人是指根据法律规定或当事人的委托，在民事诉讼活动中为维护当事人的合法权益而代为进行诉讼活动的人。民事诉讼代理人可分为法定诉讼代理人与委托诉讼代理人。

（1）法定诉讼代理人。适用于无诉讼行为能力的当事人，依照法律规定代理当事人进行诉讼。

《民事诉讼法》第58条规定，当事人、法定代理人可以委托1人或2人作为诉讼代理人。律师、当事人的近亲属、有关的社会团体或者所在单位推荐的人、经人民法院许可的其他公民，都可以被委托为诉讼代理人。

（2）委托诉讼代理人。委托代理人是基于当事人的授权委托而行使代理权的人。根据法律规定，委托人可以是当事人、法定代理人与代表人诉讼中的代表人。委托诉讼代理人既可以是律师，也可以是当事人的近亲属、有关的社会团体或者所在单位推荐的人，以及经人民法院许可的其他公民。

3. 诉讼回避制度

回避制度，即为了保证案件的公正审判而要求与案件有一定利害关系的审判人员或其他有关人员不得参与本案的审理活动或诉讼活动的审判制度。

根据《民事诉讼法》第44条规定，审判人员有下列情形之一的，应当自行回避，当事人有权用口头或者书面方式申请回避：①是本案当事人或者当事人、诉讼代理人的近亲属的；②与本案有利害关系的；③与本案当事人诉讼代理人有其他关系，可能影响对案件公正审理的。

【案例】

1. 背景

甲公司开发某商业地产项目，乙建筑公司（以下简称乙公司）经过邀请招标程序中标并签订了施工总承包合同。施工中，乙公司将水电安装工程分包给丙水电设备建筑安装公司（以下简称丙公司）。丙公司又将部分水电安装的施工劳务作业违法分包给包工头蔡某。施工中，因甲公司拖欠乙公司工程款，继而乙公司拖欠丙公司工程款，丙公司拖欠蔡某的劳务费。当蔡某知道这个情况后，在起诉丙公司的同时，将甲公司也起诉到法院，要求支付被拖欠的劳务费。甲公司认为自己与蔡某没有合同关系，遂提出诉讼主体异议；丙公司认为蔡某没有劳务施工资质，不具备签约能力，合同无效，也不能成为原告。

2. 问题

蔡某可否在起诉丙公司的同时，也起诉甲公司即发包方？

3. 分析

根据《最高人民法院关于审理建设工程施工合同纠纷案件适用法律问题的解释》第43条规定，实际施工人以转包人、违法分包人为被告起诉的，人民法院应当依法受理。实际施工人以发包人为被告主张权利的,人民法院可以追加转包人或者违法分包人为本案第三人。发包人只在欠付工程价款范围内对实际施工人承担责任。据此,本案中蔡某作为实际施工人,不仅可以起诉违法分包的丙公司,也可以起诉作为发包人的甲公司。但甲公司只在欠付工程价款范围内对实际施工人蔡某承担责任。

9.4.4　民事诉讼证据的种类、保全和应用

证据,是指在诉讼中能够证明案件真实情况的各种资料。当事人要证明自己提出的主张,需要向法院提供相应的证据资料。

掌握证据的种类才能正确收集证据;掌握证据的保全才能不使对自己有利的证据灭失;掌握证据的应用才能真正发挥证据的作用。

1. 证据的种类

根据《民事诉讼法》的规定,民事证据根据表现形式的不同有以下 7 种:书证、物证、视听资料、证人证言、当事人的陈述、鉴定结论、勘验笔录。

证据的种类及含义

2. 证据的保全

(1)证据保全的概念。

证据保全,是指在证据可能灭失或以后难以取得的情况下,法院根据申请人的申请或依职权,对证据加以固定和保护的制度。

(2)证据保全的申请。

《最高人民法院关于民事诉讼证据的若干规定》第 25 条中规定,当事人或利害关系人依据《民事诉讼法》第 81 条的规定向人民法院申请保全证据的,不得迟于举证期限届满前 7 日。当事人申请保全证据的,人民法院可以要求其提供相应的担保。

3. 证据的应用

(1)举证时限。

举证时限,是指法律规定或法院、仲裁机构指定的当事人能够有效举证的期限。

《最高人民法院关于适用〈关于民事诉讼证据的若干规定〉中有关举证时限规定的通知》还规定,在适用一审普通程序审理民事案件时,人民法院指定当事人提供证据证明其主张的基础事实的期限,该期限不得少于 30 日。但是人民法院在征得双方当事人同意后,指定的举证期限可以少于 30 日。

(2)证据交换。

证据交换,是指在诉讼答辩期届满后开庭审理前,在法院的主持下,当事人之间相互明示其持有证据的过程。

(3)质证。

质证,是指当事人在法庭的主持下,围绕证据的真实性、合法性、关联性,针对证据证明力有无以及证明力大小,进行质疑、说明与辩驳的过程。

(4)认证。

认证,即证据的审核认定,是指法院对经过质证或当事人在证据交换中认可的各种证据材料作出审查判断,确认其能否作为认定案件事实的根据。

9.4.5　民事诉讼的时效的规定

1. 民事诉讼时效的概念

诉讼时效是指权利人在法定的时效期间内,未向法院提起诉讼请求保护其权利时,依据法律规定消灭其胜诉权的制度。或指权利人在法定期间内不行使权利,诉讼时效期间届满后,义务人可以提出不履行义务抗辩的(即丧失请求人民法院保护的)权利。

《民法典》规定,人民法院不得主动适用诉讼时效的规定。诉讼时效的期间、计算方法以及中止、中断的事由由法律规定,当事人约定无效。当事人对诉讼时效利益的预先放弃无效。诉讼时效期间届满的,义务人可以提出不履行义务的抗辩。诉讼时效期间届满后,义务人同意履行的,不得以诉讼时效期间届满为由抗辩;义务人已经自愿履行的,不得请求返还。

2. 诉讼时效期间的种类

根据《民法典》及有关法律的规定,诉讼时效期间通常可划分为 4 类。

(1)普通诉讼时效。向人民法院请求保护民事权利的诉讼时效期间为 3 年。法律另有规定的,依照其规定。

(2)短期诉讼时效。下列诉讼时效期间为 1 年:身体受到伤害要求赔偿的;延付或拒付租金的;出售质量不合格的商品未声明的;寄存财物被丢失或损毁的。

(3)特殊诉讼时效。特殊诉讼时效不是由民法规定的,而是由特别法规定的诉讼时效。例如,因国际货物买卖合同和技术进出口合同争议的诉讼时效期间为 4 年。《海商法》第 257 条规定,就海上货物运输向承运人要求赔偿的请求权,有效期间为 1 年,自承运人交付或应交付货物之日起计算。

(4)权利的最长保护期限。诉讼时效期间自权利人知道或者应当知道权利受到损害以及义务人之日起计算。法律另有规定的,依照其规定。但是,自权利受到损害之日起超过 20 年的,人民法院不予保护,有特殊情况的,人民法院可以根据权利人的申请决定延长。

3. 诉讼时效期间的起算

《民法典》规定,诉讼时效期间自权利人知道或者应当知道权利受到侵害以及义务人之日起计算。法律另有规定的,依照其规定。

当事人约定同一债务分期履行的,诉讼时效期间自最后一期履行期限届满之日起计算。

4. 诉讼时效中止和中断

诉讼时效中止,是指诉讼时效期间的最后 6 个月内,因法定事由而使权利人不能行使请求权的,诉讼时效期间的计算暂时停止。

诉讼时效中断,是指权利人怠于行使权利相反的事实,使已经经过的时效期间失去效力,而须重新起算时效期间的制度。

9.4.6　民事诉讼的审判程序

审判程序是民事诉讼规定的最为重要的内容,它是人民法院审理案件适用的程序,可以分为一审程序、二审程序和审判监督程序。

1. 一审程序

一审程序包括普通程序和简易程序。普通程序是《民事诉讼法》规定的民事诉讼当事人进行第一审民事诉讼和人民法院审理第一审民事案件所通常适用的诉讼程序。简易程序,是指《民事诉讼法》规定,基层人民法院和它派出的法庭适用简易程序审理事实清楚、权利义务关系明确、争议不大的简单民事案件,标的额为各省、自治区、直辖市上年度就业人员年平均工资30%以下的,实行一审终审。

适用普通程序审理的案件,根据《民事诉讼法》的规定,应当在立案之日起6个月内审结。有特殊情况需要延长的,由本院院长批准,可以延长6个月;还需要延长的,报请上级法院批准。

适用简易程序审理的案件,由审判员一人独任审理,可以用简便方式传唤当事人和证人、送达诉讼文书、审理案件,但应当保障当事人陈述意见的权利。

民事诉讼的一审程序中普通程序

普通程序可分为四个阶段:起诉、审查与受理、审理前的准备和开庭审理。

开庭审理是指人民法院在当事人和其他诉讼参与人参加下,对案件进行实体审理的诉讼活动。主要有以下几个步骤:法庭调查、法庭辩论、法庭笔录和宣判。

2. 二审程序

二审程序(又称上诉程序或终审程序),是指由于民事诉讼当事人不服地方各级人民法院尚未生效的第一审判决或裁定,在法定上诉期间内,向上一级人民法院提起上诉而引起的诉讼程序。由于我国实行两审终审制,上诉案件经二审法院审理后作出的判决、裁定为终审的判决、裁定,诉讼程序即告终结。

民事诉讼的二审程序

3. 审判监督程序

(1)审判监督程序的概念。

审判监督程序即再审程序,是指由有审判监督权的法定机关和人员提起,或由当事人申请,由人民法院对发生法律效力的判决、裁定、调解书再次审理的程序。

(2)审判监督程序的提起。

①人民法院提起再审的程序。

人民法院提起再审,必须是已经发生法律效力的判决裁定确有错误。最高人民法院对地方各级人民法院已经生效的判决、裁定,上级人民法院对下级人民法院已生效的判决、裁定,发现确有错误的,有权提审或指令下级人民法院再审。

②当事人申请再审的程序。

当事人对已经发生法律效力的判决、裁定,认为有错误的,可以向上一级人民法院申请再审,但不停止判决、裁定的执行。

对违反法定程序可能影响案件正确判决、裁定的情形,或者审判人员在审理该案件时有贪污受贿、徇私舞弊、枉法裁判行为的,人民法院应当再审。

③人民检察院抗诉提起再审的程序。

抗诉是指人民检察院对人民法院发生法律效力的判决、裁定,发现有提起抗诉的法定情形,提请人民法院对案件重新审理的活动。

最高人民检察院对各级人民法院已经发生法律效力的判决、裁定,上级人民检察院对下级人民法院已经发生法律效力的判决、裁定,发现有符合当事人可以申请再审情形之一的,应当按照审判监督程序提起抗诉。地方各级人民检察院对同级人民法院已经发生法律效力的判决、裁定,发现有符合当事人可以申请再审情形之一的,应当提请上级人民检察院向同级人民法院提出抗诉。

9.4.7　民事诉讼的执行程序

审判程序与执行程序是并列的独立程序。审判程序是产生裁判书的过程,执行程序是实现裁判书内容的过程。

1. 执行程序的概念

执行程序,是指人民法院的执行机构依照法定的程序,对发生法律效力并具有给付内容的法律文书,以国家强制力为后盾,依法采取强制措施,迫使具有给付义务的当事人履行其给付义务的行为。

2. 执行根据

执行根据是当事人申请执行,人民法院移交执行以及人民法院采取强制措施的依据。执行根据是执行程序发生的基础,没有执行根据,当事人不能向人民法院申请执行,人民法院也不得采取强制措施。

3. 执行案件的管辖

发生法律效力的民事判决、裁定,以及刑事判决、裁定中的财产部分,由第一审人民法院或者与第一审人民法院同级的被执行的财产所在地人民法院执行。

《最高人民法院关于适用〈中华人民共和国民事诉讼法〉执行程序若干问题的解释》中规定,申请执行人向被执行的财产所在地人民法院申请执行的,应当提供该人民法院辖区有可供执行财产的证明材料。

人民法院受理执行申请后,当事人对管辖权有异议的,应当自收到执行通知书之日起10日内提出。

4. 执行程序

(1)申请。

人民法院作出的判决、裁定等法律文书,当事人必须履行。如果无故不履行,另一方当事人可向有管辖权的人民法院申请强制执行。申请强制执行应提交申请强制执行书,并附作为执行根据的法律文书。申请强制执行,还须遵守申请执行期限。申请执行的期间为两年。申请执行时效的中止、中断,适用法律有关诉讼时效中止、中断的规定。这里的期间,从法律文书规定履行期间的最后1日起计算;法律文书规定分期履行的,从规定的每次履行期间的最后1日起计算;法律文书未规定履行期间的,从法律文书生效之日起计算。

(2)执行。

对于具有执行内容的生效裁判文书,由审判该案的审判人员将案件直接交付执行人员,随即开始执行程序。

提交执行的案件有三类:①具有给付或者履行内容的生效民事判决、裁定(包括先予执行的抚恤金、医疗费用等);②具有财产执行内容的刑事判决书、裁定书;③审判人员认为涉及国家、集体或公民重大利益的案件。

（3）向上一级人民法院申请执行。

人民法院自收到申请执行书之日起超过 6 个月未执行的，申请执行人可以向上一级人民法院申请执行。上一级人民法院经审查，可以责令原人民法院在一定期限内执行，也可以决定由本院执行或者指令其他人民法院执行。

5. 执行措施

执行措施是指人民法院依照法定程序强制执行生效法律文书的方法和手段。

执行措施主要如下：①查封、冻结、划拨被执行人的存款；②扣留、提取被执行人的收入；③查封、扣押、拍卖、变卖被执行人的财产；④对被执行人及其住所或财产隐匿地进行搜查；⑤强制被执行人和有关单位、公民交付法律文书指定的财物或票证；⑥强制被执行人迁出房屋或退出土地；⑦强制被执行人履行法律文书指定的行为；⑧办理财产权证照转移手续；⑨强制被执行人支付迟延履行期间的债务利息或迟延履行金；⑩依申请执行人申请，通知对被执行人负有到期债务的第三人向申请执行人履行债务。

被执行人不履行法律文书确定的义务的，人民法院可以对其采取或者通知有关单位协助采取限制出境，在征信系统记录、通过媒体公布不履行义务信息以及法律规定的其他措施。

被执行人未按执行通知书指定的期间履行生效法律文书确定的给付义务的，人民法院可以限制其高消费。

被执行人为自然人的，被限制高消费后，不得有以下以其财产支付费用的行为：乘坐交通工具时，选择飞机、列车软卧、轮船二等以上舱位；在星级以上宾馆、酒店、夜总会、高尔夫球场等场所进行高消费；购买不动产或者新建、扩建、高档装修房屋；租赁高档写字楼、宾馆、公寓等场所办公；购买非经营必需车辆；旅游、度假；子女就读高收费私立学校；支付高额保费购买保险理财产品；其他非生活和工作必需的高消费行为。

被执行人为单位的，被限制高消费后，禁止被执行人及其法定代表人、主要负责人、影响债务履行的直接责任人员以单位财产实施上述规定的行为。

6. 执行中止和终结

（1）执行中止。

执行中止是指在执行过程中，因发生特殊情况，需要暂时停止执行程序。

（2）执行终结。

在执行过程中，由于出现某些特殊情况，执行工作无法继续进行或没有必要继续进行的，结束执行程序。

9.5 行政强制、行政复议和行政诉讼制度

9.5.1 行政强制

2011 年颁布的《中华人民共和国行政强制法》规定，行政强制的种类包括行政强制措

施和行政强制执行。

1. 行政强制措施

行政强制措施是指行政机关在行政管理过程中,为制止违法行为、防止证据损毁、避免危害发生、控制危险扩大等情形,依法对公民的人身自由实施暂时性限制,或者对公民、法人或者其他组织的财物实施暂时性控制的行为。

行政强制措施的种类:①限制公民人身自由;②查封场所、设施或者财物;③扣押财物;④冻结存款、汇款;⑤其他行政强制措施。

2. 行政强制执行

行政强制执行,是指行政机关或者行政机关申请人民法院,对不履行行政决定的公民、法人或者其他组织,依法强制履行义务的行为。

行政强制执行的种类:①加处罚款或者滞纳金;②划拨存款、汇款;③拍卖或者依法处理查封、扣押的场所、设施或者财物;④排除妨碍、恢复原状;⑤代履行;⑥其他强制执行方式。

3. 行政强制的法定程序

(1)行政强制措施的实施程序。

①一般规定。

实施主体:行政强制措施由法律、法规规定的行政机关在法定职权范围内实施,行政强制措施权不得委托。应由两名以上的行政执法人员依法实施,若无手续,返回行政机关后要补办批准手续。

②查封、扣押的实施。

查封、扣押由法律、法规规定的行政机关实施,其他任何行政机关和组织不得实施。

查封、扣押的期限不得超过30日;情况复杂的,经行政机关负责人批准,可以延长,但延长期限不超过30日。法律、行政法规另有规定的除外。

对查封、扣押的场所、设施或者财物,行政机关应当妥善保管,不得使用或者损毁;造成损失的,应当承担赔偿责任;对查封的场所、设施或者财物,行政机关可委托第三人保管,因查封、扣押发生的保管费由行政机关承担。

行政机关采取查封、扣押措施后,应当及时查清事实,在规定的期限内作出处理决定。对违法事实清楚,依法应当没收的非法财物予以没收;法律、行政法规规定应当销毁的,依法销毁;应当解除查封、扣押的,作出解除查封、扣押的决定。

③冻结的实施。

冻结存款、汇款应当由法律规定的行政机关实施,不得委托给其他行政机关或者组织;其他任何行政机关或者组织不得冻结存款、汇款。

金融机构接到行政机关依法作出的冻结通知书后,应当立即予以冻结,不得拖延,不得在冻结前向当事人泄露信息。法律规定以外的行政机关或者组织要求冻结当事人存款、汇款的,金融机构应当拒绝。

自冻结存款、汇款之日起30日内,行政机关应当作出处理决定或者作出解除冻结决定;情况复杂的,经行政机关负责人批准,可以延长,但是延长期限不得超过30日。法律另有规定的除外。延长冻结的决定应当及时书面告知当事人,并说明理由。

（2）行政强制执行的实施程序。

行政机关依法作出行政决定后，当事人在行政机关决定的期限内不履行义务的，具有行政强制执行权的行政机关依照《中华人民共和国行政强制法》的规定强制执行。

行政机关作出强制执行决定前，应当事先催告当事人履行义务。经催告，当事人逾期仍不履行行政决定，且无正当理由的，行政机关可以作出强制执行决定。在催告期间，对有证据证明有转移或者隐匿财物迹象的，行政机关可以作出立即强制执行决定。

行政机关依法作出金钱给付义务的行政决定，当事人逾期不履行的，行政机关可以依法加处罚款或者滞纳金。加处罚款或者滞纳金的标准应当告知当事人。行政机关依法实施加处罚款或者滞纳金超过 30 日，经催告当事人仍不履行的，具有行政强制执行权的行政机关可以强制执行。

行政机关依法作出要求当事人履行排除妨碍、恢复原状等义务的行政决定，当事人逾期不履行，经催告仍不履行，其后果已经或者将危害交通安全、造成环境污染或者破坏自然资源的，行政机关可以代履行，或者委托没有利害关系的第三人代履行。

（3）申请人民法院强制执行程序。

当事人在法定期限内不申请行政复议或提起行政诉讼，又不履行行政决定的，没有行政强制执行权的行政机关可以自期限届满之日起 3 个月内，向人民法院申请强制执行。

行政机关申请人民法院强制执行前，应当催告当事人履行义务。催告书送达 10 日后当事人仍未履行义务的，行政机关可以向所在地有管辖权的人民法院申请强制执行；执行对象是不动产的，向不动产所在地有管辖权的人民法院申请强制执行。

人民法院接到行政机关强制执行的申请，应当在 5 日内受理，并应当自受理之日起 7 日内作出执行裁决。

9.5.2 行政复议和行政诉讼

行政纠纷的法律解决途径有两种：行政复议和行政诉讼。

1. 行政复议

（1）行政复议定义。

行政复议是指行政机关根据上级行政机关对下级行政机关的监督权，在当事人申请和参与下，按照行政复议程序对具体行政行为进行合法性和适当性审查，并作出决定以解决行政侵权争议的活动。行政复议的基本法律依据《中华人民共和国行政复议法》。

（2）行政复议范围。

根据《中华人民共和国行政复议法》的规定，有 11 项可申请行政复议的具体行政行为，结合建设工程实践，其中 7 种尤为重要。

①对行政机关作出的警告、罚款、没收违法所得、没收非法财物、责令停产停业、暂扣或者吊销许可证、暂扣或者吊销执照、行政拘留等行政处罚决定不服的。

②对行政机关作出的限制人身自由或者查封、扣押、冻结财产等行政强制措施决定不服的。

③对行政机关作出的有关许可证、执照、资质证、资格证等证书变更、中止、撤销的决定不服的。

④认为行政机关侵犯合法的经营自主权的。

⑤认为行政机关违法集资、征收财物、摊派费用或者违法要求履行其他义务的。

⑥认为符合法定条件，申请行政机关颁发许可证、执照、资质证、资格证等证书，或者申请行政机关审批、登记有关事项，行政机关没有依法办理的。

⑦认为行政机关的其他具体行政行为侵犯其合法权益的。

此外，公民、法人或者其他组织认为行政机关的具体行政行为所依据的下列规定不合法，在对具体行政行为申请行政复议时，可以一并向行政复议机关提出对该规定的审查申请：①国务院部门的规定；②县级以上地方各级人民政府及其工作部门的规定；③乡、镇人民政府的规定。但以上规定不含国务院部、委员会规章和地方人民政府规章。规章的审查依照法律、行政法规办理。

下列事项应按规定的纠纷处理方式解决，不能提起行政复议：①不服行政机关作出的行政处分或者其他人事处理决定的，应当依照有关法律、行政法规的规定提起申诉；②不服行政机关对民事纠纷作出的调解或者其他处理，应当依法申请仲裁或者向法院提起诉讼。

2. 行政诉讼

(1) 行政诉讼定义。

行政诉讼是指人民法院应当事人的请求，通过审查具体行政行为合法性的方式，解决特定范围内行政争议的活动。行政诉讼的基本法律依据《中华人民共和国行政诉讼法》。

(2) 行政诉讼受案范围。

《行政诉讼法》规定，法院受理公民、法人和其他组织对下列具体行政行为不服提起的诉讼。

①对拘留、罚款、吊销许可证和执照、责令停产停业、没收财物等行政处罚不服的。

②对限制人身自由(如强制隔离、强制约束)或者对财产的查封、扣押、冻结等行政强制措施不服的。

③认为行政机关侵犯法律规定的经营自主权的。

④认为符合法定条件申请行政机关颁发许可证和执照，行政机关拒绝颁发或者不予答复的。

⑤申请行政机关履行保护人身权、财产权的法定职责，行政机关拒绝履行或者不予答复的。

⑥认为行政机关没有依法发给抚恤金的(如伤残抚恤金、遗嘱抚恤金、福利金、救济金等)。

⑦认为行政机关违法要求履行义务的(如财产义务、行为义务，典型表现为乱收费、乱摊派)。

⑧认为行政机关侵犯其他人身权、财产权的。

⑨法律、法规规定可以提起行政诉讼的其他行政案件。

但是，法院不受理公民、法人或者其他组织对下列事项提起的诉讼：①国防、外交等国家行为；②行政法规、规章或者行政机关制定、发布的具有普遍约束力的决定、命令；③行政机关对行政机关工作人员的奖惩、任免等决定；④法律规定由行政机关最终裁决的具体行政行为。

9.5.3　行政复议的申请、受理

1. 行政复议申请

公民、法人或者其他组织认为具体行政行为侵犯其合法权益的,可以自知道该具体行政行为之日起 60 日内提出行政复议申请;但法律规定的申请期限超过 60 日的除外。因不可抗力或者其他正当理由耽误法定申请期限的,申请期限自障碍消除之日起继续计算。

申请行政复议,凡行政复议机关已经依法受理的,或者法律、法规规定应当先向行政复议机关申请行政复议、对行政复议决定不服再向人民法院提起行政诉讼的,在法定行政复议期限内不得向人民法院提起行政诉讼。公民、法人或者其他组织向人民法院提起行政诉讼,人民法院已经依法受理的,不得申请行政复议。

2. 行政复议受理

行政复议机关收到行政复议申请后,应当在 5 日内进行审查,依法决定是否受理,并书面告知申请人;对符合行政复议申请条件,但不属于本机关受理范围的,应当告知申请人向有关行政复议机关提出。

9.5.4　行政诉讼的管辖、起诉和受理

1. 行政诉讼管辖

行政诉讼管辖指不同级别和地域的人民法院之间在受理第一审行政案件的权限分工。

（1）级别管辖

行政诉讼案件一般都由基层人民法院管辖,有下列情形之一的,应当由中级人民法院管辖第一审行政案件:①确认发明专利权的案件、海关处理的案件;②对国务院各部门或者省、自治区、直辖市人民政府所作的具体行政行为提起诉讼的案件;③本辖区内重大、复杂的案件。

高级人民法院和最高人民法院只管辖本辖区范围内重大、复杂行政诉讼案件。

（2）一般地域管辖。

行政案件由最初作出具体行政行为的行政机关所在地人民法院管辖。经复议的案件,复议机关改变原具体行政行为的,也可以由复议机关所在地人民法院管辖。对限制人身自由的行政强制措施不服提起的诉讼,由被告所在地或者原告所在地人民法院管辖。因不动产提起的行政诉讼,由不动产所在地人民法院管辖。

两个以上人民法院都有管辖权的案件,原告可以选择其中一个人民法院提起诉讼。原告向两个以上有管辖权的人民法院提起诉讼的,由最先收到起诉状的人民法院管辖。

2. 起诉

行政争议未经行政复议,由当事人直接向法院提起行政诉讼的,除法律另有规定的外,应当在知道作出具体行政行为之日起 3 个月内起诉。经过行政复议但对行政复议决定不服而依法提起行政诉讼的,应当在收到行政复议决定书之日起 15 日内起诉;若行政

复议机关逾期不作复议决定的,除法律另有规定的外,应当在行政复议期满之日起 15 日内起诉。

3. 受理

人民法院接到起诉状,经审查,应当在 7 日内立案或者作出裁定不予受理。原告对裁定不服的,可以提起上诉

9.5.5　行政诉讼的审理、判决和执行

1. 行政诉讼的审理

《中华人民共和国行政诉讼法》规定,行政诉讼期间,除该法规定的情形外,不停止具体行政行为的执行。法院审理行政案件,不适用调解。除涉及国家秘密、个人隐私和法律另有规定的外,人民法院公开审理行政案件。

人民法院审理行政案件,以法律和行政法规、地方性法规为依据。地方性法规适用于本行政区域内发生的行政案件;审理民族自治地方的行政案件,并以该民族自治地方自治条例和单行条例为依据。

人民法院审理行政案件,参照国务院部、委根据法律和国务院的行政法规、决定、命令制定、发布的规章以及省、自治区、直辖市和省、自治区的人民政府所在地的市和经国务院批准的较大的市的人民政府根据法律和国务院的行政法规制定、发布的规章。

经人民法院两次合法传唤,原告无正当理由拒不到庭的,视为申请撤诉;被告无正当理由拒不到庭的,可以缺席判决。

2. 行政诉讼的判决

法院对行政诉讼的一审判决有如下几种。

(1) 认为具体行政行为证据确凿,适用法律、法规正确,符合法定程序的,判决维持。

(2) 认为具体行政行为有下列情形之一,判决撤销或者部分撤销,并可以判决被告重新作出具体行政行为:①主要证据不足;②适用法律、法规错误;③违反法定程序的;④超越职权的;⑤滥用职权的。

(3) 认为被告不履行或拖延履行法定职责,判决其在一定限期内履行。

(4) 认定行政处罚显失公正(即同类型的行政处罚畸轻畸重,明显的不公正)的,可以判决变更。

(5) 认为原告的诉讼请求依法不能成立,直接判决否定原告的诉讼请求。

(6) 通过对被诉具体行政行为的审查,确认被诉具体行政行为合法或违法的判决。

我国实行二审终审制。当事人不服人民法院第一审判决的,有权在判决书送达之日起 15 日内向上一级人民法院提起上诉;不服人民法院第一审裁定的,有权在裁定书送达之日起 10 日内向上一级人民法院提起上诉。逾期不提起上诉的,人民法院的第一审判决或者裁定发生法律效力。

第二审人民法院在二审程序中对上诉案件进行审理,并依法作出驳回上诉、维持原判,或者撤销原判、依法改判,或者裁定撤销原判,发回原审人民法院重审。

当事人对已经发生法律效力的判决、裁定,认为确有错误的,可以向原审人民法院或者上一级人民法院提出申诉,但判决、裁定不停止执行。

3.行政诉讼的执行

当事人必须履行人民法院发生法律效力的判决、裁定,公民、法人或者其他组织拒绝履行判决、裁定的,行政机关可以向第一审人民法院申请强制执行,或者依法强制执行。

公民、法人或者其他组织对具体行政行为在法定期间不提起诉讼又不履行的,行政机关可以申请人民法院强制执行,或者依法强制执行。

9.5.6　侵权的赔偿责任

公民、法人或者其他组织的合法权益受到行政机关或者行政机关工作人员作出的具体行政行为侵犯造成损害的,有权请求赔偿。公民、法人或者其他组织单独就损害赔偿提出请求,应当先由行政机关解决。对行政机关的处理不服,可以向人民法院提起诉讼。赔偿诉讼可以适用调解。

9.6　建设工程施工合同纠纷案件的司法解释

建设工程合同履行过程中会产生大量的纠纷,有一些纠纷并不容易直接适用现有的法律条款予以解决。针对这些特殊的纠纷,可以通过相关司法解释来进行处理。2002年最高人民法院通过了《最高人民法院关于建设工程价款优先受偿权问题的批复》;2004年最高人民法院通过了《最高人民法院关于审理建设工程施工合同纠纷案件适用法律问题的解释》(以下简称《解释》)。此批复和司法解释为解决一些特殊的建设工程合同纠纷提供了可供遵循的原则性规定。

9.6.1　解除建设工程施工合同问题

《解释》中第9条对于解除施工合同的条件和其法律后果作出规定。

1.承包人请求解除合同的条件

《解释》第9条规定,发包人具有下列情形之一,致使承包人无法施工,且在催告的合理期限内仍未履行相应义务,承包人请求解除建设工程施工合同的,应予支持:

(1)未按约定支付工程款;

(2)提供的主要建筑材料、建筑构配件和设备不符合强制性标准;

(3)不履行合同约定的协助义务的。

此三种情况属于发包人违约,还需要承担法律违约责任。

2.发包人请求解除合同的条件

《解释》第8条规定,承包人具有下列情形之一,发包人请求解除建设工程施工合同的,应予支持:

(1)明确表示或者以行为表明不履行合同主要义务的;

(2)合同约定的期限内没有完工,且在发包人催告的合理期限内仍未完工的;

（3）已经完成的建设工程质量不合格，并拒绝修复的；

（4）将承包的建设工程非法转包、违法分包的。

3. 合同解除后的法律后果

《解释》第 10 条规定，建设工程施工合同解除后，已经完成的建设工程质量合格的，发包人应当按照约定支付相应的工程价款；已经完成的建设工程质量不合格的，参照本解释第 3 条规定处理（修复后的建设工程经竣工验收合格，发包人请求承包人承担修复费用的，应予支持；修复后的建设工程经竣工验收不合格，承包人请求支付工程价款的，不予支持；因建设工程不合格造成的损失，发包人有过错的，也应承担相应的民事责任）；因一方违约导致合同解除的，违约方应当赔偿因此而给对方造成的损失。

9.6.2　建设工程质量不符合约定的责任承担问题

《解释》第 11 条规定，因承包人的过错造成建设工程质量不符合约定，承包人拒绝修理、返工或者改建，发包人请求减少支付工程价款的，应予支持。

《解释》第 12 条规定，发包人具有下列情形之一，造成建设工程质量缺陷，应当承担过错责任：①提供的设计有缺陷；②提供或者指定购买的建筑材料、建筑构配件、设备不符合强制性标准；③直接指定分包人分包专业工程。

承包人有过错的，也应当承担相应的过错责任。

《解释》第 13 条规定，建设工程未经竣工验收，发包人擅自使用后，又以使用部分质量不符合约定为由主张权利的，不予支持；但是承包人应当在建设工程的合理使用寿命内对地基基础工程和主体结构质量承担民事责任。

《解释》第 16 条规定，建设工程施工合同有效，但建设工程经竣工验收不合格的，工程价款结算参照本解释第 3 条规定处理。

9.6.3　对竣工日期的争议问题

竣工日期分两种：合同约定的竣工日期和实际竣工日期。

工程竣工验收通过，承包人送交竣工验收报告的日期为实际竣工日期。

《解释》第 14 条规定，当事人对建设工程实际竣工日期有争议的，按照以下情形分别处理：①建设工程经竣工验收合格的，以竣工验收合格之日为竣工日期；②承包人已经提交竣工验收报告，发包人拖延验收的，以承包人提交验收报告之日为竣工日期；③建设工程未经竣工验收，发包人擅自使用的，以转移占有建设工程之日为竣工日期。

《解释》第 15 条规定，建设工程竣工前，当事人对工程质量发生争议，工程质量经鉴定合格的，鉴定期间为顺延工期期间。

9.6.4　对工程价款结算的争议问题

《解释》第 16 条规定，当事人对建设工程的计价标准或者计价方法有约定的，按照约定结算工程价款。因设计变更导致建设工程的工程量或者质量标准发生变化，当事人对该部分工程价款不能协商一致的，可以参照签订建设工程施工合同时当地建设行政主管部门发布的计价方法或者计价标准结算工程价款。

《解释》第17条规定,当事人对欠付工程价款利息计付标准有约定的,按照约定处理;没有约定的,按照中国人民银行发布的同期同类贷款利率计息。

《解释》第18条规定,利息从应付工程价款之日计付。当事人对付款时间没有约定或者约定不明的,下列时间视为应付款时间:(1)建设工程已实际交付的,为交付之日;(2)建设工程没有交付的,为提交竣工结算文件之日;(3)建设工程未交付,工程价款也未结算的,为当事人起诉之日。

《解释》第6条规定,当事人对垫资和垫资利息有约定,承包人请求按照约定返还垫资及其利息的,应予支持,但是约定的利息计算标准高于中国人民银行发布的同期同类贷款利率的部分除外。当事人对垫资没有约定的,按照工程欠款处理。当事人对垫资利息没有约定,承包人请求支付利息的,不予支持。

《解释》第22条规定,当事人约定按照固定价结算工程价款,一方当事人请求对建设工程造价进行鉴定的,不予支持。

9.6.5 对工程量的争议问题

《解释》第19条规定,当事人对工程量有争议的,按照施工过程中形成的签证等书面文件确认。承包人能够证明发包人同意其施工,但未能提供签证文件证明工程量发生的,可以按照当事人提供的其他证据确认实际发生的工程量。

《解释》第20条规定,当事人约定,发包人收到竣工结算文件后,在约定期限内不予答复,视为认可竣工结算文件的,按照约定处理。承包人请求按照竣工结算文件结算工程价款的,应予支持。

9.6.6 建设工程价款优先受偿权问题

建设工程价款优先受偿权是指承包人对于建设工程的价款就该工程折价或者拍卖的价款享有优先受偿的权利,优先于一般的债权。

《民法典》规定,发包人未按照约定支付价款的,承包人可以催告发包人在合理期限内支付价款。发包人逾期不支付的,除按照建设工程的性质不宜折价、拍卖的以外,承包人可以与发包人协议将该工程折价,也可以申请人民法院将该工程依法拍卖。建设工程的价款就该工程折价或者拍卖的价款优先受偿。

在线练习

第 9 章
练习巩固题

10 建设工程的其他相关法规

【学习要点】
　　了解建设工程施工环境保护、节约能源、文物保护等相关法律法规。明确工程建设带来的噪声污染、废气废水污染、固体废物污染对环境的影响。掌握工程建设相关的节约能源法律制度。熟悉从业单位和人员违反建设工程施工环境保护、节约能源、文物保护等法律制度应承担的法律责任。能够运用本章的法律法规知识解决工程实际过程中的相关问题，依法从事工程建设活动。

10.1 施工现场环境保护制度

10.1.1 施工现场环境保护法律法规

　　环境保护是我国的一项基本国策。建设项目由于既要消耗大量的自然资源，又要向大自然排放大量的废水、废气、废渣和产生噪声，这是造成环境污染的主要原因之一。因此，加强施工现场的环境保护，是整个环境保护的基础和重点。

　　2014年4月24日修订《中华人民共和国环境保护法》(以下简称《环境保护法》)。环境保护法是国家为协调人类与环境的关系，保护与改善环境而制定的调整人类开发、利用、保护和改善环境而产生的各种社会关系的法律规范的总称。

　　环境保护法有广义和狭义之分。《环境保护法》是指狭义的环境保护法。相关法律法规还有《中华人民共和国环境影响评价法》和《建设项目环境保护管理条例》。广义的环境保护法还涉及《中华人民共和国环境噪声污染防治法》《中华人民共和国水污染防治法》《中华人民共和国大气污染防治法》《中华人民共和国固体废物污染环境防治法》等相关法律。

　　《建设工程安全生产管理条例》规定，施工单位应当遵守有关环境保护法律、法规的规定，在施工现场采取措施，防止或者减少噪声、振动、粉

习近平总书记在全国生态环境保护大会上的重要讲话(节选)

《中华人民共和国环境保护法》目录及部分内容

尘、废气、废水、固体废物和施工照明对人和环境的危害和污染。

10.1.2　环境保护"三同时"制度

环境保护的"三同时"制度是建设项目环境管理的一项基本制度。

《环境保护法》第41条规定,建设项目防治污染的设施,应当与主体工程同时设计、同时施工、同时投产使用。防治污染的设施应当符合经批准的环境影响评价文件的要求,不得擅自拆除或者闲置。

《建设项目环境保护管理条例》进一步规定了设计、施工、投产使用相关要求。

建设项目的主体工程完工后,需要进行试生产的,其配套建设的环境保护设施必须与主体工程同时投入试运行。

建设项目试生产期间,建设单位应当对环境保护设施运行情况和建设项目对环境的影响进行监测。

建设项目竣工后,建设单位应当向审批该建设项目环境影响报告书、环境影响报告表或者环境影响登记表的环境保护行政主管部门,申请该建设项目需要配套建设的环境保护设施竣工验收。环境保护设施竣工验收,应当与主体工程竣工验收同时进行。需要进行试生产的建设项目,建设单位应当自建设项目投入试生产之日起3个月内,向审批该建设项目环境影响报告书、环境影响报告表或者环境影响登记表的环境保护行政主管部门,申请该建设项目需要配套建设的环境保护设施竣工验收。

10.1.3　环境噪声污染防治法律制度

根据《中华人民共和国环境噪声污染防治法》(以下简称《环境噪声污染防治法》)规定,环境噪声是指在工业生产、建筑施工、交通运输和社会生活中所产生的干扰周围生活环境的声音。环境噪声污染,则是指产生的环境噪声超过国家规定的环境噪声排放标准,并干扰他人正常生活、工作和学习的现象。

1. 施工现场环境噪声污染的防治

施工噪声,是指在建设工程施工过程中产生的干扰周围生活环境的声音。施工现场环境噪声污染的防治,是要解决建设工程施工过程中产生的施工噪声污染问题。

(1) 排放建筑施工噪声应当符合建筑施工场界环境噪声排放标准。

《环境噪声污染防治法》规定,在城市市区范围内向周围生活环境排放建筑施工噪声的,应当符合国家规定的建筑施工场界环境噪声排放标准。

噪声排放,是指噪声源向周围生活环境辐射噪声。《建筑施工场界环境噪声排放标准》(GB 12523—2011)适用于周围有噪声敏感建筑物的建筑施工噪声排放的管理、评价及控制。该标准规定,建筑施工过程中场界环境噪声不得超过规定的排放限值。

建筑施工场界环境噪声排放限值,昼间 70 dB(A),夜间 55 dB(A)。夜间噪声最大声级超过限值的幅度不得高于 15 dB(A)。其中,昼间是指 6:00 至 22:00;夜间是指晚 22:00 至次日早 6:00。

注:dB 是英文 Decibel(分贝)的缩写,是噪声强度单位。(A)是指频率加权特性为 A。

用 A 计权网络测得的声压级,单位为 dB(A)。

（2）使用机械设备可能产生环境噪声污染的申报。

《环境噪声污染防治法》规定,在城市市区范围内,建筑施工过程中使用机械设备,可能产生环境噪声污染的,施工单位必须在工程开工 15 日以前向工程所在地县级以上地方人民政府环境保护行政主管部门申报该工程的项目名称、施工场所和期限、可能产生的环境噪声值以及所采取的环境噪声污染防治措施的情况。

国家对环境噪声污染严重的落后设备实行淘汰制度。

（3）禁止夜间进行产生环境噪声污染施工作业的规定。

《环境噪声污染防治法》规定,在城市市区噪声敏感建筑物集中区域内,禁止夜间进行产生环境噪声污染的建筑施工作业,但抢修、抢险作业和因生产工艺上要求或者特殊需要必须连续作业的除外。因特殊需要必须连续作业的,必须有县级以上人民政府或者其有关主管部门的证明。以上规定的夜间作业,必须公告附近居民。

噪声敏感建筑物,是指医院、学校、机关、科研单位、住宅等需要保持安静的建筑物。

（4）政府监管部门的现场检查。

《环境噪声污染防治法》规定,县级以上人民政府环境保护行政主管部门和其他环境噪声污染防治工作的监督管理部门、机构,有权依据各自的职责对管辖范围内排放环境噪声的单位进行现场检查。

2. 建设项目环境噪声污染的防治

建设项目环境噪声污染的防治,主要是要解决建设项目建成后使用过程中可能产生的环境噪声污染问题。

建设项目可能产生环境噪声污染的,建设单位必须提出环境影响报告书,规定环境噪声污染的防治措施,并按照国家规定的程序报环境保护行政主管部门批准。环境影响报告书中,应当有该建设项目所在地单位和居民的意见。

建设项目的环境噪声污染防治设施必须与主体工程同时设计、同时施工、同时投产使用。例如,建设经过已有的噪声敏感建筑物集中区域的高速公路和城市高架、轻轨道路,有可能造成环境噪声污染的,应当设置声屏障或者采取其他有效的控制环境噪声污染的措施。

建设项目在投入生产或者使用之前,其环境噪声污染防治设施必须经原审批环境影响报告书的环境保护行政主管部门验收;达不到国家规定要求的,该建设项目不得投入生产或者使用。

【案例】

1. 背景

2011 年 4 月 19 日夜 23 时,某市环境保护行政主管部门接到居民投诉,称某项目工地有夜间施工噪声扰民情况。执法人员立刻赶赴施工现场,并在施工场界进行了噪声测量。经现场勘查:施工噪声源主要是推土机、挖掘机、打桩机等设备的施工作业噪声,施工场界噪声经测试为 65.4 dB(A)。通过调查,执法人员核实了此次夜间施工作业不属于抢修、抢险作业,也不属于因生产工艺要求必须进行的连续作业,并无有关主管部门出具的相关证明。

2．问题

（1）本案中，施工单位的夜间施工作业行为是否合法？如违法说明理由。

（2）对本案中施工单位的夜间施工作业行为应如何处理？

3．分析

（1）本案中，施工单位的夜间施工作业行为构成了环境噪声污染违法行为。《环境噪声污染防治法》第30条规定，"在城市市区噪声敏感建筑物集中区域内，禁止夜间进行产生环境噪声污染的建筑施工作业，但抢修、抢险作业和因生产工艺上要求或者特殊需要必须连续作业的除外。因特殊需要必须连续作业的，必须有县级以上人民政府或者其有关主管部门的证明。前款规定的夜间作业，必须公告附近居民。"经执法人员核实，该施工单位夜间作业既不属于抢修、抢险作业，也不属于因生产工艺上要求必须进行的连续作业，并无有关主管部门出具的因特殊需要必须连续作业的证明。同时，该法第28条规定，"在城市市区范围内向周围生活环境排放建筑施工噪声的，应当符合国家规定的建筑施工场界环境噪声排放标准。"经检测，该施工场界噪声为65.4 dB(A)，超过了《建筑施工场界环境噪声排放标准》中关于夜间噪声最大声级超过限值55 dB(A)的标准。

（2）依据《环境噪声污染防治法》第56条规定，"在城市市区噪声敏感建筑物集中区域内，夜间进行禁止进行的产生环境噪声污染的建筑施工作业的，由工程所在地县级以上地方人民政府环境保护行政主管部门责令改正，可以并处罚款。"据此，对该施工单位应由市环境保护行政主管部门依法责令改正，还可以并处罚款。

3．交通运输噪声污染的防治

《环境噪声污染防治法》规定，在城市市区范围内行驶的机动车辆的消声器和喇叭必须符合国家规定的要求。机动车辆必须加强维修和保养，保持技术性能良好，防治环境噪声污染。

4．对产生环境噪声污染企业事业单位的规定

《环境噪声污染防治法》规定，产生环境噪声污染的企业事业单位，必须保持防治环境噪声污染的设施的正常使用；拆除或者闲置环境噪声污染防治设施的，必须事先报经所在地的县级以上地方人民政府环境保护行政主管部门批准。

产生环境噪声污染的单位，应当采取措施进行治理，并按照国家规定缴纳超标准排污费。征收的超标准排污费必须用于污染的防治，不得挪作他用。

对于在噪声敏感建筑物集中区域内造成严重环境噪声污染的企业事业单位，限期治理，而且必须按期完成治理任务。

10.1.4 施工现场大气污染防治的规定

大气污染，是指有害物质进入大气，对人类和生物造成危害的现象。如果对它不加以控制和防治，将严重破坏生态系统和人类生存条件。

1．施工现场大气污染的防治

《中华人民共和国大气污染防治法》（以下简称《大气污染防治法》）规定，城市人民政府应当采取绿化责任制、加强建设施工管理、扩大地面铺装面积、控制渣土堆放和清洁运输等措施，提高人均占有绿地面积，减少市区裸露地面和地面尘土，防治城市扬尘污染。

施工现场大气污染的防治，重点是防治扬尘污染。

严格落实施工工地扬尘管控责任。建设单位应将防治扬尘污染的费用列入工程造价，并在施工承包合同中明确施工单位扬尘污染防治责任。暂时不能开工的施工工地，建设单位应当对裸露地面进行覆盖；超过 3 个月的，应当进行绿化、铺装或者遮盖。

积极采取施工工地防尘降尘措施：①对施工现场实行封闭管理；②加强物料管理；③注重降尘作业；④硬化路面和清洗车辆；⑤清运建筑垃圾；⑥加强监测监控。

积极采取施工工地防尘降尘措施

2. 建设项目大气污染的防治

《大气污染防治法》规定，新建、扩建、改建向大气排放污染物的项目，必须遵守国家有关建设项目环境保护管理的规定。

建设项目的环境影响报告书，必须对建设项目可能产生的大气污染和对生态环境的影响作出评价，规定防治措施，并按照规定的程序报环境保护行政主管部门审查批准。建设项目投入生产或者使用之前，其大气污染防治设施必须经过环境保护行政主管部门验收，达不到国家有关建设项目环境保护管理规定的要求的建设项目，不得投入生产或者使用。

3. 对向大气排放污染物单位的监管

《大气污染防治法》规定，向大气排放污染物的单位，必须按照国务院环境保护行政主管部门的规定向所在地的环境保护行政主管部门申报拥有的污染物排放设施、处理设施和在正常作业条件下排放污染物的种类、数量、浓度，并提供防治大气污染方面的有关技术资料。

排污单位排放大气污染物的种类、数量、浓度有重大改变的，应当及时申报；其大气污染物处理设施必须保持正常使用，拆除或者闲置大气污染物处理设施的，必须事先报经所在地的县级以上地方人民政府环境保护行政主管部门批准。

向大气排放污染物的，其污染物排放浓度不得超过国家和地方规定的排放标准。在入口集中地区和其他依法需要特殊保护的区域内，禁止焚烧沥青、油毡、橡胶、塑料、皮革、垃圾以及其他产生有毒有害烟尘和恶臭气体的物质。

10.1.5　施工现场水污染的防治

水污染是指水体因某种物质的介入，而导致其化学、物理、生物或者放射性等方面特性的改变，从而影响水的有效利用，危害人体健康或者生态环境，造成水质恶化的现象。水污染防治包括江河、湖泊、运河、渠道、水库等地表面水体以及地下水体的污染防治。

《中华人民共和国水污染防治法》（以下简称《水污染防治法》）规定，水污染防治应当坚持预防为主、防治结合、综合治理的原则，优先保护饮用水水源，严格控制工业污染、城镇生活污染，防治农业面源污染，积极推进生态治理工程建设，预防、控制和减少水环境污染和生态破坏。

1. 施工现场水污染的防治

《水污染防治法》规定，排放水污染物，不得超过国家或者地方规定的水污染物排放标准和重点水污染物排放总量控制指标。

《城镇污水排入排水管网许可管理办法》规定,未取得排水许可证,排水户不得向城镇排水设施排放污水。各类施工作业需要排水的,由建设单位申请领取排水许可证。

城镇排水主管部门实施排水许可不得收费。

2. 建设项目水污染的防治

《水污染防治法》规定,新建、改建、扩建直接或者间接向水体排放污染物的建设项目和其他水上设施,应当依法进行环境影响评价。

建设项目的水污染防治设施,应当与主体工程同时设计、同时施工、同时投入使用。水污染防治设施应当经过环境保护主管部门验收,验收不合格的,该建设项目不得投入生产或者使用。

禁止在饮用水水源一级保护区内新建、改建、扩建与供水设施和保护水源无关的建设项目;已建成的与供水设施和保护水源无关的建设项目,由县级以上人民政府责令拆除或者关闭。禁止在饮用水水源二级保护区内新建、改建、扩建排放污染物的建设项目;已建成的排放污染物的建设项目,由县级以上人民政府责令拆除或者关闭。

禁止在饮用水水源准保护区内新建、扩建对水体污染严重的建设项目;改建建设项目,不得增加排污量。

3. 发生事故或者其他突发性事件的规定

《水污染防治法》规定,企业事业单位发生事故或者其他突发性事件,造成或者可能造成水污染事故的,应当立即启动本单位的应急方案,采取应急措施,并向事故发生地的县级以上地方人民政府或者环境保护主管部门报告。

10.1.6 固体废物污染环境防治法律制度

固体废物,是指在生产、生活和其他活动中产生的丧失原有利用价值或者虽未丧失利用价值但被抛弃或者放弃的固态、半固态和置于容器中的气态的物品、物质以及法律、行政法规规定纳入固体废物管理的物品、物质。固体废物污染环境,是指固体废物在产生、收集、贮存、运输、利用、处置的过程中产生的危害环境的现象。

《中华人民共和国固体废物污染环境防治法》目录及部分内容

1. 施工现场固体废物污染环境的防治

施工现场的固体废物主要是建筑垃圾和生活垃圾。固体废物又分为一般固体废物和危险废物。危险废物,是指列入国家危险废物名录或者根据国家规定的危险废物鉴别标准和鉴别方法认定的具有危险特性的固体废物。

(1)一般固体废物污染环境的防治。

《中华人民共和国固体废物污染环境防治法》(以下简称《固体废物污染环境防治法》)第22条规定,转移固体废物出省、自治区、直辖市行政区域贮存、处置的,应当向固体废物移出地的省、自治区、直辖市人民政府环境保护行政主管部门提出申请。移出地的省、自治区、直辖市人民政府环境保护行政主管部门应当商经接受地的省、自治区、直辖市人民政府环境保护行政主管部门同意后,方可批准转移该固体废物出省、自治区、直辖市行政区域。未经批准的,不得转移。

（2）危险废物污染环境防治的特别规定。

对危险废物的容器和包装物以及收集、贮存、运输、处置危险废物的设施、场所，必须设置危险废物识别标志。以填埋方式处置危险废物不符合国务院环境保护行政主管部门规定的，应当缴纳危险废物排污费。危险废物排污费用于污染环境的防治，不得挪作他用。

禁止将危险废物提供或者委托给无经营许可证的单位从事收集、贮存、利用、处置的经营活动。运输危险废物，必须采取防止污染环境的措施，并遵守国家有关危险货物运输管理的规定。禁止将危险废物与旅客在同一运输工具上载运。

（3）施工现场固体废物的减量化和回收再利用。

《绿色施工导则》规定，制定建筑垃圾减量化计划，如住宅建筑，每万平方米的建筑垃圾不宜超过 400 吨。

加强建筑垃圾的回收再利用，力争建筑垃圾的再利用和回收率达到 30%，建筑物拆除产生的废弃物的再利用和回收率大于 40%。对于碎石类、土石方类建筑垃圾，可采用地基填埋、铺路等方式提高再利用率，力争再利用率大于 50%。

施工现场生活区设置封闭式垃圾容器，施工场地生活垃圾实行袋装化，及时清运。对建筑垃圾进行分类，并收集到现场封闭式垃圾站，集中运出。

2. 建设项目固体废物污染环境的防治

建设产生固体废物的项目以及建设贮存、利用、处置固体废物的项目，必须依法进行环境影响评价，并遵守国家有关建设项目环境保护管理的规定。

建设项目的环境影响评价文件确定需要配套建设的固体废物污染环境防治设施，必须与主体工程同时设计、同时施工、同时投入使用。固体废物污染环境防治设施必须经原审批环境影响评价文件的环境保护行政主管部门验收合格后，该建设项目方可投入生产或者使用。对固体废物污染环境防治设施的验收应当与对主体工程的验收同时进行。

10.1.7　环境保护违法行为应承担的法律责任

违反环境保护法相关法律法规，则要承担法律责任。法律责任有责令改正、罚款、没收违法所得、停业整顿、吊销经营许可证等行政处罚；构成犯罪的，则要追究刑事责任。详见《环境保护法》《水污染防治法》《大气污染防治法》《环境噪声污染防治法》《固体废物污染环境防治法》等环境保护相关法律法规。

10.2　施工节约能源制度

我国于 1997 年通过了《中华人民共和国节约能源法》（以下简称《节约能源法》）。《节约能源法》规定，节约能源（简称节能）是指加强用能管理，采取技术上可行、经济上合理以及环境和社会可以承受的措施，从能源生产到消费的各个环节，降低消耗、减少损失和污染物排放、制止浪费，有效、合理地利用能源。

循环经济是指在生产、流通和消费等过程中进行的减量化、再利用、

《节约能源法》目录及部分内容

资源化活动的总称。

《中华人民共和国循环经济促进法》(以下简称《循环经济促进法》)规定,发展循环经济应当在技术可行、经济合理和有利于节约资源、保护环境的前提下,按照减量化优先的原则实施。在废物再利用和资源化过程中,应当保障生产安全,保证产品质量符合国家规定的标准,并防止产生再次污染。

企业事业单位应当建立健全管理制度,采取措施,降低资源消耗,减少废物的产生量和排放量,提高废物的再利用和资源化水平。

国务院循环经济发展综合管理部门会同国务院环境保护等有关主管部门,定期发布鼓励、限制和淘汰的技术、工艺、设备、材料和产品名录。禁止生产、进口、销售列入淘汰名录的设备、材料和产品,禁止使用列入淘汰名录的技术、工艺、设备和材料。

10.2.1 建筑节能法律制度

在工程建设领域,节约能源主要包括建筑节能和施工节能两个方面。

建筑节能是解决建设项目建成后使用过程中的节能问题。

《民用建筑节能条例》规定,民用建筑节能,是指在保证民用建筑使用功能和室内热环境质量的前提下,降低其使用过程中能源消耗的活动。民用建筑,是指居住建筑、国家机关办公建筑和商业、服务业、教育、卫生等其他公共建筑。

1. 新建建筑节能的规定

国家推广使用民用建筑节能的新技术、新工艺、新材料和新设备,限制使用或者禁止使用能源消耗高的技术、工艺、材料和设备。国家限制进口或者禁止进口能源消耗高的技术、材料和设备。

建设单位、设计单位、施工单位、工程监理单位、房地产开发企业等涉及新建建筑节能的相关规定,详见《民用建筑节能条例》。

2. 既有建筑节能的规定

既有建筑节能改造,是指对不符合民用建筑节能强制性标准的既有建筑的围护结构、供热系统、采暖制冷系统、照明设备和热水供应设施等实施节能改造的活动。

《民用建筑节能条例》部分内容

既有建筑节能改造应当根据当地经济、社会发展水平和地理气候条件等实际情况,有计划、分步骤地实施分类改造。

10.2.2 施工节能的法律制度

施工节能主要是要解决施工过程中的节约能源问题。

《绿色施工导则》规定,绿色施工是指工程建设中,在保证质量、安全等基本要求的前提下,通过科学管理和技术进步,最大限度地节约资源与减少对环境负面影响的施工活动,实现"四节一环保"(节能、节地、节水、节材和环境保护)。

《绿色施工导则》目录及节水规定

绿色建筑:在建筑的全寿命周期内,节约资源、保护环境和减少污染,

为人们提供健康、适用和高效的使用空间,最大限度地实现人与自然和谐共生的高质量建筑(参考《绿色建筑评价标准》(GB/T 50378—2019))。

1. 节材与材料资源利用

《循环经济促进法》规定,国家鼓励利用无毒无害的固体废物生产建筑材料,鼓励使用散装水泥,推广使用预拌混凝土和预拌砂浆。禁止损毁耕地烧砖。在国务院或者省、自治区、直辖市人民政府规定的期限和区域内,禁止生产、销售和使用黏土砖。

《绿色施工导则》进一步规定,图纸会审时,应审核节材与材料资源利用的相关内容,达到材料损耗率比定额损耗率降低 30%;根据施工进度、库存情况等合理安排材料的采购、进场时间和批次,减少库存;现场材料堆放有序;储存环境适宜,措施得当;保管制度健全,责任落实;材料运输工具适宜,装卸方法得当,防止损坏和遗洒;根据现场平面布置情况就近卸载,避免和减少二次搬运;采取技术和管理措施提高模板、脚手架等的周转次数;优化安装工程的预留、预埋、管线路径等方案;应就地取材,施工现场 500 km 以内生产的建筑材料用量占建筑材料总重量的 70% 以上。

此外,还分别就结构材料、围护材料、装饰装修材料、周转材料提出了明确要求。结构材料节材与材料资源利用的技术要点如下:①推广使用预拌混凝土和预拌砂浆,结构工程使用散装水泥等;②推广使用高强度钢筋和高性能混凝土;③推广钢筋专业化加工和配送;④优化钢筋配料和钢构件下料方案;⑤优化钢结构制作和安装方法;⑥采取数字化技术,对大体积混凝土、大跨度结构等专项施工方案进行优化。

2. 节水与水资源利用

《循环经济促进法》规定,国家鼓励和支持使用再生水。企业应当发展串联用水系统和循环用水系统,提高水的重复利用率。企业应当采用先进技术、工艺和设备,对生产过程中产生的废水进行再生利用。

《绿色施工导则》进一步对提高用水效率、非传统水源利用和安全用水作出规定。

3. 节能与能源利用

《绿色施工导则》对节能措施,机械设备与机具,生产、生活及办公临时设施,施工用电及照明分别作出规定。

4. 节地与施工用地保护

《绿色施工导则》对临时用地指标、临时用地保护、施工总平面布置分别作出规定。

全面的建筑节能是一项系统工程,必须由国家立法、政府主导,对建筑节能作出全面的、明确的政策规定,并由政府相关部门按照国家的节能政策,制定全面的建筑节能标准。要真正做到全面的建筑节能,还须由设计、施工、各级监督管理部门、开发商、运行管理部门、用户等各个环节,严格按照国家的节能政策和节能标准的规定,全面地贯彻执行各项节能措施,从而使每一位公民真正树立起全面的建筑节能观,将建筑节能真正落到实处。

10.2.3 施工节能技术进步和节能激励措施的规定

1. 节能技术进步

《节约能源法》规定,国家鼓励、支持节能科学技术的研究、开发、示范和推广,促进节能技术创新与进步。

（1）政府政策引导。

国务院管理节能工作的部门会同国务院科技主管部门发布节能技术政策大纲，指导节能技术研究、开发和推广应用。县级以上各级人民政府应当把节能技术研究开发作为政府科技投入的重点领域，支持科研单位和企业开展节能技术应用研究，制定节能标准，开发节能共性和关键技术，促进节能技术创新与成果转化。

国务院管理节能工作的部门会同国务院有关部门制定并公布节能技术、节能产品的推广目录，引导用能单位和个人使用先进的节能技术、节能产品。

（2）政府资金扶持。

《循环经济促进法》规定，国务院和省、自治区、直辖市人民政府设立发展循环经济的有关专项资金，支持循环经济的科技研究开发、循环经济技术和产品的示范与推广、重大循环经济项目的实施、发展循环经济的信息服务等。

国务院和省、自治区、直辖市人民政府及其有关部门应当将循环经济重大科技攻关项目的自主创新研究、应用示范和产业化发展列入国家或者省级科技发展规划和高技术产业发展规划，并安排财政性资金予以支持。

利用财政性资金引进循环经济重大技术、装备的，应当制定消化、吸收和创新方案，报有关主管部门审批并由其监督实施；有关主管部门应当根据实际需要建立协调机制，对重大技术、装备的引进和消化、吸收、创新实行统筹协调，并给予资金支持。

2. 节能激励措施

按照《节约能源法》《循环经济促进法》的规定，主要有如下相关的节能激励措施。

（1）财政安排节能专项资金。

中央财政和省级地方财政安排节能专项资金，支持节能技术研究开发、节能技术和产品的示范与推广、重点节能工程的实施、节能宣传培训、信息服务和表彰奖励等。

国家通过财政补贴支持节能照明器具等节能产品的推广和使用。

（2）税收优惠。

国家对生产、使用列入国务院管理节能工作的部门会同国务院有关部门制定并公布的节能技术、节能产品推广目录的需要支持的节能技术、节能产品，实行税收优惠等扶持政策。

国家运用税收等政策，鼓励先进节能技术、设备的进口，控制在生产过程中耗能高、污染重的产品的出口。

企业使用或者生产列入国家清洁生产、资源综合利用等鼓励名录的技术、工艺、设备或者产品的，按照国家有关规定享受税收优惠。

（3）信贷支持。

国家引导金融机构增加对节能项目的信贷支持，为符合条件的节能技术研究开发、节能产品生产以及节能技术改造等项目提供优惠贷款。国家推动和引导社会有关方面加大对节能的资金投入，加快节能技术改造。

对符合国家产业政策的节能、节水、节地、节材、资源综合利用等项目，金融机构应当给予优先贷款等信贷支持，并积极提供配套金融服务。

对生产、进口、销售或者使用列入淘汰名录的技术、工艺、设备、材料或者产品的企业，金融机构不得提供任何形式的授信支持。

（4）价格政策。

国家实行有利于节能的价格政策，引导施工单位和个人节能。国家运用财税、价格等政策，支持推广电力需求侧管理、合同能源管理、节能自愿协议等节能办法。

国家实行有利于资源节约和合理利用的价格政策，引导单位和个人节约和合理使用水、电、气等资源性产品。

（5）表彰奖励。

各级人民政府对在节能管理、节能科学技术研究和推广应用中有显著成绩以及检举严重浪费能源行为的单位和个人，给予表彰和奖励。

企业事业单位应当对在循环经济发展中作出突出贡献的集体和个人给予表彰和奖励。

10.2.4　违法行为应承担的法律责任

1. 违反《节能能源法》违法行为应承担的法律责任

《节约能源法》第79条规定，建设单位违反建筑节能标准的，由建设主管部门责令改正，处20万元以上50万元以下罚款。设计单位、施工单位、监理单位违反建筑节能标准的，由建设主管部门责令改正，处10万元以上50万元以下罚款；情节严重的，由颁发资质证书的部门降低资质等级或者吊销资质证书；造成损失的，依法承担赔偿责任。

《节约能源法》第80条规定，房地产开发企业违反本法规定，在销售房屋时未向购买人明示所售房屋的节能措施、保温工程保修期等信息的，由建设主管部门责令限期改正，逾期不改正的，处3万元以上5万元以下罚款；对以上信息作虚假宣传的，由建设主管部门责令改正，处5万元以上20万元以下罚款。

2. 违反《民用建筑节能条例》违法行为应承担的法律责任

《民用建筑节能条例》规定了建设单位、设计单位、施工单位、房地产开发企业、工程监理单位、注册人员和政府有关部门等违反建筑节能相关标准应承担的法律责任。

3. 使用黏土砖等节能违法行为应承担的法律责任

《循环经济促进法》第54条规定，在国务院或者省、自治区、直辖市人民政府规定禁止生产、销售、使用黏土砖的期限或者区域内生产、销售或者使用黏土砖的，由县级以上地方人民政府指定的部门责令限期改正；有违法所得的，没收违法所得；逾期继续生产、销售的，由地方人民政府市场监督管理部门依法吊销营业执照。

4. 用能单位其他违法行为应承担的法律责任

《节约能源法》第74条规定，用能单位未按照规定配备、使用能源计量器具的，由市场监督管理部门责令限期改正；逾期不改正的，处1万元以上5万元以下罚款。

《节约能源法》第75条规定，瞒报、伪造、篡改能源统计资料或者编造虚假能源统计数据的，依照《中华人民共和国统计法》的规定处罚。

《节约能源法》第77条规定，无偿向本单位职工提供能源或者对能源消费实行包费制的，由管理节能工作的部门责令限期改正；逾期不改正的，处5万元以上20万元以下罚款。

《民用建筑节能条例》部分内容

《循环经济促进法》第 50 条规定,进口列入淘汰名录的设备、材料或者产品的,由海关责令退运,可以处 10 万元以上 100 万元以下的罚款。进口者不明的,由承运人承担退运责任,或者承担有关处置费用。

10.3 施工文物保护制度

我国是世界上文化传统不曾中断的多民族统一国家。历史遗存至今的大量文物古迹,形象地记载着中华民族形成发展的进程,不但是认识历史的证据,也是增强民族凝聚力、促进民族文化可持续发展的基础。

我国优秀的文物古迹,不但是中国各族人民的,也是全人类共同的财富。

有关文物保护的法律法规有《中华人民共和国文物保护法》《中华人民共和国文物保护法实施条例》《中华人民共和国文物保护法实施细则》《中华人民共和国水下文物保护管理条例》《历史文化名城名镇名村保护条例》和《中国文物古迹保护准则》等。

10.3.1 受国家保护的文物范围

我国在 1982 年通过《中华人民共和国文物保护法》(以下简称《文物保护法》)。目的是加强对文物的保护,继承中华民族优秀的历史文化遗产,促进科学研究工作,进行爱国主义和革命传统教育,建设社会主义精神文明和物质文明。

《中华人民共和国文物保护法》部分内容

1. 国家保护的文物范围

《文物保护法》规定,在中华人民共和国境内,下列具有历史、艺术、科学价值的文物受国家保护:

(1)具有历史、艺术、科学价值的古文化遗址、古墓葬、古建筑、石窟寺和石刻、壁画;

(2)与重大历史事件、革命运动或者著名人物有关的以及具有重要纪念意义、教育意义或者史料价值的近代现代重要史迹、实物、代表性建筑;

(3)历史上各时代珍贵的艺术品、工艺美术品;

(4)历史上各时代重要的文献资料以及具有历史、艺术、科学价值的手稿和图书资料等;

(5)反映历史上各时代、各民族社会制度、社会生产、社会生活的代表性实物。

具有科学价值的古脊椎动物化石和古人类化石同文物一样受国家保护。

2. 文物保护单位和文物的分级

根据文物的历史、艺术、科学价值,可以分别确定为全国重点文物保护单位,省级文物保护单位,市、县级文物保护单位。

历史上各时代重要实物、艺术品、文献、手稿、图书资料、代表性实物等可移动文物,分为珍贵文物和一般文物;珍贵文物分为一级文物、二级文物、三级文物。

3．属于国家所有的文物范围

《文物保护法》规定，中华人民共和国境内地下、内水和领海中遗存的一切文物，属于国家所有。国有文物所有权受法律保护，不容侵犯。

（1）属于国家所有的不可移动文物范围。

古文化遗址、古墓葬、石窟寺属于国家所有。国家指定保护的纪念建筑物、古建筑、石刻、壁画、近代现代代表性建筑等不可移动文物，除国家另有规定的以外，属于国家所有。

国有不可移动文物的所有权不因其所依附的土地所有权或者使用权的改变而改变。

（2）属于国家所有的可移动文物范围。

下列可移动文物，属于国家所有：①中国境内出土的文物，国家另有规定的除外；②国有文物收藏单位以及其他国家机关、部队和国有企业、事业组织等收藏、保管的文物；③国家征集、购买的文物；④公民、法人和其他组织捐赠给国家的文物；⑤法律规定属于国家所有的其他文物。

属于国家所有的可移动文物的所有权不因其保管、收藏单位的终止或者变更而改变。

（3）属于国家所有的水下文物范围。

《中华人民共和国水下文物保护管理条例》规定，遗存于中国内水、领海内的一切起源于中国的起源国不明的和起源于外国的文物，以及遗存于中国领海以外依照中国法律由中国管辖的其他海域内的起源于中国的和起源国不明的文物，属于国家所有，国家对其行使管辖权。

遗存于外国领海以外的其他管辖海域以及公海区域内的起源于中国的文物，国家享有辨认器物物主的权利。

4．属于集体所有和私人所有的文物保护范围

《文物保护法》规定，属于集体所有和私人所有的纪念建筑物、古建筑和祖传文物以及依法取得的其他文物，其所有权受法律保护。文物的所有者必须遵守国家有关文物保护的法律、法规的规定。

10.3.2　在文物保护单位保护范围和建设控制地带施工的规定

《文物保护法》规定，一切机关、组织和个人都有依法保护文物的义务。

1．文物保护单位的保护范围

文物保护单位的保护范围，是指对文物保护单位本体及周围一定范围实施重点保护的区域。文物保护单位的保护范围，应当根据文物保护单位的类别、规模、内容以及周围环境的历史和现实情况合理划定，并在文物保护单位本体之外保持一定的安全距离，确保文物保护单位的真实性和完整性。

全国重点文物保护单位和省级文物保护单位自核定公布之日起1年内，由省、自治区、直辖市人民政府划定必要的保护范围，作出标志说明，建立记录档案，设置专门机构或者指定专人负责管理。

设区的市、自治州级和县级文物保护单位自核定公布之日起1年内，由核定公布该文物保护单位的人民政府划定保护范围，作出标志说明，建立记录档案，设置专门机构或者指定专人负责管理。

2. 文物保护单位的建设控制地带

文物保护单位的建设控制地带,是指在文物保护单位的保护范围外,为保护文物保护单位的安全、环境、历史风貌对建设项目加以限制的区域。文物保护单位的建设控制地带,应当根据文物保护单位的类别、规模、内容以及周围环境的历史和现实情况合理划定。

全国重点文物保护单位的建设控制地带,经省、自治区、直辖市人民政府批准,由省、自治区、直辖市人民政府的文物行政主管部门会同城乡规划行政主管部门划定并公布。

省级、设区的市、自治州级和县级文物保护单位的建设控制地带,经省、自治区、直辖市人民政府批准,由核定公布该文物保护单位的人民政府的文物行政主管部门会同城乡规划行政主管部门划定并公布。

3. 历史文化名城名镇名村的保护

《文物保护法》规定,保存文物特别丰富并且具有重大历史价值或者革命纪念意义的城市,由国务院核定公布为历史文化名城。

保存文物特别丰富并且具有重大历史价值或者革命纪念意义的城镇、街道、村庄,由省、自治区、直辖市人民政府核定公布为历史文化街区、村镇,并报国务院备案。

《历史文化名城名镇名村保护条例》进一步规定,具备下列条件的城市、镇、村庄,可以申报历史文化名城、名镇、名村:①保存文物特别丰富;②历史建筑集中成片;③保留着传统格局和历史风貌;④历史上曾经作为政治、经济、文化、交通中心或者军事要地,或者发生过重要历史事件,或者其传统产业、历史上建设的重大工程对本地区的发展产生过重要影响,或者能够集中反映本地区建筑的文化特色、民族特色。

4. 在文物保护单位保护范围和建设控制地带施工的规定

《文物保护法》规定,在文物保护单位的保护范围和建设控制地带内,不得建设污染文物保护单位及其环境的设施,不得进行可能影响文物保护单位安全及其环境的活动。对已有的污染文物保护单位及其环境的设施,应当限期治理。

(1) 承担文物保护单位的修缮、迁移、重建工程的单位应当具有相应的资质证书。

《文物保护法实施条例》规定,承担文物保护单位的修缮、迁移、重建工程的单位,应当同时取得文物行政主管部门发给的相应等级的文物保护工程资质证书和建设行政主管部门发给的相应等级的资质证书。其中,不涉及建筑活动的文物保护单位的修缮、迁移、重建,应当由取得文物行政主管部门发给的相应等级的文物保护工程资质证书的单位承担。

申领文物保护工程资质证书,应当具备下列条件:①有取得文物博物专业技术职务的人员;②有从事文物保护工程所需的技术设备;③法律、行政法规规定的其他条件。

申领文物保护工程资质证书,应当向省、自治区、直辖市人民政府文物行政主管部门或者国务院文物行政主管部门提出申请。省、自治区、直辖市人民政府文物行政主管部门或者国务院文物行政主管部门应当自收到申请之日起 30 个工作日内作出批准或者不批准的决定。决定批准的,发给相应等级的文物保护工程资质证书;决定不批准的,应当书面通知当事人并说明理由。

(2) 在历史文化名城名镇名村保护范围内从事建设活动的相关规定。

《中华人民共和国历史文化名城名镇名村保护条例》规定,在历史文化名城、名镇、名村保护范围内禁止进行下列活动:①开山、采石、开矿等破坏传统格局和历史风貌的活动;

②占用保护规划确定保留的园林绿地、河湖水系、道路等;③修建生产、储存爆炸性、易燃性、放射性、毒害性、腐蚀性物品的工厂、仓库等;④在历史建筑上刻画、涂污。

在历史文化名城、名镇、名村保护范围内进行下列活动,应当保护其传统格局、历史风貌和历史建筑;制订保护方案,经城市、县人民政府城乡规划主管部门会同同级文物主管部门批准,并依照有关法律、法规的规定办理相关手续:①改变园林绿地、河湖水系等自然状态的活动;②在核心保护范围内进行影视摄制、举办大型群众性活动;③其他影响传统格局、历史风貌或者历史建筑的活动。

在历史文化街区、名镇、名村核心保护范围内,不得进行新建、扩建活动。但是,新建、扩建必要的基础设施和公共服务设施除外。

在历史文化街区、名镇、名村核心保护范围内,拆除历史建筑以外的建筑物、构筑物或者其他设施的,应当经城市、县人民政府城乡规划主管部门会同同级文物主管部门批准。

任何单位或者个人不得损坏或者擅自迁移、拆除历史建筑。

(3) 在文物保护单位保护范围和建设控制地带内从事建设活动的相关规定。

《文物保护法》规定,文物保护单位的保护范围内不得进行其他建设工程或者爆破、钻探、挖掘等作业。但是,因特殊情况需要在文物保护单位的保护范围内进行其他建设工程或者爆破、钻探、挖掘等作业的,必须保证文物保护单位的安全,并经核定公布该文物保护单位的人民政府批准,在批准前应当征得上一级人民政府文物行政部门同意;在全国重点文物保护单位的保护范围内进行其他建设工程或者爆破、钻探、挖掘等作业的,必须经省、自治区、直辖市人民政府批准,在批准前应当征得国务院文物行政部门同意。

在文物保护单位的建设控制地带内进行建设工程,不得破坏文物保护单位的历史风貌;工程设计方案应当根据文物保护单位的级别,经相应的文物行政部门同意后,报城乡建设规划部门批准。

(4) 文物修缮保护工程的设计施工管理。

《文物保护法实施细则》规定,全国重点文物保护单位和国家文物局认为有必要由其审查批准的省、自治区、直辖市级文物保护单位的修缮计划和设计施工方案,由国家文物局审查批准。省、自治区、直辖市级和县、自治县、市级文物保护单位的修缮计划和设计施工方案,由省、自治区、直辖市人民政府文物行政管理部门审查批准。文物修缮保护工程应当接受审批机关的监督和指导。工程竣工时,应当报审批机关验收。

文物修缮保护工程的勘察设计单位、施工单位应当执行国家有关规定,保证工程质量。

10.3.3 施工发现文物报告和保护的规定

《文物保护法》规定,地下埋藏的文物,任何单位或者个人都不得私自发掘。考古发掘的文物,任何单位或者个人不得侵占。

1. 配合建设工程进行考古发掘工作的规定

进行大型基本建设工程,建设单位应当事先报请省、自治区、直辖市人民政府文物行政部门组织从事考古发掘的单位在工程范围内有可能埋藏文物的地方进行考古调查、勘探。

2．施工发现文物的报告和保护

《文物保护法》规定，在进行建设工程或者在农业生产中，任何单位或者个人发现文物，应当保护现场，立即报告当地文物行政部门，文物行政部门接到报告后，如无特殊情况，应当在24小时内赶赴现场，并在7日内提出处理意见。

依照以上规定发现的文物属于国家所有，任何单位或者个人不得哄抢、私分、藏匿。

3．水下文物的报告和保护

《水下文物保护管理条例》规定，任何单位或者个人以任何方式发现遗存于中国内水、领海内的一切起源于中国的、起源国不明的和起源于外国的文物，以及遗存于中国领海以外依照中国法律由中国管辖的其他海域内的起源于中国的和起源国不明的文物，应当及时报告国家文物局或者地方文物行政管理部门；已打捞出水的，应当及时上缴国家文物局或者地方文物行政管理部门处理。

任何单位或者个人以任何方式发现遗存于外国领海以外的其他管辖海域以及公海区域内的起源于中国的文物，应当及时报告国家文物局或者地方文物行政管理部门；已打捞出水的，应当及时提供国家文物局或者地方文物行政管理部门辨认、鉴定。

10.3.4　违法行为应承担的法律责任

对施工中文物保护违法行为应承担的主要法律责任如下。

1．哄抢、私分国有文物等违法行为应承担的法律责任

《文物保护法》规定，有下列行为之一，构成犯罪的，依法追究刑事责任：①盗掘古文化遗址、古墓葬的；②故意或者过失损毁国家保护的珍贵文物的；③擅自将国有馆藏文物出售或者私自送给非国有单位或者个人的；④将国家禁止出境的珍贵文物私自出售或者送给外国人的；⑤以牟利为目的倒卖国家禁止经营的文物的；⑥走私文物的；⑦盗窃、哄抢、私分或者非法侵占国有文物的；⑧应当追究刑事责任的其他妨害文物管理行为。

违反本法规定，造成文物灭失、损毁的，依法承担民事责任。违反本法规定，构成违反治安管理行为的，由公安机关依法给予治安管理处罚。违反本法规定，构成走私行为，尚不构成犯罪的，由海关依照有关法律、行政法规的规定给予处罚。

有下列行为之一，尚不构成犯罪的，由县级以上人民政府文物主管部门会同公安机关追缴文物；情节严重的，处5000元以上5万元以下的罚款：①发现文物隐匿不报或者不上交的；②未按照规定移交拣选文物的。

2．在文物保护单位的保护范围和建设控制地带内进行建设工程违法行为应承担的法律责任

《文物保护法》规定，有下列行为之一，尚不构成犯罪的，由县级以上人民政府文物主管部门责令改正，造成严重后果的，处5万元以上50万元以下的罚款；情节严重的，由原发证机关吊销资质证书：①擅自在文物保护单位的保护范围内进行建设工程或者爆破、钻探、挖掘等作业的；②在文物保护单位的建设控制地带内进行建设工程，其工程设计方案未经文物行政部门同意、报城乡建设规划部门批准，对文物保护单位的历史风貌造成破坏的；③擅自迁移、拆除不可移动文物的；④擅自修缮不可移动文物，明显改变文物原状的；⑤擅自在原址重建已全部毁坏的不可移动文物，造成文物破坏的；⑥施工单位未取得文物保护工程资质证书,擅自从事文物修缮、迁移、重建的。

刻画、涂污或者损坏文物尚不严重的,或者损毁依法设立的文物保护单位标志的,由公安机关或者文物所在单位给予警告,可以并处罚款。

在文物保护单位的保护范围内或者建设控制地带内建设污染文物保护单位及其环境的设施的,或者对已有的污染文物保护单位及其环境的设施未在规定的期限内完成治理的,由环境保护行政部门依照有关法律、法规的规定给予处罚。

3. 未取得相应资质证书擅自承担文物保护单位修缮、迁移、重建工程违法行为应承担的法律责任

《文物保护法实施条例》规定,未取得相应等级的文物保护工程资质证书,擅自承担文物保护单位的修缮、迁移、重建工程的,由文物行政主管部门责令限期改正;逾期不改正,或者造成严重后果的,处 5 万元以上 50 万元以下的罚款;构成犯罪的,依法追究刑事责任。

未取得建设行政主管部门发给的相应等级的资质证书,擅自承担含有建筑活动的文物保护单位的修缮、迁移、重建工程的,由建设行政主管部门依照有关法律、行政法规的规定予以处罚。

4. 历史文化名城名镇名村保护范围内违法行为应承担的法律责任

在历史文化名城、名镇、名村保护范围内的违法行为,根据《历史文化名城名镇名村保护条例》规定,进行相应的处罚,承担相应的法律责任。

5. 水下文物保护违法行为应承担的法律责任

《水下文物保护管理条例》规定,破坏水下文物,私自勘探、发掘、打捞水下文物,或者隐匿、私分、贩运、非法出售、非法出口水下文物,依法给予行政处罚或者追究刑事责任。

在线练习

第 10 章
练习巩固题

能力拓展训练

2020全国二级建造师考试试题及答案

2020全国一级建造师考试试题及答案

参 考 文 献

[1] 全国一级建造师执业资格考试用书编写委员会.建设工程法规及相关知识[M].北京:中国建筑工业出版社,2021.

[2] 全国二级建造师执业资格考试用书编写委员会.建设工程法规及相关知识[M].北京:中国建筑工业出版社,2021.

[3] 全国一级建造师执业资格考试辅导编写委员会.建设工程法规及相关知识复习题集[M].北京:中国城市出版社,2021.

[4] 全国二级建造师执业资格考试辅导编写委员会.建设工程法规及相关知识复习题集[M].北京:中国城市出版社,2021.

[5] 马庆华,徐永红.建设法规[M].2版.北京:北京邮电大学出版社,2018.

[6] 陈东佐.建筑法规概论[M].5版.北京:中国建筑工业出版社,2017.

[7] 赵雪洁,魏传.建设工程法规[M].北京:国防科技大学出版社,2013.

[8] 马文婷,隋灵灵.建筑法规[M].3版.北京:人民交通出版社,2015.